MIÑO y DÁVILA
◆ E D I T O R E S ◆

Miño y Dávila srl
Av. Rivadavia 1977, 5to B
(C1033ACC)
tel-fax: (54 11) 3534-6430
Buenos Aires, Argentina
e-mail: info@minoydavila.com
web: www.minoydavila.com

© 2012/Miño y Dávila srl

UNIVERSIDAD
NACIONAL DE
SAN MARTÍN

UNSAM
EDITA

© 2012/UNSAMedita de Universidad Nacional de General San Martín
Martín de Irigoyen 3100
(1650) San Martín, Buenos Aires, Argentina
e-mail: unsamedita@unsam.edu.ar

Colección Educación y Didáctica
Serie Fichas de Aula

Director: José Villella

Corrección general y cuidado de edición a cargo de
Laura Petz

La maquetación y armado de interior estuvieron a cargo de
Laura Bono

El diseño de cubierta fue realizado por
Ángel Vega

Edición actual: segunda, junio de 2012
Tirada: 1000 ejemplares

ISBN: 978-84-96571-80-8

Impreso en
Buenos Aires,
Argentina

Más didáctica
(en la educación superior)

Jorge Steiman

UNSAM
EDITA

MIÑO y DÁVILA
◆ EDITORES ◆

Índice

Presentación

Cuando en junio del 2004 salió la primera edición de *¿Qué debatimos hoy en la didáctica?: Las prácticas de enseñanza en la educación superior*, mi primer libro sobre temas de didáctica en la educación superior, sentí esa extraña sensación que, supongo, compartimos todos aquellos que alguna vez hemos escrito algo: esa inquieta excitación de dejar una parte de uno mismo plasmada en un par de hojas, casi como un 'contrato con la eternidad'.

Inevitablemente uno se cuestiona acerca de la provisionalidad de aquellas cosas que escribe y desafía a sus propias contradicciones a comportarse con cierta coherencia. Cuatro años después, todavía sigo confiando en aquellas primeras reflexiones sobre las prácticas docentes en la educación superior y he decidido volver sobre ellas. En *¿Qué debatimos hoy en la didáctica?*, inicié el texto presentando el debate epistemológico que se da aún hoy en el campo de la didáctica: el abandono de las cuestiones planteadas como centrales por el paradigma normativo-instrumentalista y el creciente desarrollo teórico de nuevas temáticas inscriptas en el paradigma interpretativo-crítico. Y ciertamente, en ese texto, recorrí algunos temas de la didáctica general en el contexto de la educación superior desde esta lógica interpretativa. Me permití, de todos modos, plantear como advertencia, la necesidad de recuperar la línea de las *orientaciones prácticas* que los docentes le reclamamos a la Didáctica, ya no como prescripción o como norma, sino acaso como un espacio teórico en el cual un campo del saber pueda poner a disposición de quienes con él interactúen, algunas experiencias de la práctica que puedan servir como insumos desde los cuales edificar las propias resoluciones que la práctica de enseñar nos plantea como desafío.

Así es que hoy en *Más didáctica (en la educación superior)* quiero, sin dejar de transitar mi propio posicionamiento teórico en el campo de la Didáctica, ofrecer mis reflexiones sobre algunas *orientaciones prácticas* que considero necesarias de ser asumidas por el campo de la Didáctica General. Y me permito hacerlas luego de haber teorizado sobre las prácticas docentes a partir de mis propias prácticas en el texto anterior. Y me permito hacerlas porque he reconocido mis buenas resoluciones, mis fracasos, mis contradicciones...

CONTRADICCIONES
Recorro una a una mis contradicciones cotidianas.
Las desvelo, les quito la máscara y el maquillaje,
las desnudo, les arranco verdades y mentiras retro,
las pongo en escena sobre un tablado de estreno,
y las paro al costado de la ruta exhibiéndose.
Son tan ingenuas y viejas que me enternecen,
y tan violentas y profundas que me desangran.
Las desafío, ya expuestas, a una última apuesta
y ellas, gustosas y sobradoras, aceptan el reto,
se relamen sabiendo haber cazado una presa fácil.
Es obvio, casi evidente, hasta diría inevitable
que mis contradicciones, una vez más, ganen.

Más didáctica (en la educación superior) es un texto que he venido escribiendo desde hace algún tiempo. Una y otra vez he vuelto sobre algunos de mis enunciados, los he reformulado, los he acrecentado y los he experimentado. Todo aquello que he podido expresar no sólo es el resultado de mi pensamiento sino, fundamentalmente, la construcción de mi práctica. Quise escribir sobre lo que hago, quise despertar a los postulados teóricos y desafiarlos a convivir con los relatos de mis prácticas aunando, en el difícil equilibrio que los entrelaza, las interpretaciones acerca de QUÉ hacemos con las descripciones del CÓMO lo hacemos. Ahora estoy feliz, finalmente me gusta como ha quedado y he decidido que éste es el momento de hacerlo circular. Esa inquieta excitación es para mí también un extraño modo de defender la vida y de levantar el estandarte de la alegría que me provoca la escritura. Viste como es esto, cada loco...

ACONTECIMIENTOS
Tum-tum; tum-tum; tum-tum
despierta de su siesta mi corazón adormecido
buscando en mi tórax por donde expandirse
La sangre remueve telarañas
y cada una de mis venas ríe a carcajadas
Si hasta en el último rincón de mi biología:
en mis uñas, los nudillos, en la hipófisis
hay clima de fiesta, de acontecimiento
Acompañan las rodillas, el tobillo y la nuca
se me transforma el aliento, la respiración, el bostezo
Bailan las muñecas, el codo, los hombros
y un frío muy cálido me recorre la espalda
La voz, los ojos, mi estatura
servidos en bandeja se entregan al milagro
de escuchar el latido ensordecedor
de un corazón ex-adormecido.

Más didáctica (en la educación superior) es un recorrido por las prácticas de enseñanza en las universidades y en los institutos superiores. Sé que es un terreno difícil, no porque me lo hayan contado, no porque lo haya observado, lo sé porque soy docente y porque comparto desventuras con los colegas con quienes trabajo en la educación superior. Éste no es un libro que sale de los gabinetes o de los escritorios, es un libro que nace en los pizarrones y los pupitres. Sé también que, para algunos colegas, la enseñanza en la educación superior es sólo una cuestión de saber el libreto, del sólo dominio del conocimiento de la ciencia que se 'relata' en cada clase. Pero sé también que hay otros colegas que trabajan desde la búsqueda cotidiana de mejores formas de intervenir en las clases, de mejores propuestas de enseñanza, de mejores escenarios y situaciones para aprender. Y sé, que vale la pena pensar en la Didáctica en el contexto de la educación superior. Por favor, no me digas que no.

POSTERGACIÓN

No me digas que aquí no hay cielo
ni que hubo Hiroshima,
que se contaminan las aguas con los deshechos
humanos,
que el hambre mata más que el sida,
que hay esclavos envejecidos,
que se murió un tipo joven.
No me digas
que no hay sombras en lo oscuro,
que siempre dos y dos son cuatro,
que primero se nace y después se muere,
que viajar es trasladarse,
que arriba es arriba y abajo es abajo,
que a lo mejor, que acaso,
que las promesas son pasajeras.
No me digas
porque, por lo menos por hoy,
he decidido postergar mi desazón.

Más didáctica (en la educación superior) es mi propia búsqueda, es la parte de mi vida en la cual, como tantos otros, me he dedicado a buscar uno de esos tesoros escondidos que pocos creen que exista. Es mi recopilación de las pistas y es mi búsqueda de los mapas que indican el lugar, ese lugar, en el que se encuentra el tesoro enterrado, el tesoro de las preguntas. Es, portando el mapa de mis respuestas, la búsqueda de mis preguntas. Porque, en definitiva, creo que todos buscamos encontrar la pregunta, la pregunta certera. Todo lo demás, todas las respuestas, todos esos 'se hace así', 'conviene así', 'te digo que', son sólo distractores, acaso fortuitas formas de resistirse.

BÚSQUEDA

¿Dónde estás vida incierta que no te encuentro?
En la oscura cerrazón de la noche, sólo lágrimas
y el insomnio que desafía a la cordura.
Búhos y luces, guardias y pesadillas, serenos y sueños.
¿Dónde estás escondiéndote de mis letanías busconas?
¿Cómo puedo esquivar al repartidor de respuestas?
Sombras y borracheras, entuertos y encrucijadas
y el clamor de los indecisos golpeándome.
¿Quién está a salvo del diluvio?
¿Y quién al margen de la historia?

Lloronas de cementerios y buscavidas pesimistas,
astronautas mediocres y cazadores de ornitorrincos,
hacen fila de a uno para salirse del mundo
y yo, confundiéndome con ellos,
sorteo una vez más a la muerte engañosa
que se asoma agazapada.
En la oscura cerrazón de la noche, sólo lágrimas
y yo, que me resisto, buscándote.

Más didáctica en la (educación superior) está armado en cuatro capítulos. Si bien los posteriores se van apoyando en los anteriores, nada quita que puedas elegir tu propio itinerario y apropiarte, cómo más te guste, de la puerta de entrada al texto. En cada uno de ellos he tratado de teorizar, interpretar mi práctica, proponer, ejemplificar. En los ejemplos he usado nombres, son los nombres de mis amigos de toda la vida. A ellos, les dedico este libro.

También puede ser la excusa que busqué para escribir algo de poesía –algunas están hilvanando esta presentación– y leer a los poetas que más quiero, a quienes transcribo a lo largo del texto. Nunca se sabe.

Capítulo 1
Los proyectos de cátedra

Introducción

*Me inicié en la literatura un día de 1936, a los siete años, cuando
la maestra nos dijo que escribiéramos una composición tema: "Mi
madre". Muchas cosas me vinieron a la cabeza, pero no podía escribir nada. Entonces observé que mis compañeros escribían con una
enorme facilidad y tuve ganas de llorar: yo era un chico de la calle,
me costaba mucho expresarme y era el menos aplicado de todos. De
golpe, sentado frente a la hoja en blanco pude ver a mi madre. Cami-
naba por un inmenso mercado repleto de verduras, frutas y flores, un
mercado donde se oían las voces de quienes compraban y vendían,
voces como de fiesta. En medio de todo eso, veía a mi hermosa y
joven mamá que, aunque éramos muy pobres en aquella época
de crisis, siempre compraba un ramo de flores, un pequeño y muy
humilde ramo de flores. La cabeza se me pobló de imágenes; veía las
mudanzas de mi familia que deambulaba de barrio en barrio durante
la década del treinta. Y todo eso se me vino de golpe en una sola
metáfora de lo que era mi vida a los siete años. Y cuando vi la hoja
en blanco, ese papel blanco que todo escritor teme y desea a la vez,
yo escribí simplemente: "Mi mamá compra flores". Esa era mi composición. Solamente pude escribir esas cuatro palabras. La maestra, que
seguramente no conocía la pedagogía moderna —que se debía estar
inventando en ese preciso momento— me puso un bonete de burro y
me dijo: "Nunca en la vida podrás escribir, ni siquiera una carta". Ese
día, ese preciso día, decidí ser escritor*
(Pedro Orgambide, 1985, en *Todos teníamos veinte años*).

Seguramente esa maestra de Don Pedro Orgambide no habría planificado decirle a Pedro en algún momento: "Nunca en la vida podrás escribir, ni siquiera una carta" y probablemente nunca se haya enterado que su exabrupto hizo nacer a un gran escritor.

Seguramente también nosotros, docentes de la educación superior, muchas de las cosas que decidimos o hacemos en las aulas jamás las habíamos pensado de antemano. Pero también y por el contrario, otras muchas cosas que decimos o hacemos en nuestras clases, son las que se nos ocurrieron antes, que pudimos preverlas y anticiparlas.

Y si bien es cierto que un "Nunca en la vida podrás escribir, ni siquiera una carta" dio paso a una genialidad y nadie había previsto eso, también alguna vez escuché "Soy arquitecto por mi profesor de Diseño que me hizo amar esta profesión a partir de las buenas propuestas que nos traía para la clase".

En la educación superior la entrega del programa suele ser vista como un acto burocrático: como hay alguien que lo pide, entonces hay que presentarlo, casi como un trámite. Si bien en algunas universidades o a veces al interior del propio sistema escolar de una jurisdicción[1] se prescriben o sugieren formatos para la entrega de los programas, cuando no hay formalidades expuestas, la mayoría de nosotros sólo volcamos un listado de los 'temas' que vamos a enseñar y su bibliografía y a lo sumo, según la ocasión, le adosamos a ello los objetivos de la cátedra y algunas aclaraciones respecto a la evaluación.

"¿Otra vez presentar el programa, si ya lo presenté el año pasado?" ¿Cuántas veces escuchamos –nos escuchamos– decir esto? El programa es más una carga que una herramienta de trabajo, es más una obligación que una necesidad, es más un papel muerto que una agenda para la clase. ¿Podremos transformarlo en otra cosa?

---

1   Por ejemplo en la provincia de Buenos Aires en los institutos superiores de gestión estatal la Disposición de la Dirección de Educación Superior N° 30/05 dispone en su artículo primero: "Establecer que los proyectos de cátedra a ser presentados por los docentes que se desempeñan en el Nivel, así como aquellos docentes que aspiren a desempeñarse en el mismo, conforme a los mecanismos previstos para la cobertura de provisionalidades y suplencias según lo establecido por la Resolución N° 5886/03 y por Actos Públicos, deberán contener, como mínimo, los tópicos que se especifican en el Anexo, que pasa a formar parte de la presente Disposición".

"¿No tenés un programa ya hecho para que yo copie?"
¿Cuántas veces escuchamos –nos escuchamos– decir esto? El
programa es más un fastidio que un instrumento de trabajo, es
más una exigencia que una presentación pública de nuestras
ideas acerca de lo que haremos desde nuestras intervenciones
de enseñanza, es más una molestia que un organizador para la
clase. ¿Podremos transformarlo en otra cosa?

En este capítulo quiero presentar la idea de los "proyectos
de cátedra"[2] como el proyecto de nuestro trabajo, que anticipa
nuestras grandes decisiones, las más relevantes y que dejamos
asentadas en 'papel' como un documento para el trabajo cotidiano. Estoy hablando de la planificación de nuestro trabajo
docente, del diseño previo, del programa. Pero quiero, en esta
propuesta, involucrar mucho más a los alumnos/as en él.

Voy a reiterar esta aclaración más de una vez a lo largo de
esta propuesta pero aquí aparece por vez primera: sólo se trata
de una propuesta, no excluye otras formas, sólo se trata de mi
propia elaboración, que intento compartir porque me ha resultado práctica. De ninguna manera es una norma ni un modelo
para analizar lo 'bien' o 'mal' hecho en términos de la previsión
del propio trabajo. Vale que lo haga explícito: esto sí que no
quiero que se transforme en otra cosa.

1. El valor pedagógico de los proyectos de cátedra

Defino al proyecto de cátedra como una propuesta académica en la educación superior en la que se explicitan ciertas
previsiones, decisiones y condiciones para la práctica didáctica
en el aula y que intenta hacer explícitos ciertos acuerdos que
conforman aquello que puede objetivarse del contrato didáctico
que se establece con los alumnos/as y con la Institución.

Estoy utilizando la expresión 'que puede objetivarse' ya que
tomo la noción de contrato didáctico de Yves Chevallard (1988),

---

2   He usado el término "proyectos de cátedra" desde 1995 en una primera ficha
    que utilizamos para el desarrollo conceptual de esta temática en mí cátedra
    de la UNLZ.

quien, entre otros, considera que el contrato regula nuestras acciones sin que podamos dar una vista completa de sus reglas y al que 'entramos' en el momento en que entramos en el tipo de relaciones sociales que el contrato regula. Así, el contrato no es algo que puede rechazarse o aceptarse, el contrato sencillamente 'es'. En este tipo especial de intervención en las prácticas sociales que es la enseñanza, hay de hecho un contrato didáctico que regula las acciones de los involucrados. Algunas de estas intervenciones pueden hacerse explícitas. Puede anticiparse el 'núcleo duro' de contenidos que será objeto de enseñanza, puede preverse qué textos se propondrán para la lectura a los alumnos/as, puede explicitarse el enfoque epistemológico desde el que se realiza la propuesta de enseñanza de la cátedra, puede explicarse en qué línea de investigación está trabajando o trabajará este año un equipo docente[3], y algunas cuantas cosas más que intentaré ir desarrollando en este capítulo. Las otras cláusulas, las 'invisibles', aquellas de las que ni siquiera podemos dar cuenta de su existencia, aquellas que regulan la práctica misma están, existen, sin necesidad de anticiparlas y, sin duda, definen la parte sustancial del contrato. Aún así, la previsión de un plan de trabajo es necesaria.

El *proyecto de cátedra* constituye, en este sentido, un plan de trabajo hipotético y es en sí mismo una herramienta que supera, por su valor pedagógico, los diseños tipo *programa de materia*. Estoy hablando de la planificación docente, del diseño didáctico, pero quiero, a lo largo de estas páginas, justificar por qué prefiero denominarlo proyecto de cátedra.

La necesidad de su formulación puede analizarse en relación con estos tres componentes:

- el propio docente
- el alumno/a

---

3   Cuando uso el plural ('docentes') o el singular ('docente') es por considerar que la cátedra universitaria suele estar constituida por más de un docente pero que puede también ser una cátedra unipersonal. En los institutos superiores las cátedras son unipersonales aunque algunas experiencias aisladas muestran la intención de constituirse, a modo de experiencia, como cátedras conformadas por más de un docente. A lo largo de este texto aparecerá mencionado el 'equipo docente' y habrá que leerlo también como 'el docente' según el caso.

- la institución

1.1. El proyecto de cátedra y el equipo docente

Puede pensarse la necesidad del proyecto de cátedra en referencia al propio equipo docente entendiendo que éste puede servirle para:

- organizar mejor el trabajo en la cátedra en tanto puede permitir realizar las previsiones necesarias para el dictado de la unidad curricular[4] articulando de modo racional los distintos componentes de la situación de enseñanza;
- evitar las improvisaciones e incoherencias que provocan un trabajo no pensado previamente y/o no analizado en cuanto a ciertas condiciones que pueden afectarlo;
- facilitar el intercambio académico con sus colegas al constituirse como un instrumento de comunicación referido fundamentalmente a la propuesta de enseñanza de cada docente o equipo docente;
- mejorar el intercambio académico con los alumnos/as, en tanto resulta ser un documento que da cuenta de una serie de previsiones (por ejemplo tipo y cantidad de trabajos prácticos que habrá que resolver), condiciones (por ejemplo requisitos de aprobación expresados en los criterios de acreditación) y decisiones (por ejemplo línea teórica por la que ha optado la cátedra) que los involucran como sujetos de aprendizaje;
- disponer de un material que puede facilitar el análisis y la reflexión sobre la propia práctica, toda vez que por el sólo hecho de haber elaborado un escrito en el que hay explícita mención de una serie de decisiones tomadas, su relectura permite 'volver' sobre las mismas para pensar desde ellas;
- evaluar su propia práctica docente ya que, habiéndose objetivado una serie de previsiones que anticipan la situación de enseñanza, se dispondrá, al finalizar el período para el cual se ha diseñado el proyecto, de un texto que puede permitir cotejar las intenciones de partida con las concreciones resultantes.

---

4   Estoy utilizando el término 'unidad curricular' como sinónimo de lo que habitualmente llamamos materia o asignatura.

1.2. El proyecto de cátedra y los alumnos/as

Son varias las razones por las que puede expresarse que los alumnos/as necesitan el proyecto de cátedra. Pero entre las más relevantes puede decirse que servirá para:

- organizar su estudio ya que el proyecto de cátedra explicita claramente cuáles son los contenidos a aprender, cuál es la bibliografía obligatoria que opera como soporte teórico de dichos contenidos y cuáles son los trabajos prácticos a resolver;
- distribuir su propio tiempo de estudio al estar establecidas las fechas de entrega de trabajos y previstas las fechas de las evaluaciones parciales;
- conocer la postura de la cátedra en cuanto a la orientación con que es concebida la unidad curricular que es objeto de enseñanza y la concepción de aprendizaje que subyace a la propuesta;
- conocer las condiciones de evaluación de la unidad curricular en cuanto a parciales y finales, requisitos de entrega de trabajos y criterios que tomará en cuenta el docente o el equipo docente para decidir la aprobación;
- contar con un referente en el que encontrar sugerencias bibliográficas para la profundización de ciertas temáticas afines a la propuesta de la cátedra;
- poseer un documento escrito que en cierto sentido 'garantiza' no tener que enterarse de sus obligaciones académicas de un día para el otro.

1.3. El proyecto de cátedra y la institución

Finalmente, puede pensarse la utilidad del proyecto de cátedra en relación con la Institución. Lejos de convertirse en un elemento burocrático-administrativo o en un elemento de exclusivo control, podrá servir para:

- coordinar acuerdos referidos a la ausencia o superposición de contenidos, enfoques epistemológicos, propuesta metodológica y criterios de acreditación propios de un área;

- documentar la relación entre los proyectos académicos de la institución y la concreción de éstos a través de las cátedras;
- poseer un elemento más para la evaluación de la calidad académica;
- monitorear la articulación de los contenidos mínimos pautados en el plan de estudios;
- disponer de un documento de valor pedagógico para tomar decisiones de equivalencias o, por el contrario, otorgar pases a otras universidades o institutos superiores, comunicando fehacientemente la propuesta académica de la cátedra.

2. Algunas sugerencias para su desarrollo

Sin el ánimo de constituir una receta, muy lejos de concebir esta propuesta como una prescripción normativa, pero con el afán de realizar algún tipo de sugerencia práctica que oriente la escritura, quiero hacer explícitas mis propias ideas a la hora de escribir mis proyectos de cátedra. A modo de índice, enumero los apartados que incluyo:

- Encabezamiento
- Actividad académica de la cátedra
- Marco referencial
- Propósitos
- Contenidos
- Marco metodológico
- Cronograma
- Evaluación
- Bibliografía obligatoria
- Bibliografía de consulta

2.1. Encabezamiento

El encabezado es sólo formalidad, pero formalidad que informa rápidamente datos institucionales y curriculares mínimos. Sugiero utilizar un enunciado como el siguiente:

UNIVERSIDAD NACIONAL DE...
FACULTAD DE...
Carrera:
Unidad curricular:
Cuatrimestre/Año lectivo:
Cantidad de horas-reloj semanales:
Equipo de cátedra: Prof. Titular
Prof. Adjunto
J.T.P.
Prof. Ayudante

Para los institutos superiores, convendría agregar algunos otros datos que garanticen la movilidad de los alumnos/as por el sistema en caso de querer solicitar equivalencias. He aquí un ejemplo:

INSTITUTO SUPERIOR DE FORMACION DOCENTE N°...
CARRERA DE PROFESORADO DE...
Unidad curricular:
Curso:
Cuatrimestre/Año lectivo:
Cantidad de horas reloj semanales:
Profesor/a:
Plan aprobado por: Resolución N°...

2.2. Actividad académica de la cátedra

La universidad define su función social a partir de la actividad de docencia, investigación y extensión. Creo que es necesario que estas actividades no sólo se canalicen a partir de estructuras orgánicas (existe en general en la universidad y en las diferentes unidades académicas de una universidad una Secretaría de Extensión, una Secretaría de Investigaciones y una Secretaría Académica) que promuevan y estimulen el desarrollo de cada una de ellas, sino que se articulen a partir de la actividad académica de cada una de las cátedras. Una cátedra, por el sólo hecho de serlo, hace docencia. Pero una cátedra necesita hacer también investigación y puede, con algo de ingenio y sin sobrecargar su dedicación habitual, hacer extensión.

Si bien en la norma que regula la educación superior aparecen como nuevas funciones de los institutos de formación docente la realización de investigaciones educativas y la capacitación a egresado/as y docentes en actividad (en algún sentido funciones de extensión), la conformación unipersonal de las cátedras y el sistema de designaciones por hora-clase hace que por lo menos por ahora, sea poco probable la integración de estas funciones en la educación superior no universitaria en relación directa con las cátedras. En todo caso, la posibilidad de concursar proyectos de investigación y/o proyectos de extensión, inserta dichas funciones en los institutos superiores de formación docente pero no como una actividad inherente al desarrollo de las cátedras sino a las iniciativas personales de quienes las presentan (y al margen de la actividad de la docencia) o, en el mejor de los casos, a programas institucionales consensuados con el conjunto de los docentes pero que son asumidos sólo por algunos de ellos. Por esta razón no considero apropiado hacer mención a este rubro en el caso de cátedras de institutos superiores.

Sin embargo, tal como lo expresé anteriormente, no concibo la cátedra universitaria sin integrar las tres funciones básicas. El proyecto de cátedra puede al respecto, comunicar la actividad académica de la cátedra, en la que se involucre tanto la docencia como la investigación y la extensión.

2.2.1. Investigación

La investigación es una actividad inherente a la vida universitaria. Hacer docencia e investigación en la universidad son actividades interdependientes y complementarias, por lo que se desprende que, no puede pensarse la actividad de una cátedra al margen de algún proyecto de investigación.

Si bien es cierto que la dedicación a la investigación es una variable directa del tipo de dedicación administrativa con que los miembros de una cátedra han sido nombrados (me refiero a las dedicaciones habituales: exclusiva-semiexclusiva-simple), también es cierto que la posibilidad de investigar no queda absolutamente condicionada por ella.

En este sentido el término 'investigación' creo, no debe restringirse únicamente a la investigación 'rigurosa' y avalada institucionalmente. Considero necesario que una cátedra universitaria transite también la experiencia de constituirse como un equipo de trabajo en torno a la investigación que resulte del propio interés del grupo. El sistema de categorizaciones para la investigación que 'obliga' a que una investigación esté dirigida por un investigador categorizado, si bien garantiza la formación de los investigadores en equipos dirigidos por quienes acumulan antecedentes y experiencia valiosa en este tipo de práctica, creo también que en ocasiones puede distorsionar y cercenar la posibilidad de realizar experiencias más autónomas que constituyan a la vez aprendizajes para los miembros de una cátedra.

Así, experiencias de investigación-acción o de investigación educativa pueden resultar posibles de ser llevadas a cabo, pueden dar lugar a artículos de publicación o a fichas de cátedra y resultar a la vez, un valioso aporte a la docencia de la cátedra. Algunas condiciones mínimas parecen al respecto indispensables:

- que se recorte un problema de investigación;
- que se coincida en una opción metodológica;
- que en función de la opción metodológica se indague instrumentando algunas técnicas de investigación;
- que se sistematicen informes, análisis y conclusiones.

Si se coincidiera con esta perspectiva, la sugerencia que realizo es que no sólo los docentes investigadores hagan mención a su trabajo en torno a la investigación en sus proyectos de cátedra, sino que cada cátedra diseñe, para un cierto período, una investigación viable a la que también puedan integrarse, si se considerara oportuno, los alumnos/as.

Propongo al respecto que en el proyecto de cátedra se detallen aquellas acciones de investigación que se implementarán desde la cátedra y que no necesariamente constituyen líneas de investigación de la universidad.

2.2.2. Extensión

La extensión, pensada desde la cátedra, abarca aquellas acciones que se lleven a cabo con relación a otros sujetos que no sean los alumnos/as (como empresas, otras instituciones, egresado/as, docentes, etc.).

En algunas cátedras, solemos 'salir' de la universidad para aprender en situaciones de campo a partir de las cuales los alumnos/as realizan trabajos prácticos, monografías o informes documentados. Este vínculo que se establece con otro tipo de instituciones sociales o con miembros de la comunidad (¿cuántas veces los trabajos prácticos incluyen encuestas de opinión a ciudadanos?) creo que merece algún tipo de devolución por parte de la universidad a la comunidad que la sostiene.

Si bien tal como lo aclaré antes, el tipo de dedicación es una variable de peso, también aquí creo que es posible, sin mayores esfuerzos, 'abrir' una parte de la actividad docente con sólo comunicar al 'afuera' la posibilidad de participar de ciertas clases especiales o conferencias abiertas, contactarse con producciones escritas de la propia cátedra o de los alumnos/as de la cátedra que puedan resultar de interés a ciertos sectores o brindar algún otro tipo de servicio que esté al alcance de las posibilidades de concreción.

Propongo también en este caso que en el proyecto de cátedra se expliciten las posibilidades de extensión que la cátedra ofrece a los efectos de que la estructura administrativa correspondiente (¿la Secretaría de Extensión?) pueda dar a 'publicidad' algo de lo que se dispone y, la mayoría de las veces, se desconoce.

2.2.3. Docencia

La función docente resulta ser la actividad de una cátedra más directamente relacionada con la comunicación del conocimiento. No es mi intención en este capítulo teorizar sobre la práctica docente.

A los efectos de la escritura en el proyecto de cátedra considero oportuno que puedan hacerse explícitas algunas cuestiones tales como:

- Cuál es la responsabilidad real y concreta de cada uno de los miembros de la cátedra dentro del equipo.
- Cómo funciona el equipo para preparar sus clases (frecuencia de reuniones, interrelación clases teóricas y clases prácticas, estilo de reunión de cátedra, etc.).
- Cómo se capacita internamente la cátedra (estudios, lecturas, formación de nuevos ayudantes, etc.).

Los ejemplos son peligrosos. Se corre el riesgo de que alguien convierta el ejemplo en un modelo. Pero también, los ejemplos son 'didácticos' ya que permiten visualizar en concreto un enunciado teórico. Con esta última intención, y sabiendo del riesgo, pondré a lo largo de este texto un ejemplo de cada uno de los ítems que vaya desarrollando. El que sigue, podría ser el relato correspondiente a la *Actividad de la cátedra* en un proyecto de cátedra:

A) Investigación

El equipo de cátedra realizará en los próximos tres años una investigación que pretende sistematizar y analizar los supuestos implícitos en los instrumentos de observación en aula utilizados por los directores/as de escuelas de educación primaria a fin de indagar el tipo de intervención didáctica que caracteriza la gestión curricular y el efecto de la misma sobre la modificación de las prácticas de los docentes desde la lógica de investigar la formación docente continua. A tal efecto se trabajará con análisis de los documentos (grillas de observación de clase) y entrevistas a directivos y docentes.

B) Extensión

La función de extensión se ha pensado a través de tres clases abiertas a las que se invitará a docentes que estén a cargo de unidades curriculares ligadas a las 'prácticas de enseñanza' de institutos superiores y a directores/as de instituciones escolares en las que se trabajará como contenido la relación entre la observación, la práctica pedagógica en el aula y el análisis de las propias prácticas.

C) Docencia

La cátedra desarrolla en la función docente, el dictado de los bloques teóricos relativos al contenido específico de la disciplina en los que se ha optado por un carácter teórico-práctico, realizándose en forma conjunta actividades de análisis y reflexión con actividades de producción escrita y propuesta.

La cátedra realiza una reunión semanal de trabajo en la que se prepara el material a trabajar en la clase y en la que se analiza la marcha de la cursada. Una vez al mes la reunión de equipo es una reunión de estudio en la que, con formato de seminario, se trabajan nuevos textos y a la que se invita a participar a egresado/as de la carrera.

El equipo de cátedra ha consensuado distribuir las tareas del siguiente modo:

- Lic. Miguel Panetta: supervisión del trabajo de cátedra en sus tres funciones y desarrollos teóricos en docencia.
- Lic. Ana Villamayor: coordinación del programa de investigación y desarrollos teóricos en docencia.
- Lic. Roberto Tubío: organización del programa de extensión y desarrollos teórico-prácticos en docencia.
- Lic. Dante Balboni: desarrollos teórico-prácticos en docencia y asistencia operativa a los otros dos programas.

2.3. Marco referencial

Cualquier propuesta de trabajo docente se fundamenta implícitamente en una serie de supuestos que le dan sostén. Creo necesario que algunos de esos supuestos se hagan explícitos para develar el posicionamiento teórico e ideológico de una cátedra. Considero que estas explicitaciones constituyen el marco de referencias de la cátedra y por ello creo apropiado denominar a este ítem *marco referencial*.

Entiendo al marco referencial como la fundamentación y presentación de la propuesta de la cátedra específicamente referida a la actividad de la docencia y una primera anticipación global del proyecto de trabajo con los alumnos/as en torno al conocimiento. Así, como primera aproximación, puede funcionar como el prólogo de un texto.

He pensado los componentes del marco referencial a los efectos de sugerir alguna guía práctica para su enunciado y así, lo he concebido constituido por cuatro marcos (submarcos) específicos.

Las orientaciones prácticas, ya lo he anticipado anteriormente, pueden erróneamente considerarse como prescripciones si se las entiende con lógica normativa. Aún con el riesgo de aburrir con la misma advertencia, vuelvo a enfatizar que esta propuesta sólo intenta sistematizar mi propia experiencia y comunicar (y socializar) un instrumento que me resulta práctico y que veo les resulta práctico a mis alumnos/as. Desde esta idea creo también necesario advertir que los cuatro marcos específicos que constituyen el marco referencial, no son cuatro 'subtítulos' que fragmentan una presentación que creo conveniente tome estilo narrativo. Con la natural interrelación que tienen nuestros propios supuestos teóricos, con igual sentido de integración resulta necesario que los marcos específicos se relacionen entre sí y que las explicitaciones que se hagan al referirse a uno de ellos, guarden coherencia con las que se refieran a los otros.

¿Por qué separarlos aquí entonces? Lo hago sólo a los efectos de poder analizar la elaboración del marco referencial con algún grado mayor de detalle. Podrá ver el lector, más adelante, algún ejemplo en el que éste se presenta como un solo relato integrado. El marco referencial puede incluir entonces:

2.3.1. Marco curricular

La propia cátedra no es una cátedra aislada, sino que forma parte de un conjunto de cátedras que un alumno/a cursará para obtener una titulación. Ese conjunto es llamado habitualmente *plan de estudios, diseño curricular,* o *currícula*[5] y es el que le da sentido de totalidad a la formación en una carrera. La propuesta de una cátedra tendrá mayor coherencia con el plan de estudios al que la unidad curricular pertenece si se contempla el sentido de dicha totalidad ya que, la sola experiencia del equipo docente, no parece ser un elemento suficiente para interpretar la direccionalidad que se le puede dar a una cátedra. De allí que resulte necesario analizar los propósitos del plan de estudios, el tipo de necesidades sociales e individuales que se consideraron en su elaboración y otros aspectos con el fin de obtener un mapa curricular que permita visualizar la forma en que se apoyan e

---

5 Si bien las nominaciones 'plan de estudios', 'diseño curricular' o 'currícula' se corresponden con concepciones teóricas diferentes acerca de un mismo objeto, usaré aquí la denominación 'plan de estudios' de modo genérico evitando plantear en este capítulo una discusión conceptual al respecto, ya que no es la intención teorizar acerca del currículo.

integran los diferentes contenidos de las unidades curriculares de un plan de estudios (Díaz Barriga, 1986). El análisis que el equipo docente realiza del plan de estudios y la primera interpretación que hace acerca del sentido de la cátedra en un determinado trayecto de formación, puede ser comunicado (y creo que realmente vale la pena hacerlo). Hace a cierta fundamentación que subyace a nuestro trabajo.

Tres cuestiones centrales pueden incluirse aquí considerando la estructura que habitualmente presenta un plan de estudios.

- Describir la ubicación de la unidad curricular en el plan de estudios con relación a 'años' de cursada, al ciclo en que se encuentra (por ejemplo, Ciclo Básico Común, Ciclo del Profesor/a, Profesorado, Ciclo de la Licenciatura, etc.) y al área/espacio disciplinar al que pertenece en caso de que existiera algún agrupamiento con esta clasificación.
- Referirse a los aportes específicos de la cátedra al tipo de incumbencia profesional y laboral del egresado/a.
- Enunciar qué tipo de correlación temática se vislumbra entre la propia cátedra y otras cátedras tanto anteriores como posteriores a partir de la lectura que se haya hecho de los contenidos mínimos de cada unidad curricular.

2.3.2. Marco epistemológico

Me parece relevante este ítem. Tiene que ver con la *lectura* y el *posicionamiento* que la cátedra realiza en relación con la disciplina como objeto científico y como producción de conocimiento social a partir de lo cual se desprende su *núcleo duro* como contenido de enseñanza. Así, veo que dos son las cuestiones más importantes que pueden comunicarse en este ítem del proyecto de cátedra:

- Explicar en qué línea teórica (dentro de las opciones posibles) se ubica la cátedra con relación al área de contenidos involucrados en la misma. La elección de esta línea supone tomar 'partido' por un enfoque en particular o realizar una integración de distintas corrientes dentro del marco científico, artístico y/o tecnológico de la disciplina específica. Como en todos los campos del conocimiento existe más de una manera de concebir el aspecto de la realidad que se estudia, se trata aquí de explicitar claramente cuál es la corriente, escuela, tendencia, ideología o teoría que sustenta el marco teórico del desarrollo de los contenidos que la cátedra pondrá como objeto de enseñanza. Las preguntas que pueden guiar esta reflexión podrían ser algo así como: ¿qué es... (la disciplina) para nosotros/para mí?; ¿cómo la concebimos/concibo en el contexto social del conocimiento?

- En directa relación con lo enunciado anteriormente, surge entonces la necesidad de mostrar y justificar el núcleo central de contenidos que conforman la columna vertebral de la unidad curricular, en consonancia con los contenidos mínimos propuestos en el plan de estudios.

2.3.3. Marco didáctico

También me parece relevante pensar acerca de esta necesaria definición. Si antes dije que el marco epistemológico tiene que ver con la 'lectura' y el 'posicionamiento' que la cátedra realiza en relación con la disciplina como objeto científico, artístico y/o tecnológico y como producción de conocimiento social, el marco didáctico se refiere a la disciplina como objeto de aprendizaje, a partir de lo cual se desprende su especificidad particular como objeto de enseñanza y su entidad como conocimiento comunicable.

El marco didáctico se vincula con el referente teórico por el que opta la cátedra con relación a los procesos de enseñar y aprender una disciplina en particular. Si bien en toda situación de clase hay alguien que enseña y alguien que aprende y esto sucede de alguna manera en particular, la concepción que subyace a las prácticas de dichos procesos puede ser distinta para cada situación-clase. Hoy resulta innegable que cada disciplina tiene, por la especificidad de su contenido y sus métodos de investigación, una forma que le es propia de ser aprehendida y comunicada. Las distintas respuestas a estos planteamientos también suponen la elección de una determinada posición que se operativizará en la construcción metodológica que concrete la enseñanza.

La reflexión didáctica que intenta comunicar este aspecto del marco referencial se refiere a las concepciones que adopta la cátedra respecto al proceso de enseñar y al proceso de aprender la disciplina que es objeto de conocimiento en el aula. Las preguntas que pueden guiar esta reflexión se corresponderían por ejemplo con: ¿qué tienen que 'hacer' en términos cognitivos los alumnos/as, para aprender esta disciplina?; ¿cómo vamos/voy a intervenir en consecuencia desde la cátedra en términos de enseñanza?

No estoy diciendo que la explicación se refiere a las actividades de trabajos prácticos ni a los recursos didácticos, ni a nada que se relacione con la concreción metodológica. Más bien, se enmarca en las opciones teóricas acerca de las concepciones del aprendizaje, de la enseñanza y del conocimiento. Definir las *opciones teóricas* tampoco supone 'copiar' una definición de aprendizaje, de enseñanza o de conocimiento de algún texto o de algún autor con el que se acuerda, sino por el contrario, hacer la propia construcción teórica que pueda surgir de la reflexión sobre las prácticas que una cátedra acumula como experiencia y que evidencie su punto de vista al respecto.

2.3.4. *Marco institucional*

En ocasiones ciertas particularidades coyunturales del contexto sociohistórico, de la propia institución o del grupo de alumnos/as pueden llegar a incidir fuertemente sobre el desarrollo de las clases y, en consecuencia, condicionar alguna de las decisiones que el equipo docente de la cátedra debe tomar al realizar las previsiones para la puesta en marcha de su proyecto de cátedra.

Si una facultad fuera a ser sede de un Congreso de educación probablemente las cátedras del área realizarían, en particular ese año, algún tipo de trabajo para favorecer la presentación de ponencias o la participación de los alumnos/as en algunos de los grupos de trabajo. Si un instituto superior cumple un año el quincuagésimo aniversario de su creación, probablemente se realicen en algunas de las cátedras algún tipo de trabajo investigativo para recuperar parte de la memoria institucional 'perdida'. En ambos ejemplos, la variable 'institucional' condicionará de alguna manera parte del trabajo del año en torno a los contenidos. Del mismo modo podrían pensarse algunos ejemplos relacionados con los alumnos/as o con el contexto, casos en los que, la incidencia de algún factor ocasional, podría a modo de excepción, modificar la práctica docente habitual.

Creo que en casos como el ejemplo mencionado, vale la pena que en ese marco que constituye el marco referencial se haga alguna mención a ello, sencillamente porque se está comunicando algo que atravesará la práctica de la enseñanza. Pero insisto en el carácter orientativo y de sugerencia práctica de este texto y aclaro, una vez más, que no estoy diciendo que un proyecto de cátedra 'debe' incluir un marco referencial en el que necesariamente se identifiquen un marco curricular, un marco epistemológico, un marco didáctico y un marco institucional.

He aquí un ejemplo de su redacción:

MARCO REFERENCIAL

Inserta en el profesorado y precedida por correlatividad únicamente por Didáctica I, esta cátedra, Didáctica IV, se ubica en la línea de análisis de las unidades curriculares cuyo objeto de estudio se centra en torno a los procesos áulicos y curriculares en la carrera de Ciencias de la Educación. La correlación con Didáctica I resulta relevante, ya que se retoma el estudio realizado acerca del campo específico de la didáctica general para analizarlo ahora en el contexto de la educación superior.

Atendiendo a la especificidad del perfil de la carrera, esta cátedra pretende aportar al futuro egresado/a la posibilidad de poder identificar y poner en discusión distintas variables que, centradas en el eje del análisis de las propias prácticas, posibiliten trabajar en torno a la intervención e investigación de las prácticas de la enseñanza en la educación superior, con especial énfasis en el ámbito de la formación docente. Por tal razón, se consideró oportuno abordar una línea de análisis que vaya de lo particular a lo general con una secuencia práctica-teoría-práctica, en la cual la reflexión en torno a la práctica docente en la educación superior, será un eje que atravesará cada una de las clases.

Los trabajos de campo, que complementan la carga horaria teórica de Didáctica IV, se operativizarán por medio de prácticas pedagógicas a través de la inserción de los/las alumnos/as en cátedras de la educación superior no universitaria —institutos superiores de formación docente— en las que los/las practicantes asumirán todas las responsabilidades inherentes al trabajo docente. A fin de resolver las primeras urgencias derivadas de la intervención desde la enseñanza en las prácticas pedagógicas, la línea temática de las primeras clases aborda las prácticas de enseñar y aprender en la educación superior y algunos recursos didácticos específicos para el nivel. A partir de allí, con un encuadre más analítico, se desarrollará la problemática de los contenidos y el conocimiento en la educación superior para, sobre el final, tomar la cuestión específica de la

---

formación docente y sus lineamientos político-curriculares, especialmente dentro del ámbito de la provincia de Buenos Aires, ubicación geográfica de esta universidad.

La propuesta didáctica parte de la premisa de considerar el aula como un ámbito de reflexión y acción que permita 'repreguntarse' la didáctica, teorizando acerca de la práctica y poniendo en juicio analítico la teoría. Para ello, se utilizarán diversas modalidades de enseñanza apropiadas para el nivel, las que serán a su vez analizadas teóricamente en cuanto a su pertinencia para el trabajo en la educación superior, sobre el final de cada clase.

Entendemos al conocimiento como un proceso dialéctico que permite comprender y transformar la realidad, oponiéndonos al saber como algo dado y absoluto. Optamos por una Didáctica concebida como teoría acerca de las prácticas de enseñanza en contextos sociohistóricos determinados, cuyos postulados supongan una interrelación permanente entre la indagación teórica y la práctica pedagógica y cuyo objeto de estudio se centre en torno a las prácticas docentes especialmente en el contexto particular del 'aula', en tanto espacio social simbólico condicionado por múltiples variables. Esta concepción teórica se posiciona en una Didáctica de corte socioantropológico que, a la vez que intenta develar los supuestos implícitos en las prácticas docentes, pretende 'narrar' la cotidianeidad del aula de la educación superior. Finalmente entendemos que la relación docente-alumnos/as se inscribe en las pautas del contrato didáctico que es necesario develar y explicitar hasta los límites de lo posible.

Las características que habitualmente presentan los alumnos/as, en general cursantes del último año de la carrera, entre los que se identifican altos porcentajes de profesionales y/o estudiantes del área de Psicopedagogía y, a la vez, un importante grupo con experiencia docente en los distintos niveles del sistema, ofrece un particular desafío: enriquecer explícitamente los saberes portados por el grupo respecto a la práctica docente a la vez que lograr no perder la línea de análisis propia de la didáctica en el ámbito de las Ciencias de la Educación.

2.4. Propósitos

2.4.1. El planteo de objetivos

Durante muchos años, los distintos modelos de planificación áulica, dieron sustancial importancia a los objetivos, pero fue el modelo didáctico tecnológico (más conocido en la docencia como modelo conductista), el que otorgó a la formulación de objetivos un lugar de relevancia. La planificación se convirtió así en 'la' herramienta que había que manejar y dentro de ella los objetivos en 'el' elemento vedette de la planificación. El supuesto teórico que se impuso, con argumentos no muy sólidos a la hora de cotejar la teoría con las prácticas docentes, fue que una buena (entendiendo 'buena' por 'correcta' en sentido técnico) formulación de objetivos, era suficiente para garantizar el éxito y la eficiencia en el logro de resultados de aprendizaje por parte de los alumnos/as. Por ello, su correcta formulación, pasó a ser un imperativo de la tarea docente (recordarán algunos colegas los listados de verbos que se usaban al modo de 'machetes' para preparar las planificaciones).

Desde la lógica tecnológica, los objetivos tratan de enunciar qué aprendizajes, en relación con los contenidos, se espera que realicen los alumnos/as como 'productos' parciales y finales de la cursada de una unidad curricular. Los objetivos representan la descripción de la ejecución, entendida como realización de una actividad, que se pretende que los alumnos/as estén en condiciones de realizar antes de que se les considere competentes. El objetivo, desde este punto de vista, describe un resultado previsto, antes que el proceso mismo (Mager, 1979).

La mayoría de los textos de la época (la década de 1970), precisa que un objetivo es bidimensional, es decir, está constituido por dos dimensiones: una está representada por un verbo que como tal indica qué acción han de poder realizar los alumnos/as; la otra está representada por el contenido, por medio del cual dicha acción se concretiza. Como la garantía de la acción lograda sólo es posible en la medida en que ésta pueda comprobarse, las conductas explícitas en los objetivos a través de los verbos, necesariamente, deben ser observables, es decir, debe poder verse la operación (acción) que realizan los alumnos/as (de allí el concepto de objetivo operacional u operativo). Por otra parte, a los efectos de poder observar la conducta, la operación, el contenido debe referirse a una parcela fragmentada de un todo, posible de constituirse en el medio funcional con el que la conducta se pone de manifiesto en una clase y no en una serie de clases.

¿Algunos ejemplos?

Que los alumnos/as sean capaces de:

- Solucionar problemas aritméticos de porcentaje

acción (externa y visible)   contenido (fragmentado)

- Caracterizar la estructura del aparato psíquico según la
  escuela psicoanalítica

acción (externa y visible)   contenido (fragmentado)

El modelo tecnológico de formulación de objetivos ha sido objeto de análisis y crítica en casi toda la bibliografía pedagógica de la década de 1980, tanto por su concepción subyacente en lo ideológico, como por sus supuestos teóricos en términos de aprendizaje y enseñanza, sobre todo, la fragmentación del proceso de aprendizaje en partículas ficticias (ya que aprender es un proceso complejo que está lejos de concretarse por una sumatoria de logros parciales y lineales que se encadenan), el minucioso afán tecnocrático que invadió las prácticas (cumplir con una planificación bien hecha fue más importante que 'pensar' la clase) y el desconocimiento del proceso como algo inherente al aprendizaje (aprender es un proceso que supone avances, retrocesos, detenciones, contrastaciones, construcciones y deconstrucciones, etc. de los que rara vez el producto final logra dar cuenta).

2.4.2. El planteo de expectativas de logro

A partir de la formulación de los C.B.C.[6] y acompañando la transformación del sistema educativo en Argentina en la década de 1990, un nuevo concepto con relación a los logros de aprendizaje de los alumnos/as, comienza a circular: las "expectativas de

---

6   CBC se refiere a los Contenidos Básicos Comunes aprobados por el Consejo Federal de Cultura y Educación para todo el país durante la gestión de la Ministro Susana Decibe en Argentina

logro". En el Marco General del Diseño Curricular de la provincia de Buenos Aires (1999) las expectativas de logro son definidas así:

"... las Expectativas de Logro son metas mínimas a las cuales arribar, mediante la selección y propuesta de los contenidos socialmente legitimados y las estrategias didácticas adecuadas que garanticen la adquisición de competencias.

Respecto de este tema, las expectativas remiten al logro de competencias, entendidas éstas como capacidades complejas. Las competencias implican el valor formativo para su aplicación en todas las circunstancias de la vida, y por otro, la posibilidad de adquisición de saberes específicos.

Se podrá observar que en la formulación de Expectativas de Logro se requiere explicitar contenidos integradores, ideas globales, que denoten que todos los contenidos relevantes están incluidos. Las expectativas jurisdiccionales tienen como fin establecer logros que garanticen la calidad educativa y la igualdad de oportunidades.

(...) Las Expectativas de Logro implican: capacidades a desarrollar y contenidos mediante los cuales éstas se desarrollan. La capacidad supone una potencialidad que necesita desplegarse; en ello intervienen: las intervenciones de todos los agentes sociales –en particular, las sistemáticas del docente–, así como las actitudes del alumno/a y todos los sucesos de su vida, que aún siendo fortuitos tienen incidencia".

Tal vez quienes hayan impuesto el concepto de *expectativas de logro* han pretendido llenar el vacío que la caída conceptual de los *objetivos* dejó al descubierto. El afán de precisar qué se debe aprender parece ser una característica natural de los sistemas educativos.

Uno de los primeros aportes para llenar el vacío que dejara la retirada en el discurso didáctico de los objetivos operativos, fue el de Ángel Díaz Barriga. En *Didáctica y Currículum* (1986) el autor mejicano plantea la necesidad de describir en los programas aquellos aprendizajes que se dan con cierto grado de integración y estructuración en todos los niveles de la conducta humana (esta es una clara respuesta a la clásica división –que el modelo tecnológico instaló– de formulación de objetivos por áreas de la conducta en los dominios de lo cognitivo, de lo socio-afectivo y de lo psicomotriz) que permiten, a su vez, integrar la información a lo largo de un curso. Según su propuesta, la elaboración de productos o resultados de aprendizaje (que denomina *objetivos terminales*) obedece a una necesidad curricular de establecer ciertos elementos de acreditación. Si bien él no ha vuelto sobre este tema, intuyo que hoy probablemente no sólo no resulte de su interés académico un planteo como éste, sino que probablemente no acuerde con estas ideas formuladas contextualmente en otra época. Pero parece indudable que la concepción de *expectativa de logro* tiene parte de sus raíces en estos primeros aportes ligados a la idea de aprendizajes que se dan como resultado de la integración de la conducta y la información a lo largo de un curso.

Pero sin duda, la mayor incidencia se vislumbra en la bibliografía que sustentó teóricamente la reforma española. En particular, los aportes de César Coll (1994), para quien los objetivos terminales deben clasificarse en tres campos: el del saber, el del saber hacer y el del valorar.

El campo del *saber* se refiere a la incorporación significativa de datos, hechos, principios, teorías, conceptos, reglas, etc., que pasan a formar parte del caudal informativo de los alumnos/as y que le permitirán, cuando le sea necesario, utilizarlos.

El campo del *saber hacer* se refiere a todo tipo de habilidades, destrezas y posibilidades prácticas o al decir de las nuevas terminologías que incluyen a todas estas formulaciones a los procedimientos que deben incorporar los alumnos/as a propósito del trabajo con ciertos contenidos específicos. Para Coll aprender procedimientos quiere decir que se es capaz de hacer uso de algo (información, instrumentos, tecnologías, etc.) en diversas situaciones y de diferentes maneras con el fin de resolver problemas planteados y alcanzar las metas fijadas.

Finalmente aprender en el campo del *valorar* significa para Coll que "se es capaz de regular el propio comportamiento de acuerdo con el principio normativo que dicho valor estipula". Dentro de este campo también se incluyen las normas y las actitudes.

Si bien en Argentina la idea de las expectativas de logro está muy cercana a la de objetivos terminales, no ha habido un afán clasificatorio en lo mostrado más arriba aunque la referencia explícita a una división de tal tipo, puede observarse en algunos documentos oficiales. Una vez más, el Marco General de los Diseños Curriculares de la Pcia. de Bs. As. lo ejemplifica: "...la adquisición de competencias, mediante la apropiación de contenidos conducentes a un saber, saber hacer y valorar (...)".

Veamos algunos ejemplos en los que se evidencia la formulación de una expectativa de logro en la que puede identificarse la presencia de las competencias y contenidos globales:

- "Al finalizar su formación los futuros docentes:
  Comprenderán la especificidad de los hechos y las prácticas educativas como realidad diferenciada de otros hechos y prácticas humanas y sociales. Comprenderán en particular las características de cada uno de los elementos del triángulo didáctico (maestro, alumno/a, contenido) y sus múltiples interrelaciones" (de los C.B.C. para la formación docente de grado, 1997).
- "Al finalizar la Educación Polimodal, los estudiantes de la Modalidad Economía y Gestión de las Organizaciones estarán en condiciones de:
  Comprender la naturaleza de las relaciones jurídicas de las organizaciones, su actuación responsable ante situaciones en que sean parte, las formas jurídicas que pueden adoptar y las distintas modalidades que pueden conformar los agrupamientos empresarios" (de los C.B.C. para la educación polimodal, 1997).
- "Conocimiento y análisis del proceso histórico latinoamericano y el proceso de formación de la Nación Argentina" (del diseño curricular para la formación docente de grado de la Pcia. de Bs. As., profesorado de tercer ciclo de la EGB y de la educación polimodal en Historia, 1999).

2.4.3. El planteo de propósitos

No estoy de acuerdo con la concepción teórica que subyace a la formulación de las expectativas de logro ni creo necesario que haya que realizar alguna formulación que pre-establezca los aprendizajes que un adulto deba o vaya, supuestamente, a realizar.

Creo que la presencia de las expectativas de logro en los diseños didácticos alimenta la concepción burocrática de la planificación al explicitarse enunciados que dormitan en algún papel y que no orientan las prácticas de enseñanza ni resultan ser un referente válido para la acreditación de los aprendizajes. No veo, desde este último punto de vista, que la relación entre las expectativas de logro y la evaluación sea una referencia clara en el momento de tener que tomar decisiones respecto a qué y cómo evaluar en términos de acreditaciones. La direccionalidad de la evaluación, puede obtenerse desde otro eje de relaciones que no se centre en la lógica binómica expectativa de logro-evaluación.

Estoy convencido de que, por las características peculiares de los alumnos/as adultos, la previsión de los aprendizajes que se vaya a realizar no resulta más que una ilusión y que, una vez más, creer que éstos son previsibles, no hace más que aportar a la falsa concepción del grupo-clase como un todo homogéneo.

Desde el sentido común podría afirmarse que siendo los alumnos/as de la educación superior adultos, ya poseen una estructura cognitiva acorde para la apropiación de cualquier tipo de saberes y una matriz de aprendizaje fuertemente conformada. En el mismo sentido, algún viejo modelo teórico de la Psicología del Desarrollo los consideraría como sujetos universales y abstractos (en el sentido de que todo sujeto de dicha franja etaria se comportaría más o menos igual, independientemente de la situación espacio-temporal y socio-histórica) y con desarrollo completo (en el sentido de que no se evidenciarían ya, cambios importantes en su desarrollo). Podría también reafirmarse que aún siendo alumnos/as adultos, su actividad dentro de una institución educativa está regida por el tipo de lógica inherente al tipo de actividad que en ellas se lleva a cabo, es decir que la categoría 'alumno/a' es una categoría extendible a todo sujeto que cumple dicho rol, en cualquier momento de la vida, pero que adquiere una contextualización particular para cada situación histórica y para cada situación institucional a partir de la cual se define, aunque sólo en una mínima parte, lo que ser alumno/a significa (Steiman, 2004).

Pero, por sobre todas las cosas por ser adultos, están precedidos por la historia personal de cada sujeto y por el 'lugar' desde el que participan (o pueden participar) en las prácticas sociales dentro de un determinado orden social que condiciona dichas prácticas. Y son alumnos/as y como tales, no parten del punto cero en su inserción institucional ya que han pasado por otras instituciones escolares previamente y cada uno de ellas ha 'modelado' en cada alumno/a una concepción acerca de la participación institucional en las prácticas educativas y de lo que significa aprender dentro de ellas.

Así, cada estudiante adulto por las diferentes prácticas sociales que acumula y por las diferentes prácticas sociales de las que (y 'en las que' y 'como') participa, por los diferentes saberes que maneja, distintos en cada uno por sus experiencias anteriores, suele aprender dimensiones muy diferentes de un mismo objeto de conocimiento. Establecer cuál va a ser el logro final de aprendizaje sería, desde esta óptica, una suposición que se acercaría a la magia.

Por todo ello creo que lo único realmente hipotetizable es aquello que se propone el equipo docente desde la óptica de la enseñanza. Es decir, aquello que se propone enseñar y no aquello que se propone (o su expectativa) respecto a lo que los alumnos/as deberían aprender. Por esa razón, prefiero plantear *propósitos*.

Los propósitos tratan de mostrar, desde la óptica de la enseñanza, qué dirección intenta dársele al proceso áulico o en otros términos, qué ofrece el equipo docente en términos de lo que la cátedra puede garantizar como prácticas que sucederán en el aula, ya sea por posicionamiento teórico, por concepción ideológica, por propuesta metodológica o por el uso de ciertos recursos. En ese caso, prima enunciar la acción docente con relación al núcleo central de contenidos puestos en juego en la cátedra.

¿Y entonces cómo se direcciona la evaluación si no se explicitan objetivos o expectativas de logro? Considero que el eje debe posicionarse en la relación: contenidos-método-criterios de acreditación. Ya volveré sobre este aspecto más adelante.

Así, en los propósitos, la acción (el verbo de la formulación) es una acción del docente ya que hace referencia a un hacer propio y específico del mismo. Probablemente las formulaciones se refieran a acciones que tengan que ver con el 'promover...' o el 'facilitar...' etc.

La sugerencia práctica aquí, es hacer explícitos los propósitos del equipo docente en el proyecto de cátedra como una manera más de 'blanquear' alguna parte explicitable del contrato didáctico.

He aquí un ejemplo:

PROPÓSITOS

- Proponer, en el contexto de las prácticas de enseñanza de la educación superior, una línea de debate permanente acerca del campo de la Didáctica que someta a discusión y confrontación el carácter normativo, histórica configuración del campo, y el carácter interpretativo-crítico, propuesta contemporánea de conformación del mismo.
- Plantear un enfoque de indagación que permita abordar el análisis de las prácticas docentes en el ámbito de la educación superior.
- Favorecer la posibilidad de confrontar las representaciones acerca de las prácticas docentes en la educación superior y las prácticas mismas.
- Ofrecer una propuesta académica honesta en la que la responsabilidad profesional de la cátedra se corresponda con el legítimo derecho a aprender y estudiar con seriedad y profundidad.
- Adherir a las posturas que entienden que desde el análisis de las prácticas docentes puede construirse teoría didáctica.

Y aquí otros ejemplos pertenecientes a otras áreas del conocimiento:

- Promover el análisis de situaciones de la vida cotidiana a la luz del Derecho Constitucional.

- Brindar los recursos necesarios que apunten a promover la presentación original y creativa de estrategias de resolución de problemas relacionados con la necesidad de procesar datos.

- Facilitar el intercambio entre el saber teórico en el ámbito de la seguridad industrial y la indagación de su aplicación concreta en las pequeñas y medianas industrias.

- Analizar en las clases teóricas las condiciones socio-económicas-laborales de la Argentina como resultado de las políticas impuestas por los organismos internacionales de crédito y proponer la resolución de trabajos prácticos que supongan la toma de decisión y de posición por parte de los alumnos/as como partes involucradas en la actividad económica.

2.5. Contenidos

Los contenidos representan el eje central de todo proyecto didáctico y es aquello que primero se nos representa mentalmente a la hora de pensar la cátedra. Los contenidos son la respuesta a una pregunta crucial de la práctica docente: ¿qué enseñar?

La SELECCIÓN de los contenidos que vamos a enseñar suele ser, en general, una de las decisiones más 'fuertes' que tomamos como docentes. El hecho de poder elegir los contenidos a enseñar no es, sin embargo, algo que pueda hacerse al margen del escenario global que representan el plan de estudios y el proyecto curricular institucional, cuando lo hay. En este sentido la primera prescripción que atraviesa el trabajo en torno a los contenidos, está representada por la presencia de los contenidos mínimos presentes en el plan de estudios. Cuando me referí al marco curricular y al marco epistemológico, anteriormente, hice alguna mención a la 'utilidad' de los contenidos mínimos: garantizan, en cierto sentido, la coherencia en un trayecto de formación articulando los núcleos centrales de cada disciplina. Pero también es cierto que, a veces, los planes de estudios se desactualizan rápidamente o permanecen inertes por mucho tiempo sin incorporar los nuevos contenidos científicos, artísticos y/o tecnológicos, que cada vez más rápidamente, se producen en distintos ámbitos. De modo que, para buscar el punto de equilibrio, nada mejor que el buen criterio y una buena articulación entre los distintos equipos docentes de las diferentes cátedras, para hacer del proceso de selección un proceso consensuado.

Me pregunto muchas veces qué es lo que hace que yo elija determinados contenidos en mis cátedras, desechando otros. Creo que no hay una única respuesta para una pregunta de ese tipo. Pero también creo que resulta por lo menos ingenuo creerle a los colegas que 'defienden' la presencia de ciertos contenidos en su proyecto de cátedra sólo porque 'lo establece el plan de estudios' o 'por temor a la supervisión de un inspector'. La enraizada idea de la libertad de cátedra en la educación superior, da un margen de necesaria y sana libertad que no puede, ni debe, desaprovecharse. De todos modos, aclaro, libertad no es individualismo.

¿Qué es lo que hace que yo elija determinados contenidos en mis cátedras? Los elijo, entre otras tantas razones que yo mismo desconozco y de las que no puedo dar cuenta, porque creo que:

a) Pueden resultar significativos (Ausubel, 1983) considerando los tres aspectos sustantivos de la significatividad:

- Significatividad psicológica: porque son contenidos a los que los alumnos/as pueden otorgarle sentido en razón de su potencialidad para ser incorporados a los esquemas y estructuras que definen las capacidades cognitivas que poseen y, sobre todo, porque pueden facilitar el establecimiento de puentes cognitivos y relaciones sustantivas entre los saberes anteriores disponibles y estos nuevos contenidos que se transformarán en saberes apropiados y disponibles para comprender otros nuevos contenidos culturales.
- Significatividad lógica: porque son contenidos necesarios en razón de formar parte de la estructura esencial de una ciencia, es decir, por constituir los 'nudos estructurales' (Bruner, 1991) de una disciplina; conceptos claves que actúan como articuladores de la estructura temática.
- Significatividad social: porque son contenidos de alta relevancia social relacionados con hechos o procesos que por el tiempo histórico que se está viviendo adquieren importancia particular y/o mayor poder de transferencia, es decir, posibles de aplicar en diversas situaciones de la vida cotidiana o aplicables a otras disciplinas y/o temáticas de una misma disciplina.

b) Tienen que ver con mis propios intereses ideológicos;

c) Son el resultado de las últimas investigaciones o constituyen nuevas categorías conceptuales que circulan a través de artículos o textos de reciente divulgación sin que ello sea la receptividad de lo nuevo, sólo por nuevo, y la negación de lo viejo, sólo por viejo (Freire, 1969).

d) Representan una necesidad particular analizando el tipo de demanda profesional que se requiere del egresado/a o aportando a la diferenciación del egresado/a de una institución respecto a otras, en estrecha relación con el contexto social e institucional en el que los alumnos/as se está formando.

De la mano de la documentación oficial proveniente del ámbito nacional, y una vez más, siguiendo el modelo español, ha circulado en los '90 una determinada forma de pensar la selección de los contenidos a partir de la institucionalización (así aparecen en los C.B.C.[7] de la transformación educativa generada a partir de la sanción de Ley Federal de Educación) de una categoría de clasificación: los contenidos conceptuales, procedimentales y actitudinales. Quisiera, para quien desconoce de qué estoy hablando, hacer una brevísima descripción para después explicar mi parecer al respecto.

Se entiende que los *contenidos conceptuales* (Coll y otros, 1994) se refieren al aprendizaje de datos, hechos y conceptos. Los datos y hechos habitualmente se relacionan con el manejo de cierta información que resulta necesario acopiar en la memoria como una base de datos. Pero para que los datos y los hechos cobren significado, los alumnos/as deben disponer de conceptos que les permitan interpretarlos. Un concepto no es un elemento aislado, sino que forma parte de una red de conceptos interrelacionada, de modo que el aprendizaje de los mismos requiere establecer una relación significativa entre conceptos previamente formados. A su vez, convendría establecer una diferencia entre conceptos estructurantes y conceptos específicos. Los primeros se refieren a conceptos muy abarcativos, de un alto grado de abstracción y que suelen aparecer como subyacentes a un

---

7   Los Contenidos Básicos Comunes son definidos como el "conjunto de saberes relevantes que integrarán el proceso de enseñanza de todo el país (…) y la matriz básica para un proyecto cultural nacional".

determinado objeto de conocimiento. Los segundos son más particulares y aparecen como subordinados a los estructurantes. A diferencia de los datos y hechos, los conceptos se aprenden significativamente, es decir por comprensión y relación.

Los *contenidos procedimentales* (Coll y otros, 1994) han de entenderse como aquellos objetos de enseñanza que se refieren a un conjunto de acciones ordenadas y sistemáticas, orientadas a la consecución de una meta. De modo que es posible identificar en el aprendizaje de procedimientos actuaciones referidas al 'saber hacer'. No debe entenderse que estos procedimientos se refieren exclusivamente a acciones manuales o motrices; también están incluidos dentro de ellos las estrategias o habilidades cognitivas que suponen una acción ordenada (como el análisis o los algoritmos por ejemplo).

Los *contenidos actitudinales* (Coll y otros, 1994) se refieren al aprendizaje de actitudes. Puede decirse que una actitud es una predisposición relativamente estable de la conducta en relación con un objeto o sector de la realidad. La actitud implica un componente cognitivo (conocimientos y creencias), un componente afectivo (sentimientos y preferencias) y un componente conductual (acciones manifiestas).

En épocas más contemporáneas y de la mano del cambio en las políticas educativas de los años 2000, los C.B.C. parecen reemplazarse paulatinamente por los N.A.P.[8] y oficialmente comienza a desaparecer la clasificación de los contenidos en conceptuales, procedimentales y actitudinales.

Tengo una natural resistencia a las clasificaciones (estoy seguro que es consecuencia de la exacerbada manía clasificatoria que sufrí con el modelo tecnológico durante mi formación de grado). Pero no veo mayores inconvenientes que el peligro de la clasificación misma ya que al clasificar se disocia una totalidad indisociable como son los saberes que enseñamos.

---

8   NAP se refiere a los Núcleos de Aprendizajes Prioritarios aprobados por el Consejo Federal de Cultura y Educación para todo el país durante la gestión del ministro Daniel Filmus. En la documentación oficial se los define como "un conjunto de saberes que deben formar parte de la educación de todos los niños y las niñas, tanto por su significación subjetiva y social como por su potencialidad para construir, en un proceso de mediano plazo, una base común que aporte a revertir las injusticias".

En verdad, si me dan a elegir, prefiero que cada equipo docente muestre la selección de contenidos realizada como mejor pueda comunicarla (a sí mismo y a los otros actores institucionales involucrados). Y no hay que olvidar que de eso se trata: los escribo en el proyecto de cátedra para comunicarlos y para comunicármelos.

Si la selección de los contenidos es una de las decisiones 'fuertes' que tomamos como docentes, también hay otro tipo de decisiones involucradas en nuestras prácticas en torno al trabajo con los contenidos. Tal es el caso de la decisión respecto al tipo de ORGANIZACIÓN EPISTEMOLÓGICA de los contenidos.

Por lo general, la articulación disciplinar que se presenta en el plan de estudios ya define un criterio de organización. Así, por ejemplo, la presencia de las Ciencias Sociales dentro de la estructura curricular de la educación primaria o la perspectiva Filosófico-Pedagógico-Didáctica en los profesorados de formación docente en la Pcia. de Bs. As. (1999), determinan la presencia de un agrupamiento que involucra una interacción entre disciplinas, interacción que en las prácticas de enseñanza hay que resolver de algún modo.

En un recorrido rápido, entre las formas de organización más utilizadas pueden enumerarse:

- Organización intradisciplinaria: responde a una organización en la cual una disciplina, constituye el eje del trabajo en el aula sin vínculos de ninguna índole entre ésta y otras, recorriéndose un camino de profundización creciente de los contenidos propios de esta disciplina.
- Organización multidisciplinaria: supone el vínculo entre dos o más disciplinas sin que ninguna de ellas pierda su identidad específica. El ámbito de la interacción se da a partir de la formulación de un problema (en la medida de lo posible extraído de la vida real) para cuya resolución se requiere de la intervención de dos o más disciplinas que se ocupan simultáneamente de la resolución del mismo. Cuando el plan de estudios ha definido una organización básicamente intradisciplinar, la posibilidad de la organización multidisciplinaria es posible sólo a partir de acuerdos y trabajos mancomunados entre dos o más docentes o por la conformación de equipos

de cátedra en los que participen profesionales con titulaciones de grado o posgrado pertenecientes a distintos campos del saber.

- Organización interdisciplinaria: implica un marco general en el que cada una de las disciplinas en contacto pierde sus propias fronteras, confluyendo en una integración tal que se ven modificadas las terminologías específicas de cada una de ellas, sus metodologías de estudio/investigación, sus conceptos, etc. "La enseñanza basada en la interdisciplinariedad tiene un gran poder estructurante ya que los conceptos, marcos teóricos, procedimientos, etc. a los que se enfrenta el alumnado se encuentran organizados en torno a redes más globales, a estructuras conceptuales y metodológicas compartidas por varias disciplinas. Además tiene la ventaja de que después incluso es más fácil realizar transferencias de los aprendizajes así adquiridos a otros campos disciplinares más tradicionales" (Torres Santomé, 1994). La organización interdisciplinaria de las Ciencias Sociales, por ejemplo, llevaría a que los alumnos/as trabajaran contenidos de la realidad social sin identificarse claramente cuándo el enfoque es estrictamente histórico, cuándo es político o cuándo es geográfico.

A la vez que tomamos decisiones respecto a la organización epistemológica lo hacemos con la ORGANIZACIÓN DIDÁCTICA de los contenidos. La forma más habitual consiste en el agrupamiento por unidades didácticas.

Una unidad consiste en una agrupación coherente e interrelacionada de contenidos en torno a una idea-eje. Cada unidad resulta ser una totalidad temática en la que, los conceptos, principios o teorías involucradas tienen relación entre sí. En la práctica, dos cosas convendría tener en cuenta: por un lado que las unidades no sean demasiado extensas y por otro, que las unidades permitan una correlación natural entre los temas evitando que aparezcan como partes inconexas y encerradas en sí mismas.

Dentro del proyecto de cátedra, junto a cada unidad se puede especificar la bibliografía obligatoria (suele ser esto mucho más orientador para los alumnos/as) o ésta podría aparecer en un apartado final.

Junto al proceso de organización, tomamos decisiones respecto a la SECUENCIACIÓN de los contenidos, es decir, al ordenamiento que les daremos, de lo cual resulta una secuencia en la que se identifica qué se enseñará primero, qué después y así cada contenido. En este proceso de secuenciación intervienen cuestiones de tiempo e importancia: solemos realizar una primera apreciación acerca de qué tiempo-clase destinaremos a cada contenido de acuerdo a su relevancia.

Miguel A. Zabalza (1997) presenta las posibles secuencias como "lineales" o "complejas". Dentro de las lineales, utiliza como categorías, la importancia y el tiempo dado a un contenido. La misma importancia otorgada a los contenidos constituye una secuencia homogénea, mientras que la presencia de contenidos de mayor y menor importancia, una secuencia heterogénea. A su vez, el mismo tiempo de desarrollo otorgado a todos los contenidos constituye una secuencia equidistante, mientras que unidades que duran más unas que otras, constituyen una secuencia no equidistante. La combinación de estas posibilidades da lugar, según el autor, a las siguientes secuencias:

- Secuencia lineal homogénea y equidistante: a todos los contenidos o unidades se les otorga la misma importancia y el mismo tiempo de desarrollo (por ejemplo, por considerar igualmente relevantes a las cuatro unidades de una unidad curricular, se destinan dos meses de desarrollo a cada una de ellas).
- Secuencia lineal homogénea y no equidistante: a pesar de ser considerados todos los contenidos de igual importancia, el diferente tiempo que se le otorga a cada uno de ellos puede deberse a la complejidad de los conceptos involucrados, a la ausencia de saberes previos al respecto, etc.
- Secuencia lineal heterogénea y equidistante: los contenidos son diferentes en cuanto a la importancia que tienen, pero a pesar de ello, todos reciben el mismo tiempo de desarrollo. La diferencia en su importancia se marca por utilizarse, en aquellos más relevantes, más medios y recursos o pautarse trabajos prácticos, trabajos de campo, etc., que consumen más tiempo extra-áulico.

- Secuencia lineal heterogénea y no equidistante: se van combinando contenidos de mayor y menor importancia y duraciones diferentes, ya sea en función de esa relevancia o en función de necesidades de repaso, profundización, etc.

Entre las secuencias complejas (aquellas en las cuales no se sigue un desarrollo en el que de un tema se pasa a otro sin que el primero sea retomado o recapitulado en una nueva oportunidad) pueden enumerarse:

- Secuencia compleja con retroactividad: es una ordenación en la que se prevén saltos hacia delante o saltos hacia atrás, sobre todo en el sentido de ir aclarando qué los contenidos que se están desarrollando en una unidad resultan de aplicación en otra que se desarrollará más adelante, o la vuelta a rever contenidos ya desarrollados en unidades anteriores a fin de garantizar un mejor aprovechamiento de los contenidos que se están desarrollando en un determinado momento.
- Secuencia compleja convergente: el mismo contenido se toma desde distintos puntos de vista o bien se lo aborda desde distintos planos de análisis. Esta forma de considerar la entrada a un mismo contenido desde distintos puntos de partida genera la necesidad de introducir nuevos conceptos o procedimientos y por ello cada plano de análisis o punto de vista se convierte a su vez en una unidad diferente.
- Secuencia compleja con alternativas: en un determinado momento del año al pasar de una unidad de contenidos a otra, aparece la posibilidad de que los alumnos/as opten por abordar temáticas diversas cada uno de ellos (o por grupos) relacionados con el nudo central de dicha unidad; el abordar temáticas diversas no supone que un grupo deba 'estudiar' todas las temáticas consideradas por los otros grupos sino que sólo profundizarán aquella alternativa por la que han optado.

Finalmente, tras un proceso de complejas decisiones, explicitamos en el proyecto de cátedra la PRESENTACIÓN de los contenidos. La presentación puede realizarse a dos niveles: a través de una visión sintética y a través de una visión analítica.

En la *visión sintética*, con algún tipo de representación gráfica, al estilo de los mapas o redes conceptuales o los cuadros sinópticos pueden mostrarse las relaciones entre los contenidos que resultan ser los más relevantes (en concordancia con los núcleos centrales explicitados en el marco referencial).

Los mapas y redes conceptuales están formados por nodos y líneas de unión entre los nodos. Tal como lo expresa Lydia Galovsky Kurman (1996), los nodos representan los conceptos o atributos específicos de un tema o disciplina y se muestran enmarcados en alguna figura geométrica. Las líneas de unión entre los nodos son flechas que indican el sentido direccional de la lectura y sobre las cuales se escribe una leyenda que aclara el significado de la relación que existe entre dos nodos (por ejemplo: 'se clasifica en', 'son ejemplos de', 'utiliza', 'da por resultado', 'están en', etc.), de modo que se establece una cadena de conceptos en una oración nuclear con sentido.

Un mapa, tal como lo presenta Antonio Notoria (1994), se diferencia de una red en razón de que el primero está constituido por conceptos jerárquicamente planteados y cuya lectura sólo puede hacerse de arriba hacia abajo, es decir desde conceptos generales hacia conceptos particulares.

Pero ambos, redes y mapas, no son más que herramientas gráficas que intentan mostrar la concepción global e interrelacionada de los contenidos de una unidad curricular. Resulta poco relevante si la red o el mapa responden a la ortodoxia propuesta por los autores para su construcción.

En la *visión analítica* los contenidos se presentan agrupados en unidades y desagregando temas y subtemas de cada unidad. En este sentido, es preferible utilizar algún tipo de codificación unificada entre el cuerpo docente, ya que el criterio que se adopte estará comunicando al lector (sobre todo a los alumnos/as) un sistema de relevancia otorgado a los contenidos.

Así, el trabajo con los contenidos supone en nuestra práctica, una serie de decisiones que, en parte, ya han sido anticipadas en el marco referencial.

```
            ┌──────────────┐
            │  SELECCIÓN ────────────────────────→  Elección
            │
  C         │                                                    Intradisciplinar
            │                                                   ↗
  O         │                  Organización    Agrupamiento ───→ Multidisciplinar
            │                  Epistemológica  disciplinar   ↘
  N         │               ↗                                  Interdisciplinar
  T         │  ORGANIZACIÓN
  E         │               ↘
  N         │                  Organización    Agrupamiento    Unidades
            │                  Didáctica    →   didáctico       didácticas
  I         │
  D         │                                                  Lineal
            │                                                ↗
  O         │  SECUENCIACIÓN ──────────────→  Ordenamiento ⟨
            │                                                ↘ Complejo
  S         │
            │                                                  Visión analítica
            │                                                ↗
            │  PRESENTACIÓN ──────────────→  Comunicación ⟨
            │                                                ↘ Visión sintética
            └──────────────┘
```

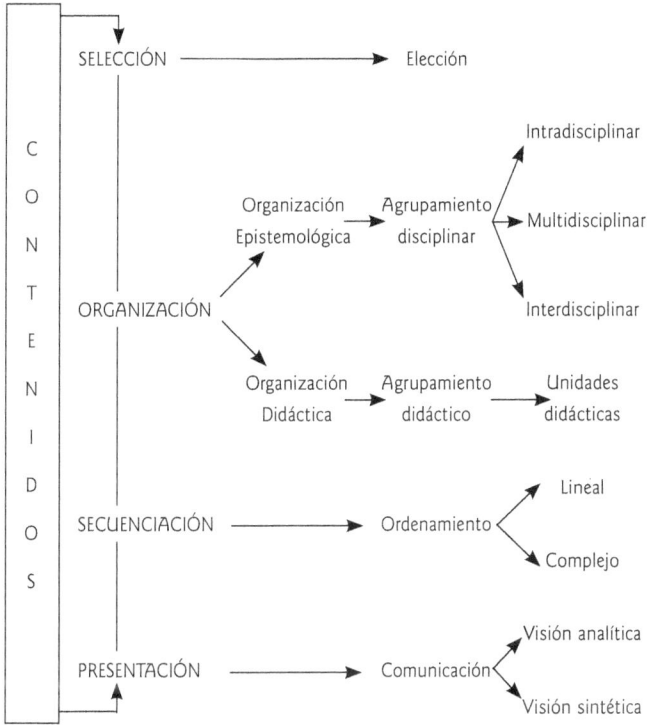

En un seminario en el que tomé el tema de los proyectos de
cátedra, un colega me pidió que le ayudara a transformar sus
contenidos analíticos en una visión sintética. Sin omitir opinión
acerca de los contenidos en sí, sino sólo tratando de organizar
en una red de relaciones los que él había seleccionado, esto es
lo que logramos armar como visión sintética de su Taller sobre
"Grupo y dinámicas de grupos".

CONTENIDOS: VISIÓN ANALÍTICA

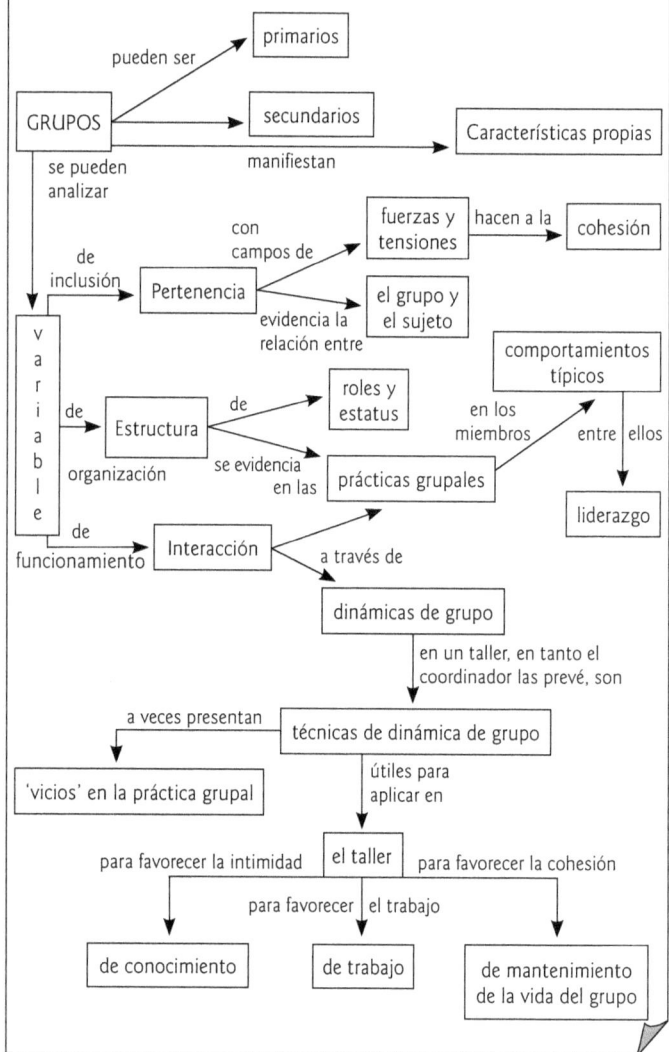

```
                                    ┌──────────┐
                    pueden ser      │ primarios │
                         ┌──────────└──────────┘
              ┌────────┐ │          ┌────────────┐
              │ GRUPOS │─┼─────────▶│ secundarios │          ┌──────────────────────┐
              └────────┘ │          └────────────┘          │ Características propias │
               se pueden  │      manifiestan                └──────────────────────┘
               analizar   └──────────────────────────────────────▶

                                   con           ┌────────────┐ hacen a la ┌──────────┐
                                campos de         │ fuerzas y  │──────────▶│ cohesión │
                    de                            │ tensiones  │           └──────────┘
                 inclusión  ┌────────────┐        └────────────┘
          ┌──────────────▶ │ Pertenencia │       ┌────────────┐
          │v               └────────────┘        │ el grupo y │
          │a               evidencia la          │ el sujeto  │
          │r               relación entre        └────────────┘
          │i                                                    ┌──────────────┐
          │a    de         ┌───────────┐   de    ┌──────────┐   │ comportamientos │
          │b ──▶│ Estructura │────────▶│ roles y │   típicos     │    típicos      │
          │l               └───────────┘         │ estatus  │   └──────────────┘
          │e  organización           se evidencia └──────────┘ en los
          │                          en las      ┌────────────────┐ miembros  entre │ ellos
          └─┐  de                                │ prácticas grupales │      ─────────▶
            │ funcionamiento ┌────────────┐      └────────────────┘
            └──────────────▶ │ Interacción │                              ┌──────────┐
                             └────────────┘  a través de                  │ liderazgo │
                                                                          └──────────┘
                                      ┌──────────────────┐
                                      │ dinámicas de grupo │
                                      └──────────────────┘
                                          en un taller, en tanto el
                                          coordinador las prevé, son
              a veces presentan      ┌──────────────────────────┐
                    ┌────────────────│ técnicas de dinámica de grupo │
                    │                └──────────────────────────┘
        ┌──────────────────────────┐    útiles para
        │ 'vicios' en la práctica grupal │   aplicar en
        └──────────────────────────┘
         para favorecer la intimidad  ┌──────────┐ para favorecer la cohesión
              ┌──────────────────────│ el taller │──────────────────────┐
              │          para favorecer │ el trabajo                     │
        ┌────────────────┐      ┌──────────────┐          ┌──────────────────────┐
        │ de conocimiento │      │ de trabajo   │          │ de mantenimiento      │
        └────────────────┘      └──────────────┘          │ de la vida del grupo  │
                                                           └──────────────────────┘
```

La visión analítica nos es más conocida. Pero, aún así, quisiera mostrar un ejemplo en el que los contenidos aparecen desagregados, codificados numéricamente y la bibliografía obligatoria junto a la unidad:

CONTENIDOS: VISIÓN ANALÍTICA

UNIDAD N° 6
Un caso de especial análisis: las prácticas en la formación docente inicial, las prácticas en la formación docente continua:

1. Las prácticas pedagógicas en la formación docente
1.1. El alumno/a practicante
1.2. Las tensiones que atraviesan las prácticas
1.3. El docente de la unidad curricular 'Prácticas de la Enseñanza'

2. ¿Reflexionar sobre la propia práctica? ¿Investigar las propias prácticas? ¿Analizar las propias prácticas?

3. El análisis didáctico de las prácticas de enseñanza
3.1. Los supuestos implícitos
3.2. Las macrodecisiones y las microdecisiones
3.3. Algunas experiencias de análisis didáctico de prácticas

Bibliografía de lectura obligatoria:

EDELSTEIN, Gloria (1995): *Imágenes e imaginación. Iniciación a la docencia*, Bs. As., Kapelusz.

——(2000): "El análisis didáctico de las prácticas de la enseñanza. Una referencia disciplinar para la reflexión crítica", *Revista del IICE*, N°. 17, Bs. As., Miño y Dávila.

HEVÍA, Ricardo y otros (1990): *Talleres de Educación Democrática*, Programa Interdisciplinario de Investigación en Educación, Santiago de Chile.

PASILLAS, Miguel A. y FURLÁN, Alfredo (1988): "El docente investigador de su propia práctica", *Revista Argentina de Educación*, N°. 12, Año VII, Asociación de Graduados en Ciencias de la Educación, Buenos Aires.

SCHÖN, Donald (1987): *La formación de profesionales reflexivos. Hacia un nuevo diseño de la enseñanza y el aprendizaje en las profesiones*, Barcelona, Paidós, cap. 1.

PÉREZ GÓMEZ, Ángel (1993): *La reflexión y experimentación como ejes de la formación de profesores*, Universidad de Málaga.

2.6. Marco metodológico

Es casi una tontería, pero pasé mucho tiempo pensando el nombre que iba a sugerir para este ítem.

En algún momento lo llamé *encuadre metodológico*. Pero *El Pequeño Larousse Ilustrado* terminó de convencerme de que no era una buena idea:

"encuadrar: encajar, ajustar // encerrar, comprender // determinar los límites de una cosa".

Ciertamente la idea del método es todo lo contrario. Si hay algo que va a encerrarme o limitarme, eso no puede ser objeto de mi trabajo en el aula. Además, 'encuadrar' me suena a poner en cuadra y 'cuadra', según mi pequeño ayudante, es una formación de la infantería en forma de cuadrilátero. Lo descarté.

En alguna otra época, me sumé a quienes daban por llamar a esto: "estrategias didácticas". Pero…

"estrategia: arte de dirigir las operaciones militares // habilidad para dirigir un asunto".

Otra vez, un término militar que se mete con el didáctico. Ya tenemos suficiente con la intromisión del discurso económico: capital cultural, eficiencia, eficacia, organizaciones…

Creo que la palabra *método* no puede dejar de estar porque así fue como Comenio lo denomina en su *Didáctica Magna*, al fin y al cabo la piedra fundacional del campo, preocupado por indicar el tipo de comportamiento que el verdadero maestro debe asumir ante sus discípulos.

Gloria Edelstein (1996) en la línea de análisis del propio Ángel Díaz Barriga (1985) y de Alfredo Forlán (1986), entre otros, afirma que es el propio docente quien construye su propuesta de trabajo, de allí que retome, tal como ella lo afirma, 'tentativamente' la categoría de *construcción metodológica*. Dos cuestiones resultan importantes para la consideración del método: no podrán obviarse ni las características específicas del contenido, ni las de los sujetos (reales y concretos) que aprenden. De allí que el método 'exija' ser una construcción para cada situación didáctica en particular, desechando la posibilidad de pensar en un modelo único y generalizable, en 'el' método.

Coincido plenamente con el planteo de Edelstein, pero, por un lado considero a la construcción metodológica como una decisión del ámbito de la práctica misma y prefiero el uso del término *marco metodológico* para una decisión del ámbito del diseño. Por otro, evidentemente en un exceso semántico tozudo y quisquilloso, pero que no puedo evitar, le temo a la palabra 'construcción' por la deformación monstruosa que ha significado en las prácticas docentes el trabajo desde y en el constructivismo (¿cómo haremos para volver a la fuente conceptual de una teorización sobre el aprendizaje que tan mal ha sido interpretada, en general, en las aulas?).

A ver con el Larousse:

"marco: cerco que rodea algunas cosas".

Creo que estoy cerca y por ahora también yo, provisoriamente, adoptaré esta categoría: la de marco metodológico. Porque veo en el método aquello que rodea la situación didáctica de la enseñanza y el aprendizaje.

No es el caso de este capítulo analizar la cuestión del método sino realizar alguna sugerencia práctica referida a qué comunicar al respecto en el proyecto de cátedra. Pero, es necesario por lo menos dejar en claro, cuales son las decisiones aquí involucradas.

Quiero retomar algunos cuestionamientos que ya he expuesto en: *¿Qué debatimos hoy en la didáctica? Las prácticas de enseñanza en la educación superior* (2004), al referirme a las situaciones de aprendizaje en la educación superior.

Con relación a la definición del marco metodológico considerando las particularidades del grupo de alumnos/as y los enfoques situacionalistas y contextualistas (Baquero, 2002) del aprendizaje:

- la idea de los instrumentos culturales como mediadores en la situación de aprendizaje;
- la idea del escenario del aula, como un particular escenario sociocultural en el cual los docentes intervenimos de algún modo;
- la idea de *participación guiada* (Rogoff, 1997) como una situación interpersonal de implicación en una situación cultural en la que docentes y alumnos/as se implican y se constituyen mutuamente en situaciones de aprendizaje y de enseñanza;
- la falsa idea de afirmar que no hay otra forma de enseñar que no sea a través de la transmisión oral (la exposición, la clase magistral) y que no hay otra forma de aprender que no sea a través de la escucha atenta;
- la falsa idea de sostener que no hay otra forma de hacer práctica que no sea previamente pasando por la teoría.

Con relación a la definición del marco metodológico considerando las particularidades del contenido:

- la idea que por la naturaleza epistemológica que le es propia, cada disciplina tiene su particular forma de producir nuevos conocimientos;
- la idea que, a consecuencia de lo anterior, las teorizaciones de una disciplina transformadas en contenido escolar, tienen su particular forma de ser tratadas en el contexto del aula para convertirlas en objeto de enseñanza;
- la falsa idea de naturalizar que en la educación superior el saber del experto-docente cubre toda necesidad didáctica de preparar situaciones no convencionales para aprender.

Es decir, quiero enfatizar que la cuestión del método de enseñanza es una cuestión de necesaria decisión. Pero es una decisión que puede tomarse siempre y cuando la preceda una reflexión e indagación sobre las producciones referidas a propuestas de enseñanza de las disciplinas (Didácticas Específicas) y sobre el contexto sociocultural del aula.

Recién ahora podemos ir a lo nuestro. ¿Qué comunicar en el proyecto de cátedra? El marco metodológico explicita la secuencia didáctica por la que se ha optado. Y al decir secuencia didáctica, me refiero a la organización de la clase en términos de 'actividad secuenciada a proponer' (estoy considerando la actividad en el amplio sentido, incluyendo también la actividad cognitiva). Estoy pensando la clase como un gran segmento en el que puedo ir definiendo segmentos parciales, cada uno de los cuales tiene una intencionalidad propia (Edelstein, 2000) y en los que, en consecuencia, se hace algo diferenciado.

Y vuelvo otra vez sobre lo dicho. La intencionalidad de cada segmento que define un hacer diferenciado, es consecuencia de la especificidad del contenido como objeto de enseñanza y de la particularidad contextual del grupo como sujeto de aprendizaje. No hay un modelo único.

¿Pero entonces cada clase tiene su propio marco metodológico? Considero que no, por las mismas razones antes expuestas. Hay dos invariantes en cada situación-clase: el contenido a enseñar y el grupo-clase.

En general todos adoptamos un propio estilo, y salvo raras excepciones, nuestras clases de tal unidad curricular con tal grupo tienden a tener un algo uniforme que las caracteriza. ¿Qué al grupo-clase recién lo conocemos una vez que la unidad curricular se pone en marcha? Seguramente, pero un proyecto de cátedra no se confecciona antes de haber conocido a ese grupo. Quiero decir que un proyecto de cátedra se 'entrega' después de haber tenido un par de clases. Ese 'algo uniforme' que caracteriza la propuesta de enseñanza en términos de actividad en la clase y que supone un 'hacer algo' según la intencionalidad propia de cada segmento de la clase, parece ser el marco metodológico.

Una última referencia a los segmentos de la clase. ¿Es posible pensar que haya algún común denominador en todas nuestras clases, en las que se pueda identificar a grandes rasgos un segmento inicial, un segmento de desarrollo y un segmento de cierre? No creo que esto pueda ser 'ley' pero entiendo que una forma de organizar los segmentos de la clase es pensar en los tres segmentos antes mencionados como tres grandes momentos, como una macroestructura en la que puedan diferenciarse otros segmentos más pequeños con intencionalidades propias.

Creo conveniente que la clase tenga un 'inicio' con intencionalidad propia, en la que se puedan recuperar los saberes anteriores del grupo relacionados con el contenido que será objeto de enseñanza en esa clase en los que pueda anticiparse, antes de desarrollarla analíticamente, la temática de la clase y las grandes categorías conceptuales que se trabajarán. Varios autores, entre ellos Lauro De Oliveira Lima (1986), pensaron este segmento como *momento sincrético* (por síncresis, captación de la totalidad) de la clase.

Resulta casi obvio que una clase tiene un gran segmento en el que la actividad cognitiva fundamental parece ser la de analizar conceptos. Desde viejos textos hasta propuestas un poco más contemporáneas se suele llamar a esto el *momento analítico* o de desarrollo de la clase.

Desde diferentes teorías de aprendizaje se enfatizó un sentido u otro para el tercer momento de la clase. La 'fijación', entendida como aplicación de un aprendizaje en un nuevo contexto o como simple repetición de una ejercitación ya realizada fue durante la vigencia del modelo conductista, la finalización obligada de una clase. Con afán gestáltico, para otros, la clase debía tener un cierre que recompusiera la estructura total de la clase (por la ley de cierre de la teoría de la Gestalt). No creo que necesariamente la clase 'deba' tener un *momento sintético* final formalizado, pues a medida que se van haciendo análisis también la actividad cognitiva de los sujetos va produciendo síntesis parciales que se van integrando en síntesis cada vez más abarcativas y totalizadoras (Edelstein y Rodríguez, 1974), pero tampoco me parece que favorezca al buen aprendizaje el que la actividad quede a medias y/o inconclusa porque el tiempo de la clase se acabó y sólo referenciemos: "seguimos en la próxima".

Finalmente, dos últimas cuestiones. Una referida a que, comunicar en el marco metodológico los recursos didácticos (entendidos como ciertos soportes materiales para la enseñanza como lo son tanto el pizarrón como una guía de estudio) no creo que sea necesario. La otra a que por la particularidad de la organización universitaria –las clases divididas en teóricas y prácticas– quizás haya que pensar que en el marco metodológico puede diferenciarse también el tipo de trabajo propuesto para la una (la clase teórica) y para la otra (la clase de trabajos prácticos).

Si me pidieran hacer alguna referencia al estilo en el que se muestra el marco metodológico, por supuesto que desecho cualquier esquema encolumnado en el que se correspondan mecánicamente la actividad fragmentada de docentes y alumnos/as, tal como:

Actividad del docente	Actividad de los alumnos/as
Presentación explicativa del marco teórico	Interrogación sobre dudas
Propuesta de trabajo en grupos	Resolución del protocolo de trabajos prácticos Nº 1

Por el contrario, prefiero el estilo narrativo. Como es habitual ya, aquí presento un ejemplo:

MARCO METODOLÓGICO

En las clases teóricas, se comenzará con una dinámica grupal corta a partir de la cual se recuperará el contenido trabajado en la clase anterior a los efectos de articular la presentación secuenciada del contenido y facilitar una primera incursión global en el contenido de la clase del día. Posteriormente, se introducirán las temáticas nuevas a través de una presentación oral que realizará el profesor/a titular, apoyando la misma con la construcción en el pizarrón de esquemas conceptuales que permitan ir visualizando los conceptos centrales relacionados. Una vez que el tema esté presentado y sólo como escenario conceptual de trabajo, se trabajará con problemáticas reales extraídas de organizaciones industriales ante las que los alumnos/as, operando en grupos reducidos, deberán hipotetizar soluciones y/o analizar variables constitutivas haciendo uso del marco brindado en la presentación inicial y de las lecturas bibliográficas que deberán haber realizado previamente. La clase finalizará con la puesta en común del trabajo grupal y, si fuera necesario, una nueva intervención teórica del docente en la que se tomarán en particular las dudas y/o errores conceptuales que se hayan evidenciado en el trabajo previo.

En las clases de trabajos prácticos, los ayudantes coordinados por el J.T.P., brindarán guías de trabajo en las que prevalecerán situaciones problemáticas del tipo 'análisis de casos' las que serán resueltas por los alumnos/as haciendo uso del marco brindado en el teórico. Cada guía de trabajo será entregada individualmente por los alumnos/as a la semana siguiente de su tratamiento en clase, a fin de ser supervisada.

2.7. Cronograma

El cronograma tiene que ver con una distribución en el tiempo de los contenidos previstos en las unidades didácticas así como cierta aproximación previsible al tiempo en que se efectuarán las evaluaciones parciales y/o la entrega de trabajos prácticos.

Una vez más estoy pensando en qué comunicar al respecto. Creo que son los alumnos/as quienes más necesitan saber cómo está previsto el desarrollo de la cátedra, sobre todo, porque los involucra en cuanto a los tiempos que se les demandarán para cierto tipo de producciones o para sistematizar su estudio. Por ello, no veo que tenga sentido un enunciado muy general. ¿A quién le sirve que en el proyecto de cátedra se explicite algo así como?:

Unidad N°1: abril
Unidad N°2: mayo
Unidad N°3: junio-julio

Creo que un cronograma bien detallado puede servirle a los alumnos/as para:

-   conocer sus obligaciones académicas a lo largo del desarrollo de la cátedra en el cuatrimestre o el año, según sea el caso;
-   poder anticipar las lecturas bibliográficas que se trabajarán en cada clase;
-   poder distribuir mejor su tiempo de preparación para la entrega de trabajos;
-   poder distribuir mejor su tiempo de estudio para evaluaciones parciales;
-   enterarse del contenido y los textos trabajados en caso de ausencia a la clase;
-   conocer la correspondencia entre los contenidos desagregados en las unidades didácticas y los textos de lectura obligatoria que toman en su desarrollo dichos contenidos.

He usado últimamente un esquema como el que a continuación muestro y ha sido bien recibido por los alumnos/as. No digo que un cronograma 'deba' ser así, sólo que si estamos comunicando, debe servir a tal efecto. También podrá objetarse que no siempre puede preverse con tal grado de exactitud. Es cierto, pero nada impide que las modificaciones puedan comunicarse oralmente. De todos modos, insisto con el carácter de sugerencia u orientación práctica de este texto.

A los efectos de que sea comprendido el ejemplo, el lector tendrá que imaginar una unidad didáctica enunciada, por ejemplo, de este modo:

Unidad N° I

1.   xxxxxxxxxx
1.1. xxxxxxxxxxx
1.2. xxxxxxxxxxx
2.   xxxxxxxxxx
3.   xxxxxxxxxx
3.1. xxxxxxxxxxxx
3.2. etc.

CRONOGRAMA

Semana	Contenido	Texto de trabajo en clase
3ª Agosto	Presentación	–
4ª Agosto	Unidad 1: puntos 1 y 2	Davini (cap. 1) - Feldfeber
1ª Septiembre	Unidad 1: punto 3.1.	Apple (cap.8) - Giroux (cap.2)
2ª Septiembre	Unidad 1: punto 3.2	Perrenoud - Jackson (cap.4)
3ª Septiembre	Unidad 2: puntos 1. y 2.1 - 2.2	De Alba - McEwan (int.) - Torres (cap.8)
4ª Septiembre	Unidad 2: punto 2.3	Alliaud - Achilli - Sandoval Flores
1ª Octubre	Evaluación de la enseñanza. Unidad 2: puntos 2.4. y 2.5	Pérez Gómez - Birgin
2ª Octubre	1er parcial presencial	–
3ª Octubre	Unidad 3: punto 1	Davini (cap.4) - Edelstein-
4ª Octubre	Unidad 3: puntos 2.1 y 2.2.	Barco - Edelstein (cap.3)
1ª Noviembre	Unidad 3: punto 2.3 y 2.4.	Messina - Ball (cap. 5)
2ª Noviembre	Unidad 3: punto 3	Freire - Campos (cap. 7)
3ª Noviembre	Unidad 4: punto 1	Davini (cap. 3) - Rockwell
4ª Noviembre	Unidad 4: puntos 2 y 3	Edelstein (cap. 2) - Porlán
1ª Diciembre	Entrega 2° parcial domiciliario. Evaluación de la enseñanza	–
2ª Diciembre	Primer llamado examen final	–
3ª Diciembre	Segundo llamado examen final	–

En el presente cronograma la cita del texto sin especificar capítulo, corresponde a la lectura completa del artículo o libro.

2.8. Evaluación

A fin de comprender mejor la idea de este apartado del proyecto de cátedra, habrá que comenzar por no restringir el concepto de evaluación al universo de 'evaluar a los alumnos/as'. Se podría decir, en todo caso, que éste será uno de los aspectos de dicho proceso, pero que también, en este sentido amplio, se debe incluir como objeto de evaluación la propuesta de enseñanza.

Aclarado este primer supuesto, se puede entonces conceptualizar los términos involucrados. Si bien más adelante desarrollaré especialmente un capítulo referido a la evaluación, me resulta necesario anticipar aquí un acercamiento a la definición que el lector volverá a encontrar luego en dicho capítulo. Defino a la evaluación didáctica como un proceso que, a partir del conocimiento y comprensión de cierta información, permite, a partir de una actitud dialógica, emitir un juicio de valor acerca de las prácticas de enseñanza y /o las prácticas de aprendizaje en un contexto sociohistórico determinado en el cual intervienen con particularidad significante lo social amplio, la institución, el objeto de conocimiento, el grupo de alumnos/as y el docente y que posibilita tanto tomar decisiones referidas a las prácticas de referencia como exige comunicar a docentes y/o alumnos/as —por medio de enunciados argumentativos— el juicio de valor emitido y las orientaciones que, derivadas de éste, resulten necesarias para la mejora de la práctica.

Desde esta concepción, el concepto de evaluación es mucho más abarcativo que lo que habitualmente se relaciona con parciales, finales y notas, ya que, tal como expresara antes, también la enseñanza es objeto de evaluación.

Dentro de este proceso denominado 'evaluación', aparece a su vez el proceso de *acreditación*, entendido como el reconocimiento institucional de los aprendizajes adquiridos por los alumnos/as, constatados a través del uso de ciertos instrumentos (trabajos escritos, exámenes orales, trabajos prácticos, etc.) y comunicados a través de una escala convencional conceptual (Aprobado/Desaprobado; MB/B/R/M), numérica (1/10) o alfabética (A-B-C-D-E) que resulta de la consideración de ciertos criterios que se han priorizado para tomar la decisión al respecto.

Alguna aclaración necesaria respecto al uso del término *criterios de acreditación*. Entiendo a los 'criterios' como aquellas características expresadas como cualidades más o menos específicas en relación con los contenidos de un determinado área del conocimiento y que se especifican, en general, como procedimientos cognitivos o prácticos que se espera pongan en juego los alumnos/as en su proceso de apropiación de los contenidos, como por ejemplo, aplicar pertinentemente fórmulas preestablecidas o relacionar categorías conceptuales, etc.

Al referirme antes a las expectativas de logro, expresé mi desacuerdo con la necesidad de su formulación y dije que, a mi parecer, el eje de la evaluación podía colocarse en la relación contenidos-método-criterios de acreditación.

Quiero, brevemente, explayarme sobre dicha cuestión.

En primer lugar la inclusión del *método* en la relación contenido-método-criterios de acreditación como eje de la evaluación, se corresponde con una cuestión ética y profesional. La construcción metodológica es la que define el tipo de actividad que se realiza en una clase. La propuesta de actividad en la clase es la que pone a los alumnos/as en situación de operar con determinados procedimientos cognitivos o prácticos. De modo que, sería casi lógico pensar que, el tipo de procedimiento que fuera objeto de trabajo en la clase desde la construcción metodológica realizada, debería ser el requerido en el momento de las acreditaciones. Si en clase se trabajó 'escuchando' no resultaría pertinente en el momento de acreditar requerir el 'análisis de un caso'. Y aquí no acepto la contra argumentación referida a "que los alumnos/as recién pueden hacerlo después de haber comprendido cierto marco teórico". Siempre, una conducta de ese tipo, me ha parecido una 'traición'. Tampoco el extremo contrario, casos en los que la clase es un lugar de complejo trabajo cognitivo y la acreditación final es una exposición en la que la opinión vaciada de contenido ocupa el lugar de la conceptualización. Esto no me parece una traición, sino una burla.

En segundo lugar la inclusión del *contenido* creo que define claramente en el objeto de saber que debe ser apropiado, las categorías conceptuales que resultan ser el eje estructurante del mismo. Y en plural, *categorías conceptuales*, porque analíticamente están desagregadas en la presentación de los contenidos y presentes en la bibliografía que resulta ser de lectura obligatoria. Y son varias.

Finalmente, la inclusión de los *criterios de acreditación* creo que sin cerrar ni delimitar en extremo, expresan ciertas cualidades que los alumnos/as deben poner de manifiesto en su trabajo con los contenidos y que pueden resultar orientadoras tanto para los docentes (con relación a las tareas solicitadas en su propuesta de acreditación) como para los alumnos/as (con relación a la 'manera' de estudiar).

Sólo a los efectos de poner sobre la mesa un ejemplo sencillo, quiero ejemplificar esta relación de tres antes descripta:

En el ítem de los contenidos se explicitan en distintas unidades 'Estado Educación y Práctica Docente'. En el ítem del marco metodológico se menciona que se trabajará en pequeños grupos realizando recapitulaciones conceptuales para incluir los nuevos contenidos en red con los anteriores analizándolos desde diferentes perspectivas. En el ítem evaluación se explica como uno de los criterios que se requerirá 'relación entre conceptos'. Con este escenario, una tarea solicitada en una instancia de acreditación que requiera: "relacionar estado, educación y práctica docente desde una perspectiva política y una perspectiva curricular" la considero muy pertinente. El equipo docente viene trabajando en esa línea, a los alumnos/as no les 'cae' como sorpresa.

Hechas estas primeras apreciaciones, quiero referirme a qué se puede comunicar al respecto en el proyecto de cátedra.

Intentaré mantener la lógica del desarrollo al circunscribir las necesidades conceptuales sólo a los efectos de la comunicación que supone hablar de la evaluación en el proyecto de cátedra[9].

Tal lo dicho, entiendo entonces que la evaluación puede especificarse en términos de *evaluación de la enseñanza y evaluación del aprendizaje*.

2.8.1. Evaluación de la enseñanza

He conversado más de una vez sobre este aspecto con mis colegas. No he encontrado siempre el mismo tipo de respuesta. A grandes rasgos podría decir que mientras un grupo considera que los alumnos/as no están en condiciones de emitir juicios de valor y/o brindar información válida referida a la actividad que realiza el equipo docente (y entonces 'no se debe hacer'), otro grupo ve con absoluta naturalidad el dar participación a los alumnos/as en el momento de evaluar qué, cómo y cuándo se está enseñando en la cátedra. En definitiva prima, por sobre todo aquí, una cuestión de tipo ideológica.

Personalmente considero relevante poder evaluar la enseñanza a tiempo, a fin de redireccionarla si no está cumpliendo

---

9   En el capítulo 3 puede verse el desarrollo ampliado de esta temática.

con su cometido: el ser una intervención intencionada que posibilite las prácticas de aprendizaje.

Hablar de la enseñanza como objeto de la evaluación supone poder emitir algún juicio de valor sobre ella para poder tomar, a tiempo, las decisiones que sea necesario tomar. Estas decisiones tienen que ver aquí con la multiplicidad de variables involucradas en la práctica de enseñar. ¿Qué información es necesaria obtener para poder tomar decisiones a tiempo y redireccionar la propuesta de enseñanza si fuera necesario? Sólo algunos ejemplos:

- si los contenidos presentados clase a clase se evidencian articulados entre sí;
- si los contenidos presentados son posibles de ser significados;
- si las exposiciones teóricas ayudar a clarificar los conceptos;
- si la propuesta de trabajos prácticos ayuda a vincular los contenidos con las realidades prácticas a las que se refieren;
- si la organización de la cursada resulta pertinente;
- si los miembros de la cátedra están funcionando como un verdadero equipo en el que se complementan todos los docentes sin contradicciones entre sí (me refiero a 'sin contradicciones' en la organización de la cursada).

La *evaluación de la enseñanza* hace referencia a poder obtener información con respecto a algunas de estas cuestiones (y todas aquellas que los docentes consideren necesarias) a fin de poder valorar –y corregir si fuera necesario– la propuesta de la cátedra. Evidentemente las fuentes de información serán el equipo docente de la cátedra, haciendo su autocrítica, y los alumnos/as.

2.8.2. Evaluación de los aprendizajes

Con la misma lógica con que se evalúa la enseñanza creo que es necesario también evaluar los aprendizajes. No me refiero aquí a la acreditación propiamente dicha, sino a los juicios de valor que cada alumno/a pueda dar respecto a qué, cómo y cuándo está aprendiendo y a los que el propio equipo docente pueda dar respecto a su visión del escenario-clase como situación de aprendizaje. Considero imprescindible sistematizar estas prácticas de autoevaluación de los alumnos/as (no estoy diciendo autocalificación) para generar mayor grado de compromiso con el propio estudio y develar ciertos obstáculos que pueden estar 'molestando' en el proceso de aprender de cada alumno/a como sujeto individual y de la clase, como situación colectiva de aprendizaje.

Pero por supuesto que el mayor grado de interés del proyecto de cátedra en el rubro *evaluación* para el lector alumno/a radica en clarificar las reglas de juego que podrán llegar a definir la aprobación o no de la unidad curricular. Es decir, para el lector alumno/a importa y mucho el sistema de acreditación. De modo que, cuanto más explícita esté la propuesta de la cátedra, mejor.

Cuando digo *sistema de acreditación*, uso deliberadamente la palabra sistema, porque veo involucrados una serie de elementos articulados entre sí, interviniendo en toda situación de acreditación.

Considero, entre ellos, como relevantes de ser comunicados:

- si no aparecen en el cronograma, las fechas estimadas de los parciales (estimadas porque puede decirse por ejemplo: "Primera evaluación parcial al finalizar la unidad Nº 2");
- el formato que se propondrá para las evaluaciones parciales (si escrito u oral, presencial o domiciliario, individual o grupal, etc.);
- la nota de aprobación en cada caso y/o el 'cuantum' que define el 'aprobado' de la evaluación parcial;
- las posibilidades (cuántas) y fechas estimadas de recuperatorios a evaluaciones parciales desaprobadas;
- si existe un sistema de promoción sin examen final o si el examen final varía en su formato en función de las notas obtenidas en los parciales;
- el formato del examen final;
- los criterios de acreditación.

Veamos el ejemplo:

EVALUACIÓN

a) Evaluación de la enseñanza_

Se priorizará la búsqueda de información referida a los factores que puedan incidir como relevantes en favorecer u obstaculizar el proceso de aprendizaje de los alumnos/as, fundamentalmente con relación a la estructura de la clase teórica, a la propuesta de trabajos prácticos y a la bibliografía de lectura obligatoria. Dos veces a lo largo de la cursada, en clases de trabajos prácticos, se dedicará una hora a dialogar sistemáticamente con el grupo con respecto a dichas cuestiones y a la propia percepción que tienen respecto a sus procesos de aprendizaje, realizándose un registro escrito de esta actividad para ser discutida en la siguiente reunión del equipo de cátedra. Finalizada la cursada se tomará una encuesta de opinión de tipo anónima.

b) Evaluación de los aprendizajes

Al comienzo de la cursada, se dedicará una clase a diagnosticar a través de una encuesta cerrada y algunas dinámicas de trabajo grupal en qué estado efectivo se encuentran los saberes aprendidos anteriormente en otras cátedras correlativas a fin de poder seleccionar con criterio de realidad la propuesta de contenidos que realizará esta cátedra.

A los efectos de la acreditación, se tomarán dos pruebas parciales presenciales, escritas e individuales del tipo de resolución de situaciones problemáticas, la primera al finalizar la unidad Nro. 2 y la segunda al finalizar la unidad Nro. 4 cuya aprobación se hará obteniendo 4 o más puntos. La obtención de la nota se definirá por la puntuación que se le asigne a cada criterio de acreditación en cada una de las problemáticas planteadas y que acompañará la propuesta del parcial. Habrá un recuperatorio para cada parcial, que se instrumentará a los quince días de tomada la prueba. Cualquiera fuera la nota obtenida en los parciales, la acreditación final será con un examen oral e individual en el que los alumnos/as deberán en principio exponer un temática original cuya condición será que involucre varios contenidos de diferentes unidades, para responder luego a una serie de problemáticas que les serán presentadas en una ficha.

Serán criterios de acreditación:

-   lectura de la totalidad de la bibliografía obligatoria;
-   análisis desagregado de los conceptos y planteos teóricos contenidos en los textos de lectura obligatoria;
-   relación entre conceptos;
-   síntesis de la totalidad conceptual en un marco teórico organizado;
-   uso de vocabulario específico;
-   toma de decisiones pertinentes ante situaciones problemáticas hipotetizadas.

2.9. Bibliografía

Existen varias 'normas' acreditadas para las citas bibliográficas. Sólo a los efectos de enunciar el caso más sencillo de la cita de un texto editado, he aquí algunas normas generales:

- Primero: el apellido (en mayúsculas) y a continuación los nombres o el nombre de pila del autor precedidos por una coma. Igual caso si el texto ha sido escrito por dos o tres autores. Si el número de autores es mayor a tres, se utiliza sólo el primero y se escribe "et al" o en castellano "y otros".
- Segundo: el año de edición (entre paréntesis) y dos puntos.
- Tercero: el nombre completo del texto (en cursiva). Cuando hubiera subtítulo se transcribirá precedido por un punto y también en cursiva. Luego coma.
- Cuarto: el lugar de edición y luego coma.
- Quinto: la editorial y luego coma.
- Sexto: (si se desea esta aclaración) el/los capítulo/s que serán de lectura obligatoria.

En un ejemplo:

MERLO, Germán (2006): *Retrato de una actriz. Inés Giorgetti en el teatro argentino*, Buenos Aires, Editorial Tablas, capítulo 3.

En algunos otros casos, en los que la cita bibliográfica no corresponde a un libro, se siguen normas como éstas:

- Si se cita un capítulo de un texto contenido en una edición o compilación de varios autores, la cita se realiza así:

APELLIDO, Nombre del autor, "Título del artículo o capítulo", en, APELLIDO y nombre del compilador, Fecha: *Título de la obra colectiva* (en cursiva), Lugar, Editorial, Páginas.

Ejemplo:

BERNATENE, Silvia: "Diez años en la cuatro", en BERNATENE, Silvia (Comp.), (2006): *Búsquedas del lugar en el mundo*, Córdoba, Yacanto, pp. 60-82.

- Si la cita corresponde a un artículo en revista, se usa este criterio:

APELLIDO, Nombre del autor, Fecha: "Título del artículo", *Nombre de la revista*, volumen y número del fascículo, páginas.

Ejemplo:

MONI, Ana M. (1998): "Tango, psicología y otros", *La ciencia y el arte*, vol. 6, nº 10, pp. 23-38.

- Si la cita corresponde a un artículo en un periódico o revista de circulación masiva:

APELLIDO, Nombre del autor, Fecha: "Título del artículo", *Nombre de la revista/periódico*, Lugar, Páginas.

Ejemplo:

STORNI, Alejandro. (2001, Abril 13): "La búsqueda del jabalí". *Página 12*, Bs. As, p. 14.

- Si es un artículo que aparece en un página de Internet y es un duplicado de una versión impresa en una revista, se utiliza el mismo formato para artículo de revista, poniendo entre paréntesis cuadrados [Versión electrónica] después del título del artículo. Si en cambio, el artículo corresponde a una publicación en serie que sólo está disponible en versión electrónica se procede así:

APELLIDO, Nombre del autor, "Título del artículo", *Nombre de la publicación en serie*. Edición. Localización en el documento fuente, disponibilidad y acceso, [Fecha de consulta]. ISSN.

Ejemplo:

MISIRLIS, Graciela, "Didáctica e inclusión". *Red de Cátedras de Didáctica General*. 30 de julio de 2004, vol. 2, Nº 4, <http://www.didac.org.ar/textos/index.html>, [Consulta: 21 de junio de 2007] ISSN 0717-3458.

La sugerencia realizada aquí es diferenciar la bibliografía obligatoria de la bibliografía de consulta. La primera se refiere a la que los alumnos/as tendrán que leer indefectiblemente porque sostiene conceptualmente el desarrollo de la unidad curricular y se la considera indispensable a los efectos del aprender. La segunda es aquella que orienta la lectura optativa de alguna temática y la permite profundizar o leer desde otro marco teórico e ideológico.

Por ello, resulta mucho más orientador que la bibliografía obligatoria acompañe a cada unidad didáctica y que la bibliografía de consulta se presente temáticamente.

Extroducción

NO SÉ ME IMPORTA UN PITO (fragmento)

"No sé me importa un pito que las mujeres
tengan los senos como magnolias o como pasas de higo;
un cutis de durazno o de papel de lija.
Le doy una importancia igual a cero,
al hecho de que amanezcan con un aliento afrodisíaco
o con un aliento insecticida.
Soy perfectamente capaz de soportarles
una nariz que sacaría el primer premio
en una exposición de zanahorias;
¡pero eso sí! –y en esto soy irreductible– no les perdono,
bajo ningún pretexto, que no sepan volar" (Oliverio Girondo, 1932,
en *Espantapájaros (al alcance de todos)*).

Creo que no es necesaria la aclaración pero por si acaso quiero quedarme tranquilo: los proyectos de cátedra no sirven para volar.

Bibliografía

AUSUBEL, D.; NOVACK, J. y HANESIAN, H. (1983): *Psicología Educativa*, México, Trillas.

BAQUERO, Ricardo (2002): *La transmisión educativa desde una perspectiva contextualista*, Bs. As., Posgrado de gestión institucional, Flacso (Mimeo).

BRUNER, Jerome (1991): *Actos de significado. Más allá de la revolución cognitiva*, Madrid, Alianza.

COLL, César (1994): *Psicología y Currículum*, Primera Edición en Argentina, Bs. As., Paidós.

—— y otros (1994): *Los contenidos en la reforma. Enseñanza y aprendizaje de conceptos, procedimientos y actitudes*, Primera Edición en Argentina, Bs. As., Santillana.

CHEVALLARD, Yves (s/f): *Acerca de la noción de contrato didáctico*. Falculté des Sciences Sociales du Huminy. (Traducción), ficha de la cátedra de Didáctica IV de la Facultad de Ciencias Sociales de la UNLZ.

—— (1988): *Sur l'analyse didactique. Deux études sur les notions de contrat et de situation*, Marsella, Publicación del IREM de Aix.

DE OLIVEIRA LIMA, Lauro (1986): *Educación por la inteligencia*, Bs. As., Humanitas.

DÍAZ BARRIGA, Ángel (1986): *Didáctica y currículum*, Cuarta Edición, México, Ediciones Nuevomar.

Dirección General de Cultura y Educación de la Provincia de Buenos Aires. Consejo General de Cultura y Educación (1999): *Resolución 13298/99: Marco General*.

—— (1999): *Resolución 13259/99: Diseño Curricular para el tercer ciclo de la EGB y la Educación Polimodal en Historia*.

Dirección General de Cultura y Educación de la Provincia de Buenos Aires. Dirección de Educación Superior (2005): *Disposición 30*.

EDELSTEIN, Gloria (1996): "Un capítulo pendiente: el método en el debate didáctico contemporáneo", en A. W de Camilloni y otras: *Corrientes didácticas contemporáneas*, Bs. As., Paidós.

(2000): *El análisis didáctico de las prácticas de la enseñanza. Una referencia disciplinar para la reflexión crítica sobre el trabajo docente*, en la Revista del Instituto e Investigaciones en Ciencias de la Educación, Año IX, núm. 17, Bs. As, Facultad de Filosofía y Letras, UBA, Miño y Dávila.

—— y RODRÍGUEZ, Azucena (1974): *El método: factor unificador y definitorio de la instrumentación didáctica*, en la Revista Ciencias de la Educación, Año 4, N° 12, Bs. As.

FREIRE, Paulo (1969): *La educación como práctica de la libertad*, Bs. As., Siglo XXI.

FURLÁN, Alfredo (1989): *Aportaciones a la Didáctica de la Educación Superior*, México D.F., ENEP Iztacala, UNAM.

GALAGOVSKY KURMAN, Lydia (1996): *Redes conceptuales. Aprendizaje, comunicación, memoria*, Primera Edición, Bs. As., Lugar Editorial.

GIRONDO, Oliverio (1991): *Obras de Oliverio Girondo*, Buenos Aires, Losada.

MAGER, Robert (1979): *Formulación operativa de objetivos didácticos*, Cuarta Edición, Madrid, Marova.

Ministerio de Cultura y Educación de la Nación. Consejo Federal de Cultura y Educación. (1997): *Contenidos Básicos Comunes para la Formación Docente de Grado*, Primera Edición.

——— (1997): *Contenidos Básicos para la Educación Polimodal*, Primera Edición.

——— (2004): *Núcleos prioritarios de aprendizaje*, Primera Edición.

ONTORIA, Antonio y otros (1994): *Mapas conceptuales*, Tercera Edición, Madrid, Narcea Ediciones.

ORGAMBIDE, Pedro (1985): *Todos teníamos veinte años*, Buenos Aires, Editorial Pomaire.

ROGOFF, Bárbara (1997): "Los tres planos de la actividad socio-cultural: apropiación participativa, participación guiada y aprendizaje", en J. Wertsch y otros: *La mente sociocultural. Aproximaciones teóricas y aplicadas*, Madrid, Fundación Infancia y Aprendizaje.

STEIMAN, Jorge (2004): *¿Qué debatimos hoy en la didáctica? Las prácticas de enseñanza en la educación superior*, Bs. As., Baudino Ediciones-UNSAM.

TORRES SANTOMÉ, Jurjo (1994): *Globalización e interdisciplinariedad: el currículum integrado*, Madrid, Morata.

ZABALZA, Miguel (1997): *Diseño y desarrollo curricular*, Madrid, Narcea.

Capítulo 2
El método y los recursos didácticos

Jorge Steiman y Carlos Melone

Introducción

TÁCTICA Y ESTRATEGIA

Mi táctica es
                    mirarte
            aprender como sos
            quererte como sos

mi táctica es
                    hablarte
            y escucharte
construir con palabras
un puente indestructible

                    mi táctica es
quedarme en tu recuerdo
no sé cómo   ni sé
            con qué pretexto
            pero quedarme en vos

mi táctica es
                    ser franco
y saber que sos franca
y que no nos vendamos
                    simulacros
para que entre los dos
no haya telón
            ni abismos

mi estrategia es
en cambio
más profunda y más
simple
mi estrategia es
que un día cualquiera
no sé cómo   ni sé
con qué pretexto
por fin   me necesites.

(Mario Benedetti, 1974, en *Poemas de otros*).

En el capítulo anterior, al plantear el *marco metodológico*, desechamos el nombre de *estrategias* didácticas. Claro que el término, en la letra de Mario Benedetti, suena tan tierno que dan ganas de andar construyendo 'estrategias' por doquier.

En este capítulo plantearemos algunas cuestiones que tienen que ver con las 'estrategias' que usamos los docentes para enseñar aunque no utilizaremos ciertamente tampoco aquí el término objetado. Seguimos pensando que la "construcción metodológica" (Forlán, 1986; Edelstein, 1996) es una categoría conceptual que sostiene con acierto la idea de las intervenciones secuenciadas de enseñanza.

Intentamos pues traer al campo de la Didáctica y en el contexto de la educación superior, algunas líneas que nos permitan a nosotros mismos y a quien quiera hacer de su práctica una pregunta constante, una reflexión referida a algo tan elemental, tan primario, tan obvio como lo es el uso de algunos recursos didácticos. ¿Tan necesario? ("Mi estrategia es / en cambio / más profunda y más / simple / mi estrategia es / que un día cualquiera / no sé cómo ni sé / con qué pretexto / por fin me necesites").

1. La relación entre el método y los recursos didácticos

Hemos expuesto, en el capítulo anterior, algunas ideas que fijan nuestro posicionamiento respecto a la cuestión metodológica. Decíamos al respecto, que esta *construcción metodológica* no es una construcción idiosincrática adecuada a la propia personalidad o la propia experiencia únicamente, sino que está determinada por la naturaleza epistemológica del contenido y las características particulares de los alumnos/as que aprenden, desdeñando así la posibilidad de considerar conceptualmente la existencia de un método único o un método generalizable a distintas situaciones de clase y aceptando que sea propia de cada situación didáctica en particular, en función de qué se está enseñando y a quién se está enseñando.

En palabras de la propia Edelstein podemos resumir esta idea:

"Definir lo metodológico implica el acercamiento a un objeto que se rige por una lógica particular en su construcción. A ello hay que responder en primera instancia. Penetrar en esa lógica para luego, en su segundo momento, atender al problema de cómo abordar el objeto de su lógica particular a partir de las peculiaridades del sujeto que aprende. (…) Como expresión de su carácter singular cobra relevancia, así mismo reconocer que la construcción metodológica se conforma en el marco de situaciones o ámbitos también particulares, es decir, se construye casuísticamente en relación con el contexto (áulico, institucional, social y cultural)" (Edelstein, 1996).

Para la autora cordobesa resulta necesario considerar un tercer elemento:

"En relación con esta cuestión, Avanzini (1985) se refiere a un tercer elemento o parámetro determinante en lo relativo al método junto a la disciplina y el alumno, en sus peculiaridades, que es el tema de las finalidades. Ello implica la adopción de una postura axiológica, una posición en relación con la ciencia, la cultura y la sociedad. Yo hablaría en este caso de intencionalidades —intentando reafirmar la diferenciación de una ética utilitarista, de la eficiencia basada en el pragmatismo— que por cierto inciden también en las formas de apropiación cuya interiorización se propone" (Edelstein, 1996).

Desde aquí podemos afirmar entonces que contenido a enseñar, sujeto que lo aprende e intencionalidad, conforman una unidad indisoluble a la hora de pensar en lo metodológico. Afirmamos también nosotros la no neutralidad de esta temática en la Didáctica. Hemos dicho en otro trabajo también (Steiman, 2004), asumiendo los supuestos socioculturalistas para interpretar la vida del aula (Baquero, 1998), que en la situación didáctica es necesario analizar la injerencia de los instrumentos culturales como mediadores en la situación de aprendizaje y que es necesario considerar el escenario del aula, como un particular escenario sociocultural en el cual los docentes intervenimos de algún modo y 'en' algún tipo de actividad (Baquero, 1996).

Hemos adherido a la idea de "participación guiada" (Rogoff, 1997) como una situación interpersonal de imbricación en una situación cultural en la que docentes y alumnos/as se implican y se constituyen mutuamente en situaciones de aprendizaje y de enseñanza y que por ello, a su vez, la enseñanza se define como un tipo de especial intervención en las prácticas sociales de los sujetos.

En este contexto, en el que los instrumentos culturales son definidos como mediadores en la situación de aprendizaje (Lave, 2001), queremos traer al debate didáctico, algunos temas que, por ser viejos, por haber quedado 'pegados' a perimidos modelos explicativos del aprendizaje o por haber sido la esencia discursiva del paradigma normativo de la Didáctica, han desaparecido del campo.

Es entonces en la línea que aquí presentamos desde donde planteamos este capítulo. Queremos hacer eje en algunos 'instrumentos' para trabajar metodológicamente en las aulas de la educación superior.

> "Las técnicas y procedimientos, en la visión que sostengo, se constituyen, en consecuencia, en instrumentos válidos, formas operativas articuladas en una propuesta global signada por un estilo de formación, que integra a modo de enfoque, perspectivas de corte filosófico-ideológico, ético, estético, científico y pedagógico" (Edelstein, 1996).

No hablaremos nosotros de procedimientos ni de técnicas porque la intención no es proponer formas secuenciadas de intervención. Nos limitaremos a presentar *algunos recursos didácticos*. Entendemos, genéricamente a los recursos didácticos como los materiales de apoyo a la enseñanza.

En el escenario de los instrumentos culturales, queremos rescatar la idea del recurso didáctico para, desde aquí, abrir una línea de discusión en torno a algunos de ellos que dentro de la opción metodológica que construya cada docente, fundamentalmente (aunque no excluyente) en el campo disciplinar de las Ciencias Sociales y en las situaciones de aprendizaje que requieren en general del uso de textos, pueden constituir un instrumento de trabajo didáctico y para los que, en ocasiones, necesitamos algún tipo de sugerencia práctica desde donde pensarlos.

Lo que sigue no es ni más ni menos que la sistematización de algunas de nuestras prácticas en las que usamos recursos didácticos para trabajar textos. Es nuestro parecer sobre lo que nosotros mismos hacemos. Y es, desde allí, parte de nuestra construcción instrumental.

Ya afirmamos, también en el capítulo anterior, que no es la intención dar modelos, ni recetas, ni delimitar el buen hacer del hacer erróneo. Son sencillamente, las ganas de poner a disposición de los colegas algunos de los recursos que nos han servido como apoyo a la enseñanza para que también otro docente pueda pensar desde ellos su propia construcción instrumental.

Pero es también querer aportar al campo de la Didáctica desde un lugar que creemos no puede perderse: el de las orientaciones prácticas (Steiman, 2004). Si bien es cierto que el paradigma normativo no logró dar respuestas a las prácticas y, por el contrario, mató la autonomía, alejó la posibilidad de la iniciativa propia, sepultó lo diferente bajo el epitafio de lo erróneo, también es cierto que el paradigma interpretativo necesita alimentarse de buenas prácticas para ser, además de un aporte a la interpretación de la vida del aula, un aporte a las posibilidades de intervenir desde la enseñanza de modos diferentes. Porque el riesgo está en, despejando la reflexión instrumental de la cotidianeidad, dejar que la estereotipia se vea como natural y que las rutinas hechas tradición, se instalen en las conciencias y en las prácticas para, otra vez y sin pretenderlo, hacer de las aulas un movimiento de constante inercia.

2. Los ejercicios

2.1. Características de los ejercicios

Tomamos aquí la noción de ejercicio como la aplicación mecánica de rutinas de procedimientos que admiten una única forma de resolución, como en el caso de las fórmulas matemáticas, en las que no aparece un contexto real sobre el que se aplican.

Un ejercicio no tiene continuidad más allá de sí: empieza y termina con la resolución del mismo y su planteo deriva de la necesidad de aplicar un procedimiento preestablecido.

No vemos implicado el 'formato' de presentación en la diferenciación entre ejercicios y problemas. De hecho, consideramos que muchos de los que habitualmente llamamos problemas, porque son presentados con enunciados, se corresponden con la categoría de lo que estamos denominando ejercicios, en tanto sus características son las antes descriptas:

- es aplicación mecánica de rutinas de procedimientos preestablecidos;
- admite una única forma de resolución;
- no aparece un contexto real sobre el que se aplica.

2.2. Ejemplos de ejercicios

Vemos en estas propuestas, ejemplos de ejercicios:

- Considerando el siguiente enunciado: 'Si l es la longitud de un segmento elegido sobre uno de los lados del xôy y l´ es la longitud de su proyección ortogonal sobre el otro lado del ángulo, entonces el cociente l´ / l es constante, o sea, no depende del segmento elegido'. Compruebe el enunciado en el siguiente gráfico, marcando sobre la semirrecta ox, los puntos a, b, c, d, de manera que se verifiquen las longitudes indicadas para los segmentos[1].

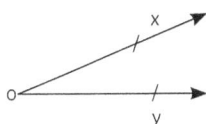

oa = 2 cm
bc = 2,5 cm
ab = 1 cm
cd = 3 cm

- Graficar en ejes cartesianos: $y = x \cdot 2$
- ¿Cómo es la imagen de un objeto colocado a 50 cm. de una lente convergente de 25 cm. de distancia focal?
- Una muestra gaseosa que ocupa 540 cm3 a 0,97 atm. tiene una masa de 0,55 grs. y se encuentra a 98 °C. Se sabe que la fórmula de la sustancia que contiene puede ser $C2H6O$ ó $CH4O$. Considérese C = 12 grs.; H = 1 grs. y O = 16 grs. ¿De cuál se trata?
- Une con flechas indicando la relación entre la provincia y su capital:

* Bs. As.	* Trelew
* Misiones	* Rosario
* Chubut	* Santa Fe
* Santa Cruz	* La Plata
* Santa Fe	* Posadas
	* Río Gallegos

3. Las situaciones problemáticas

3.1. Características de las situaciones problemáticas

Ahora, tomamos la noción de *situación problemática* como una situación a resolver que puede involucrar una o más soluciones y en la que puede intervenir una o más variables. En este sentido estamos considerando de igual manera al problema y a

---

1   Este ejemplo se ha extraído de: Villella, José y otros (1998): *Matemática: Acerca del concepto de función*, Documentos para la Capacitación Docente, Bs. As., Universidad Nacional de General San Martín.

la situación problemática. Una situación problemática se presenta con un relato breve y para su resolución se aplican varios procedimientos rutinarios y/o algún procedimiento nuevo, pero por sobre todo, se trabaja en torno a ciertas hipótesis ya que una situación problemática es tal, si se presenta inserta en un recorte mínimo de la realidad que funciona como contexto y ante la cual hay que dar algún tipo de respuesta porque la situación se constituye como un 'desafío' a resolver.

Desde esta concepción, la situación problemática exige un primer trabajo de delimitación del problema y puede incluir la recolección, clasificación y crítica de datos o el manejo de ciertos datos dados. En este caso resulta más valioso si, en la mayor medida posible, dicha situación tiene relación con alguna práctica o situación laboral futura.

En síntesis, consideramos a la situación problemática como un recurso a partir del cual el trabajo de la clase se organiza en torno a:

- contextualizarse en un recorte de la realidad que le da sentido;
- poner en juego varios procedimientos rutinarios y/o procedimientos nuevos;
- manejar datos que pueden exigir o no un trabajo previo de búsqueda, selección, clasificación y/o crítica de los mismos;
- elaborar algún tipo de hipótesis que oriente la búsqueda de la o las soluciones;
- tomar decisiones;
- obtener soluciones únicas o admitir varias soluciones posibles.

Atendiendo a estas características, una situación problemática supone un trabajo de iniciativa personal y una lectura particular de la situación que se está planteando ante la cual, en algún momento, se deberá tomar alguna decisión para seguir avanzando.

Pensamos a las situaciones problemáticas como recursos disparadores de la clase, esto es, para contextualizar un contenido dentro de una situación problema que le de sentido antes de analizar sus categorías conceptuales; pensamos las situaciones problemáticas para poner en situación contextual y en un trabajo básicamente analítico los contenidos ya trabajados en una clase; pensamos también las situaciones problemáticas para cerrar una clase dejando abierto el desafío de problematizar el contenido.

3.2. Ejemplos de situaciones problemáticas

Algunos ejemplos de situaciones problemáticas:

- Un clásico juego de niños es el 'teléfono' construido con dos recipientes de hojalata (latas de arvejas o tomates) a los que se les ha quitado la tapa y se los ha unido mediante un hilo, para lo cual se habrán perforado convenientemente las bases de las latas. Considere este juego para responder[2]:

  a)   ¿Se puede hablar a grandes distancias?
  b)   ¿Cómo interviene la tensión del hilo en la calidad de la transmisión?
  c)   ¿Se pueden reemplazar las latas por vasitos de plástico? ¿Eso mejora o empeora la calidad de la transmisión?
  d)   ¿Qué pasa si alguien aprieta el hilo con los dedos? ¿Se ve alterada la propagación?
  e)   Si Ud. fuera docente de un séptimo grado de la Educación Primaria, ¿a los fines de tratar qué contenidos podría utilizar esta experiencia con sus alumnos/as?

- En una conversación entre amigos ha salido el tema de los embarazos no deseados. A medida que se discute el tema las posiciones se polarizan. Mientras un grupo defiende el derecho de las madres a abortar, otro defiende el derecho de los niños a nacer. En ese contexto:

  a)   ¿Cuál sería tu posición?
  b)   ¿Qué respuesta darías desde diferentes enfoques de la Ética?
  c)   ¿Qué nuevas variables incluirías para relativizar las posiciones?; ¿podría variar la posición ética con la inclusión de nuevas variables en la situación?

- En un medio de comunicación televisivo en un panel especializado alguien está afirmando que el hombre pampeano de campo es callado e introvertido porque su horizonte es muy amplio y distante. Si estuvieras formando parte del panel, ¿en qué acordarías y en qué no con la afirmación vertida?
- La empresa, una empresa familiar y pequeña que ha colocado en el mercado de los kioscos de Rosario una nueva línea de golosinas, lleva un período de seis meses de baja en las ventas. En la reunión de los socios hay tres propuestas:

  a)   venderla antes que decaiga más aún,
  b)   contratar un Gerente de Marketing,
  c)   contratar un Licenciado en Administración,
  ¿Qué datos pedirías para analizar cada una de las tres propuestas?

---

2   El ejemplo citado se ha extraído de: Tricárico, Hugo y otros (1998): *Física 2: Campos y ondas*, Documentos para la Capacitación Docente, Bs. As., Universidad Nacional de General San Martín.

4. Los trabajos prácticos

Resulta familiar el término *trabajos prácticos*. De hecho en la educación superior universitaria es habitual la organización académica en clases teóricas y clases de trabajos prácticos. A fin de no confundir el uso de los términos, en primer lugar queremos establecer la diferencia entre la 'clase de trabajos prácticos' y el 'trabajo práctico' como recurso didáctico.

4.1. La clase de trabajos prácticos

Cuando se habla de la clase de 'trabajos prácticos' (T.P.), solemos referirnos a una clase que, generalmente a cargo de un Jefe de Trabajos Prácticos (J.T.P.), resulta ser una clase que 'sigue' a una teórica. Observando diversas cátedras podremos encontrar, seguramente, formas diferentes de organizar la clase de T.P. Así, algunos, la consideran como una clase aclaratoria del teórico. Para otros, la clase de T.P. es el lugar donde se hacen prácticas (de laboratorio, de ejercitación, de trabajo en talleres, etc.), las que, en el mejor de los casos, resultan directamente relacionadas con la teoría presentada en la 'clase teórica', aunque, también las hay, a veces, autónomas o con su propia secuencia, al margen del desarrollo que se sigue en los teóricos. También solemos encontrar cátedras que dividen su proyecto en contenidos que se desarrollan en los teóricos y contenidos que se desarrollan en las clases de T.P., sin establecer ninguna diferencia entre ambas instancias.

Consideramos que la clase de trabajos prácticos puede ser una clase dedicada a una forma especial de trabajo que le da una identidad particular, distinta de una clase 'teórica' y cuya particularidad radica en el tipo de trabajo cognitivo –el análisis aplicado– que se implica en la propuesta didáctica y en el tipo de situaciones de aprendizaje que se proponen: el trabajo en torno a situaciones o problemas concretos.

Si hay un escenario didáctico en donde deben 'pasar' cosas es, justamente, en la clase de trabajos prácticos. Es, así entendido, un espacio en el que el alumno/a puede hipotetizar, demostrar, probar, resolver, analizar, aplicar, decidir, discutir en forma sistemática y manifiesta, a través de las distintas situaciones didácticas que esta clase puede proponer.

Es esperable que la clase de T.P. resulte ser una continuación de la clase teórica, en tanto se constituye fundamentalmente en un ámbito de análisis aplicado, pero a su vez, por la particularidad universitaria de requerirse la asistencia obligatoria únicamente a la clase de trabajos prácticos, sería necesario que éstas se secuencien entre sí conservando algún tipo de lógica interna que les de coherencia y continuidad.

En este contexto cabe pensar la clase de trabajos prácticos como una clase en la que se realizan diversas actividades entre las cuales la guía de trabajos prácticos sólo resulta ser una de las opciones en términos de recursos didácticos.

4.2. Características del trabajo práctico como recurso didáctico

Una propuesta de trabajo práctico puede adquirir formatos variables. Pero en nuestra propia concepción, en la que aquí utilizaremos, su particularidad, aquello que lo diferencia de cualquier otro recurso, está dado en que:

- resulta ser una propuesta en la que se hacen intervenir diferentes categorías teóricas –que pueden estar previamente dadas o no– para interpretar una situación de la práctica;
- permite diferentes opciones de resolución y, en consecuencia, exige algún tipo de toma de decisiones;
- exige, explícitamente, la fundamentación teórica interviniente;
- se presenta a partir de un contexto global devenido, preferentemente, del desempeño profesional y de la práctica laboral.

Así planteado, un trabajo práctico no es una serie de ejercicios. Tener que resolver ejercicios, puede que sea una necesidad dentro de un T.P. (en tanto sea cálculo aplicado), pero éste no se limita sólo a eso. Con la misma lógica, un trabajo práctico tampoco es una serie de problemas desarticulados entre sí.

Consideramos al trabajo práctico como una propuesta de interpretación y fundamentación teórica que parte de una situación problemática global que contextualiza a cada una de las tareas a realizar. Su esencia está dada por varias acciones de análisis que deben realizarse (diversas en cuanto al tipo de trabajo cognitivo que exigen) y una síntesis o informe elaborado por el propio sujeto en el cual se fundamentan los procedimientos seleccionados para su resolución y/o los resultados o conclusiones a las que se arriba, en el que ha de intervenir el o los marcos teóricos seleccionados (convenientemente brindado por la bibliografía de lectura obligatoria).

Así, exige un 'hacer', pero es un 'hacer' que implica no sólo una resolución práctica, sino un hacer en el que la necesidad de trabajar con análisis y síntesis parciales, con una síntesis integradora final y con la explicitación del fundamento y marco teórico, evitan una aplicación mecánica y exclusivamente instrumental.

Un trabajo práctico tiene un contexto global y real, constituyéndose en un 'todo' en el que cada parte tiene sentido en función de esa totalidad que le da significado. Su planteo deviene de la necesidad de 'situar' al contenido en el ámbito de la práctica laboral-profesional y de enfrentar al alumno/a con ese contenido desde la óptica de su inscripción en situaciones prácticas, de la toma de decisiones, de la necesidad de elegir, de la exigencia de fundamentar. Siempre tiene que ver con situaciones contextualizadas e implica para su realización diversas actividades y caminos que exigirán, preferentemente, una elección de medios y no una salida unilateral. Por ello, es muy probable que algunas de las tareas propias de un trabajo práctico sean trabajos en un campo real. Aún así, cabe diferenciarlo de un *trabajo de campo* ya que se entiende a éste como un trabajo de intervención en un campo de la realidad. En un T.P. la secuencia de actividades propuestas, pone al alumno/a en contacto directo con una práctica real del contexto social, a fin de que experimente situaciones cercanas al desempeño de una profesión sin necesaria intervención en dicha realidad. Por ejemplo, un T.P. podría pedir la elaboración de un plan de asesoramiento a una *Casa del Niño* respecto a las relaciones institución-comunidad, mientras que un Trabajo de Campo, requeriría que dicho asesoramiento se haga efectivo.

Un trabajo práctico no debería funcionar como la única instancia de articulación entre la teoría y la práctica porque esto daría por supuesto que ambas circulan en la clase desarticuladas entre sí y, ciertamente, una buena práctica pedagógica las articula de hecho. En todo caso será un recurso, que dentro de la opción metodológica construida para facilitar el trabajo de los alumnos/as en torno al objeto de conocimiento en cuestión, podrá favorecer la circulación de teoría y práctica como dos dimensiones de tratamiento de un mismo contenido disciplinar.

4.3. Algunas sugerencias para formalizar la presentación de un trabajo práctico

Considerando ahora al trabajo práctico como un recurso didáctico, creemos conveniente que se presente con un protocolo-guía. Dicho protocolo podría constar de las siguientes partes:

1. Encabezamiento: mínimamente conviene que conste el nombre de la institución, el nombre de la facultad o escuela (en el caso de la educación superior universitaria), el nombre de la carrera y el nombre de la cátedra.
2. Tareas del trabajo: referencia pautada de cada una de las actividades que se le proponen realizar al alumno/a a lo largo del T.P.
3. Bibliografía: referencia explícita a los textos que, desde el marco de la fundamentación, es necesario hacer intervenir para resolver el T.P.
4. Carácter de elaboración: referencia a la cantidad de miembros que pueden conformar un grupo (si el trabajo fuera grupal) o explicitación de qué partes pueden elaborarse grupalmente y qué partes deben ser resueltas necesariamente en forma individual, o referencia a que el trabajo se resuelve únicamente en forma individual.
5. Fecha de entrega: explicitación del tiempo estimado para la resolución y/o fecha de entrega del trabajo resuelto.
6. Criterios de evaluación: enunciación de los criterios que considerará la cátedra para valorar la producción escrita que entregue el alumno/a y que, en consecuencia, determinarán la aprobación o no del trabajo si éste se utilizara a los fines de acreditaciones.

Una vez presentado el protocolo-guía, entonces, el trabajo práctico está en marcha. Podrá desarrollarse en el ámbito institucional (el aula, laboratorios, talleres, etc.) o fuera de la institución.

Nuestra propia práctica con el uso de trabajos prácticos nos ha hecho pensar en la conveniencia de tener en cuenta:

a) En el momento de construir la propuesta, no olvidar que se trata de un recurso que lo pensamos al servicio del aprender y no al servicio del acreditar. Esta forma de concebirlo nos recuerda que, como recurso didáctico, más que 'comprobar si saben hacer algo', lo estamos pensando para que 'aprendan a hacer algo'.

b) Al momento de la presentación, realizar una lectura del protocolo-guía a fin de hacer aclaraciones y facilitar la formulación de preguntas por parte de los alumnos/as.

c) Una consideración especial requiere el 'cuidado' a tener en cuenta en la asignación de la tarea. El verbo que utilizamos habitualmente para definir la acción, requiere de ciertas explicaciones que si son escritas mejor aún. Cuando requerimos 'analizar', en ocasiones resulta necesario hacer explícitos los procedimientos involucrados en un análisis ya que no siempre los alumnos/as entienden por 'análisis' lo mismo que nosotros estamos entendiendo. Varios ejemplos de la comprensión confusa de las tareas que asignamos podrían mencionarse pero sólo como muestra, ¿qué entenderán nuestros alumnos/as cuando les solicitamos por ejemplo: "formulen una serie de hipótesis que justifiquen…"; "comparen eligiendo diferentes variables…"?

d) Tras la presentación, dedicar un tiempo a hipotetizar posibles formas de resolución (no particularmente para cada tarea, sino en forma general) a fin de anticipar posibles dificultades que pudieran surgir durante la resolución.

e) Durante el período de resolución (más aún si no se resolviera en el ámbito de la institución y llevara más de una semana), dedicar un tiempo de la clase a comentarios y brindar asesoramiento particular a cada grupo.

f) Antes de la entrega definitiva, resulta conveniente que los alumnos/as muestren 'borradores' o esquemas parciales de su producción escrita a fin de poder supervisar el estado de avance de la misma y realizar orientaciones si fuera necesario.

g) Un apartado especial merece el tema de la evaluación de los trabajos prácticos. Al referirnos a la evaluación estamos considerando que si un T.P. es entregado, exige ser evaluado. La evaluación se refiere a algún tipo de valoración y señalamientos sobre la producción escrita, considerando los criterios de evaluación establecidos. No estamos diciendo que exige una calificación, sino que exige una evaluación cualitativa para su devolución. Siendo el T.P. un recurso didáctico, y tal lo dicho estar al servicio del aprendizaje en primer lugar, estos señalamientos resultan mucho más provechosos si no se limitan únicamente a comunicar una calificación numérica (como el caso de la escala habitual 1/10) o conceptual (como el caso de 'aprobado') sino que, en la medida en que se acompañe de una serie de apreciaciones que orientan al alumno/a en la revisión de su trabajo, tanto en los aspectos más destacables de la producción como en aquellos en los que el desempeño no fuera del todo satisfactorio o se manifestaran errores en la resolución parcial de una tarea o en la intervención de categorías conceptuales, lo convierten en un recurso sobre el que es necesario volver a pensar para seguir aprendiendo.

h) Finalmente, tras la devolución de los trabajos entregados, dedicar un tiempo (o una clase) a la puesta en común de las resoluciones a fin de comparar, compartir dificultades, apreciar los distintos puntos de vista dados a la resolución, etc.

4.4. Últimas consideraciones sobre los trabajos prácticos

Ningún recurso tiene valor por sí. Pero si se tuviéramos que rescatar algunas de las virtudes propias de los trabajos prácticos, podríamos enumerar, entre otras, las siguientes que nos parecen relevantes con relación a la propuesta de uso de trabajos prácticos:

- facilitar un contacto directo con algunas implicancias derivadas de la práctica laboral-profesional;
- concretizar una propuesta de trabajo apoyada en la idea del aprendizaje autónomo;
- integrar aspectos de la teoría con la relación directa de éstos en el campo de las prácticas;
- instar al trabajo con bibliografía desde un contexto que le da sentido y a significación;
- producir informes escritos (una necesidad de la práctica laboral no siempre desarrollada en el ámbito de la Universidad, sobre todo en carreras más afines a la Tecnología);
- poner a prueba la necesidad de tomar decisiones y el trabajo en equipo cooperativo.

4.5. Un ejemplo de trabajo práctico

Aquí un ejemplo de un protocolo-guía de trabajo práctico:

INSTITUTO SUPERIOR DE FORMACIÓN DOCENTE N°
PROFESORADO EN LENGUA Y LITERATURA
ESPACIO DE LA PRÁCTICA DOCENTE
Curso: Segundo
Docentes:

TRABAJO PRÁCTICO N° 3

1. Tareas del trabajo

a) Observen una clase de Lengua en la educación secundaria y realicen un registro textual de lo que acontece en la clase sin ningún tipo de valoración o interpretación.
b) Transcriban textualmente el registro de la observación.
c) Analicen el registro extrayendo párrafos textuales del mismo y explicitando junto a cada uno de los párrafos el marco conceptual que les permite realizar el análisis. Consideren como mínimas variables de análisis las siguientes:

- propósitos explícitos de la clase
- macrohabilidades trabajadas
- microhabilidades trabajadas
- segmentos didácticos con intencionalidad diferenciada

d) Elaboren un informe final a modo de conclusión en el que se presente la relación entre las propuestas didácticas para la enseñanza de la Lengua y la Literatura y la práctica docente sin ningún tipo de valoraciones con relación a la clase observada.

2. Bibliografía obligatoria a considerar

BURBULES, Nicholas (1999): *El diálogo en la enseñanza*, Bs. As., Amorrortu.

EDELSTEIN, Gloria (2000): "El análisis didáctico de las prácticas de la enseñanza. Una referencia disciplinar para la reflexión crítica", *Revista del IICE*, N° 17, Bs. As., Miño y Dávila.

HALLIDAY, M. (1998): *El lenguaje como semiótica social*, Bs. As., Fondo de Cultura Económica.

Pcia. Bs. As. Dirección General de Cultura y Educación (1995): *Documento curricular B-1 de Lengua*, La Plata, primer volumen.

3. Carácter de elaboración

Las tareas 'a', 'b' y 'c' podrán realizarse en grupos de no más de cuatro miembros. La tarea 'd' deberá resolverse en forma individual.

4. Criterios de evaluación

Se considerará:
- la resolución de la totalidad de las tareas del trabajo.
- la aplicación de los marcos teóricos de las lecturas bibliográficas en la resolución del trabajo.
- la evidencia de uso de lenguaje didáctico específico.
- la fundamentación de los conceptos involucrados en los diferentes análisis.

5. Fecha de entrega

El trabajo deberá ser entregado la primera semana de mayo.

A los recursos hasta aquí presentados (ejercicios, situaciones problemáticas, trabajos prácticos) creemos que no debe considerárselos como 'mejores' o 'peores' recursos sino que, en función de la especificidad del contenido y las características generales del curso, la pertinencia de uno sobre los otros, será una de las tantas decisiones que en ese ambiente del aula, tenemos que tomar a fin de construir buenas situaciones de aprendizaje. A modo de síntesis, planteamos en el cuadro siguiente las que creemos son las notas distintivas entre estos tres recursos.

4.6. Diferencias sustantivas entre ejercicios, situaciones problemáticas y trabajos prácticos

EJERCICIO	SIT. PROBLEMÁTICA	TRABAJO PRÁCTICO
Aplicación mecánica de rutinas de procedimientos	Análisis de situaciones prácticas y puesta en juego de varias rutinas de procedimientos y/o procedimientos nuevos	Análisis, interpretación y fundamentación de situaciones prácticas haciendo intervenir teorías o marcos conceptuales y procedimientos
Solución única	Una o más soluciones que obligan a optar por una de ellas	Resoluciones variadas que obligan a optar y justificar tanto la opción como el desarrollo
Sin contexto	Con un contexto limitado	En un contexto global y real
Cada ejercicio conforma una unidad con principio y fin de resolución	Cada problema conforma una unidad con principio y fin de resolución	Cada tarea del trabajo práctico se referencia en un todo mayor que se mantiene a lo largo del trabajo
Sin proyección hacia la futura práctica laboral-profesional	Con o sin proyección hacia la futura práctica laboral-profesional	Preferentemente con proyección hacia la futura práctica laboral-profesional
Propuesta de alto nivel de abstracción	Propuesta intermedia entre lo abstracto y lo concreto	Propuesta de alto nivel de significación con lo real
El contenido justifica la aplicación de un procedimiento preestablecido	El contenido justifica la elección de los procedimientos	El contenido, la práctica laboral-profesional y la vida cotidiana justifican la elección de los procedimientos
Es ejercicio en tanto permite ejercitar	Es problema en tanto permite resolver desafíos	Es trabajo práctico en tanto implica análisis e interpretación fundamentados

5. Las guías de estudio

5.1. Un poco de historia respecto a las guías de estudio

Los docentes hemos oído hablar de guías de estudio desde hace más de tres décadas. Nacidas de la mano del modelo tecnológico y recuperando el énfasis en la necesidad de la motivación esgrimida por la escuela nueva, se presentó a sí misma como la mejor alternativa para paliar el déficit de comprensión en los alumnos/as, la única alternativa para dinamizar las clases en las que aún se mantenían las características del verbalismo tradicional y la 'solución mágica' para la mayoría de los problemas escolares. Vaya a saberse por qué, acaso por cuestiones fortuitas o por la buena 'prensa' que adquirió rápidamente entre nosotros, se convirtió en 'el' recurso y, como ya resulta habitual en la docencia, la 'moda pedagógica' de turno.

En este contexto, las guías de estudio, logran enraizarse en las prácticas escolares dentro de lo que se llamó el *Método del Estudio Dirigido* (Echegaray de Juárez, 1979) cuya característica principal radicó en el aprendizaje de ciertas técnicas de trabajo intelectual y el desarrollo de actividades de investigación, pautadas a través de las guías. Se generaliza de este modo la necesidad de una metodología de trabajo que facilite a los alumnos/as el aprendizaje del 'saber estudiar': lectura global, lectura por párrafos, subrayado, síntesis, recitación y repaso –de allí que se la conociera como la técnica 2L, 2S, 2R–.

Por la misma época los planes de estudios empiezan a reflejar la incorporación de una nueva unidad curricular: *Metodología de Estudio*. Aún en el ámbito de la educación superior, leer comprensivamente, subrayar, sintetizar, realizar cuadros sinópticos, realizar anotaciones marginales en un texto y otras 'técnicas' se transformaron en contenidos curriculares. El supuesto teórico, característica esencial del modelo didáctico tecnológico, es que si el alumno/a desarrolla la capacidad de la comprensión, podrá aplicarla a diferentes objetos de estudio, es decir, será 'comprensivo' en cualquier área disciplinar.

En la práctica pedagógica, que asumió rápidamente la moda a fines de la década de 1960 y buena parte de los años 70, las guías de estudio se convierten en prescripción desde los ámbitos de gestión y en obligación en el ámbito del aula. Los resultados obtenidos parecen curiosos: como toda moda pedagógica, rápidamente se la acomoda a la práctica didáctica del docente, para variar el formato, pero no la esencia. Así, por ejemplo, en la más arraigada concepción tradicional, las guías de estudio se convierten en cuestionarios enciclopédicos que se contestan 'con las mismas palabras del libro', sustituyendo la 'exposición verbalista' del docente por la 'exposición gráfica' del texto. A su vez, la nueva unidad curricular no logró, como era de esperar, que los alumnos/as aprehendieran una metodología de estudio. Sin dudas hoy, responderíamos que cada objeto disciplinar tiene su propia especificidad metodológica y que, por ello, una metodología general de estudio no resulta apropiada al margen de un contenido particular.

¿Podremos rescatar hoy la utilidad de las guías de estudio en las aulas? Veamos...

En primer lugar, pareciera que esto será posible en la medida que se las considere un recurso entre otros y no un recurso prescriptivo. Como tal, entonces, y dentro de la opción metodológica que adopte cada uno de nosotros en función del objeto de conocimiento que enseñamos, las guías podrían ser un recurso apropiado para 'trabajar' textos. Esta idea del 'trabajo' con textos supone que, según el propósito que persigamos, la guía de estudio puede estar al servicio de ayudar a la comprensión del texto a través de preguntas-clave, o a la crítica de las posturas planteadas en un texto o a la comparación de teorías presentes en diversos textos o a cualquier otra posibilidad en la cual los textos sean un vehículo sustancial del aprendizaje.

En segundo lugar, en la elaboración de las guías de estudio, habrá que tener presente algunas consideraciones para que el uso de las mismas sea un recurso apropiado y no una rutina estereotipada. Quizás valga la pena detenernos especialmente en algunas de estas cuestiones.

5.2. Consideraciones prácticas

Acerca de su especificidad:

Una guía de estudio nunca reemplaza al texto. Por el contrario, resulta ser un recurso que facilita el abordaje de ciertas temáticas a partir de la lectura. Guiar el proceso de comprensión del texto es una posibilidad, pero su elaboración no necesariamente debe agotarse en esa orientación ya que, tal como expresáramos anteriormente, la guía debe adecuarse a los propósitos que persigamos con ella: orientar la comprensión, proponer comparaciones, facilitar estrategias de crítica fundamentada, contrastar teorías, recoger información de la vida cotidiana para acrecentar planteos teóricos, etc.

Dentro de todas estas posibilidades, aquello que caracteriza fundamentalmente a las guías de estudio es que en ellas, no se da por supuesta la resignificación que el alumno/a da al texto sino que, su elaboración, orienta dicho proceso para, a partir de allí (si se cree posible y necesario), avanzar con propuestas que pongan en juego operaciones cognitivas de mayor complejidad.

Acerca de su propuesta:

Una guía de estudio propone actividades a resolver individual o grupalmente. Estas actividades podrán ser preguntas, planteos cuestionadores, propuestas de ejemplos, análisis de situaciones, búsqueda de información colateral, indagación de cuestiones en algún aspecto de la realidad (como el caso de entrevistas, encuestas, registros textuales de situaciones observadas, etc.) u otras. Estas actividades se responden, salvo excepciones, en forma escrita.

Acerca de su estructura:

A fin de evitar la fragmentación del texto, conviene que una guía de estudio comience con un planteo inicial en el cual se contextualice la temática con sentido de totalidad. La primera propuesta de actividad planteada convendría que lleve a una lectura completa del texto a fin de propiciar una primera aproximación sincrética al mismo. Convendría asimismo que incluya alguna actividad inicial que facilite una primera relación entre la nueva temática y los contenidos trabajados en clases anteriores o con situaciones de la vida cotidiana que, por conocidas, permitan a los alumnos/as una aproximación significativa a la cuestión.

A partir de ello, la guía puede presentar una serie de tareas, entre las que podrían estar presentes algunas específicamente relacionadas con el análisis del texto, secuenciadas gradualmente por nivel de dificultad en cuanto al tipo de trabajo cognitivo que se pretende poner en juego a partir del texto (en este sentido por ejemplo, interpretar una serie de conceptos propios de una determinada teoría resulta ser un trabajo cognitivo de menor complejidad que contrastar dichos conceptos con otra teoría diferente). Este proceso analítico, que necesariamente supone identificar y separar partes (podríamos asemejar el sentido del término 'partes' a los diferentes conceptos presentes en un texto), establecer relaciones entre las mismas, establecer relaciones de las partes con el todo e ir realizando síntesis parciales, puede constituir el eje de trabajo más desarrollado de la guía.

Finalmente, tras el proceso analítico, conviene que la guía se cierre con alguna actividad en la cual se recupere la totalidad integrada para facilitar la síntesis final y 'alejarse' del texto propiciando la propia elaboración conceptual (ya que damos por supuesto que de ninguna manera la enseñanza puede estar orientada únicamente a reproducir marcos teóricos presentes en la bibliografía).

En la estructura descripta, podrían identificarse en consecuencia, tres posibles partes de una guía de estudio:

- planteos de trabajo que faciliten la síncresis inicial y una primera lectura global de la bibliografía;
- planteos de trabajo que favorezcan el análisis y las síntesis parciales con una lectura más desmenuzada de la bibliografía;
- planteos de trabajo que permitan realizar la síntesis final y elaborar conceptos propios, opiniones fundamentadas o conclusiones personales, 'desprendiéndose' de la bibliografía.

Acerca del momento adecuado para ser utilizada:

Diferentes posibilidades hacen que las guías de estudio resulten ser un recurso apropiado para usar en diversas circunstancias.

Una guía utilizada antes de la clase, facilitaría que los alumnos/as concurran con el material leído y de esta manera se enriquezca el nivel de profundidad que pueda darse al tratamiento de los contenidos, la clase se haga más participativa, se realice una verdadera construcción conjunta del marco conceptual y no se fragmente el proceso analítico de identificación de conceptos diversos y las relaciones establecidas entre ellos.

Una guía utilizada durante la clase, permitiría prever una serie de necesidades relacionadas fundamentalmente con el material necesario para el tratamiento de los contenidos que de otra forma, quedarían desarticulados o supeditados a fotocopias sueltas sin conexión entre sí (tal el caso del uso de artículos periodísticos, viñetas, relatos de casos, datos estadísticos u otros) y, en consecuencia, sin relación explicitada con la bibliografía que da el soporte teórico a los contenidos.

Una guía utilizada después de la clase, ya fuera del ámbito del aula, propiciaría una mayor profundización del trabajo iniciado en ella.

Una guía utilizada en función de acreditaciones parciales o finales y, especialmente, como herramienta para el proceso de recuperación de aprendizajes no logrados ante fracasos en las acreditaciones realizadas, orientaría la fase de estudio ante dichas circunstancias.

Acerca de su uso:

Una guía referida a un texto no tiene valor 'per se' (Barco, s/f). El uso reiterado y sistemático de guías de estudio puede generar en los alumnos/as cierta dependencia para abordar textos. 'Esperar' la guía para leer la bibliografía no sólo puede atentar contra la autonomía del aprendizaje, sino también generar tal grado de supeditación que los alumnos/as se acostumbren a que, sin guía, nada se hace por propia iniciativa.

Por otra parte, una guía siempre orienta desde el análisis previo que nosotros mismos hemos realizado del texto por lo que, en consecuencia, su uso reiterado podría invalidar otro tipo de perspectivas, ajenas a las propias, que únicamente aparecen cuando el tratamiento de la bibliografía resulta menos pautado.

Acerca de ciertas precauciones en la elaboración:

En la elaboración de las guías y particularmente en la secuencia de las actividades que presenta, habría que tratar:

- que las preguntas relativas a la identificación de la estructura conceptual del texto no puedan contestarse mecánicamente identificando 'palabras estímulo'. Por ejemplo, ante la pregunta "¿Qué condiciones plantea el autor para…?", el texto dice: "Planteamos las siguientes condiciones para…";
- que la guía no pueda resolverse fragmentando la lectura del texto;
- que las actividades que se proponen no queden desarticuladas entre sí;
- que si se pautaran actividades de relevamiento de información en algún campo real (por ejemplo encuestas) no queden sin tratamiento posterior (a fin de evaluar su pertinencia, convendría preguntarse siempre ¿para qué se hace esto y con qué encuadre teórico se relaciona?);
- que las actividades en las que se pidan opiniones, estén en las actividades finales ya que no se puede opinar con fundamento si antes no se ha analizado algo;
- que se analice la pertinencia del uso e inclusión de viñetas, tiras humorísticas o materiales similares, que si bien le dan cierta flexibilidad y le quitan formalidad a la guía, cosa que por cierto puede llegar a favorecer el desarrollo de la misma, también se puede correr el riesgo de vaciar el contenido teórico con el uso de un material que ha sido elaborado para otros fines (divertir, satirizar, etc.) si no lo usamos convenientemente.

5.3. Errores más frecuentes en el uso de las guías de estudio (y una pequeña licencia para el humor)

Caso I: *El homo hábitus* –la guía es utilizada indiscriminadamente–.

Utilizamos todos los años la misma guía sin adecuarla ni a las particularidades de los alumnos/as, ni a los nuevos planteos teóricos que van surgiendo en el campo disciplinar, ni al cambiante contexto sociohistórico.

Caso 2: *El homo commodus* —la guía es utilizada como supletoria de la figura del docente—.

Elaboramos y entregamos a los alumnos/as una guía que presupone un trabajo de varias clases. En cada una de ellas, ingresamos al aula y sin mediación alguna, mandamos a trabajar en el punto que corresponda hasta la finalización de nuestra clase, finalizada la cual nos despedimos sin haber intervenido en ningún momento. Terminada la guía, solicitamos su entrega y suministramos una nueva para abordar la temática siguiente. El caso extremo se convierte en el *homo diarium*, caso en el cual, mientras los alumnos/as trabajan la guía, nosotros leemos el diario.

Caso 3: *El homo difficilis* —la guía más que facilitar, confunde—.

Elaboramos la guía con tal grado de complejidad que la misma no cumple su propósito, Así, por ejemplo, el vocabulario que utilizamos resulta más complejo que el del texto mismo; ante las tareas que pautamos, los alumnos/as internamente se preguntan '¿qué hay que hacer?'; las actividades extra-texto son tan difíciles de realizar que insumen un tiempo desmedido y finalmente nunca logran completarse.

Caso 4: *El homo grupus* —la guía es trabajada en un pseudo-grupo—.

Permitimos la realización de la totalidad de la guía en grupos conformados por muchos alumnos/as (más de cuatro ya son muchos). Como en la mayoría de los casos de trabajo grupal, si no existen primero algunas actividades de tipo individual, la resolución de la misma está a cargo de uno o dos alumnos/as mientras que los demás, desentendiéndose, hacen de la clase un momento de recreo. Después, la copian y ponen su nombre como 'trabajo de equipo'.

Caso 5: *El homo cuestionarius* —la guía es un cuestionario—.

¡Qué trabajo da elaborar una buena guía! Cuando tenga tiempo la hago mejor, por ahora… Tomamos el libro de texto, y nos fijamos en los subtítulos. Ya está. Ahora encabezamos la pregunta con: "¿A qué se refiere el texto cuando se plantea… [debe colocarse allí el subtítulo en cuestión]?". También puede reemplazarse por: "¿Cuál es la idea principal de… [debe colocarse allí el subtítulo en cuestión]?". En algunos formatos más modernos se nos puede ocurrir algo así como: "Con los conceptos centrales presentes en… [debe colocarse allí el subtítulo en cuestión], elabora una red conceptual".

¿Te dije que cuando tenga tiempo la hago mejor?

Caso 6: *El homo guiaevaluadorus* –la guía es la única fuente de acreditaciones–.

Utilizamos únicamente la evaluación de las guías para obtener calificaciones. Como éstas han sido elaboradas grupalmente, por un lado, no logran dar cuenta de los verdaderos aprendizajes realizados por cada alumno/a, pero por otro (enraizándonos en una variante del *homo commodus*) siempre es mejor corregir cinco o seis guías que treinta o cuarenta exámenes. El broche de oro lo colocamos cuando estamos a cargo de una unidad curricular en la educación superior y con esta forma de trabajo decidimos un sistema de evaluación con promoción directa.

5.4. Un ejemplo de guía de estudio

Ciertamente mostrar un ejemplo de una guía de estudio sin presentar el texto para la cual está hecha resulta complicado. Aún así y sólo porque a lo largo de este capítulo venimos ejemplificando cada uno de los recursos que presentamos aquí va, no un modelo, sino sólo un recurso que hemos usado en nuestro trabajo.

INSTITUTO SUPERIOR DE FORMACIÓN DOCENTE N°
PROFESORADO EN EDUCACIÓN PRIMARIA
Unidad curricular: Perspectiva Pedagógico-Didáctica I
Curso: Primero

GUÍA DE ESTUDIO N° 3

1. *Bibliografía*

LIBANEO, José C. (1986): "Tendencias pedagógicas en la práctica escolar",
Revista de Associacao Nacional de Educacao, Año 3, Sao Paulo. (Traducción al español sin referencias con adaptación y agregados elaborados por la cátedra).

2. *Presentación*

¿Qué pasa en el interior de las escuelas cuando se ponen a disposición de los alumnos/as los contenidos socialmente válidos? ¿Cómo logra esta institución cumplir con su función pedagógica –distribuidora de cultura–? ¿Cómo cada docente actualiza en el aula su práctica?

La práctica de los docentes, supone, aunque no podamos identificarlos claramente, ciertos supuestos teóricos que justifican y legitiman su actividad como enseñantes. Y, aunque dicha práctica está cargada de resabios teóricos de diversos referentes teóricos y prácticos, constituye en sí todo un 'estilo docente'. En ocasiones, la preocupación más importante que se presenta a los docentes es incorporar nuevas 'recetas' metodológicas que faciliten y hagan más efectivo el trabajo. Así, el 'cómo se enseña...' pasa a ocupar el lugar más relevante de la reflexión cotidiana. Pero, la reflexión acerca del 'cómo' sólo parece ocupar ese lugar de privilegio si lo que se niega es la reflexión acerca del 'qué'.

- ¿Qué se enseña en el aula?
- ¿Qué significación social tienen los contenidos que se proponen?
- ¿Qué idea de sociedad subyace en cada propuesta de aprendizaje que se realiza en el aula?
- ¿Qué concepción acerca del saber está sosteniendo la práctica de enseñar de un docente?
- ¿Qué uso del poder se hace a diario?
- ¿Qué noción de autoridad justifica el quehacer del docente?
- ¿Qué uso se espera que hagan los alumnos/as de los saberes que se enseñan?

Las preguntas del 'qué' se introducen en la dimensión política de la práctica pedagógica y facilitan, a su vez, un abordaje crítico de la práctica diaria. Como esta práctica es histórica, es decir, como cada docente pone en el 'acto de dar clase' todo un bagaje aprendido por la experiencia incorporada a lo largo de su tránsito por el sistema escolar desde que fue alumno/a en los jardines de infantes, parece que, para develar las prácticas docentes que se dan en las escuelas, convendría rastrear en la historicidad de esta función social de la docencia, en las tendencias pedagógicas-didácticas que alimentaron a lo largo de la historia, los presupuestos teóricos de las prácticas docentes.

Siguiendo el planteo del texto que vamos a trabajar, presentamos las tendencias pedagógico-didácticas que menciona el texto:

A) PEDAGOGÍAS LIBERALES
1. Tradicional o conservadora
2. Escolanovista o renovada progresivista
3. Tecnológica

B) PEDAGOGÍAS PROGRESISTAS
1. Liberadora
2. Crítica o de los contenidos

Analicemos en cada una de ellas algunas variables didácticas.

3. *Trabajo con el texto:*

ACTIVIDAD N° 1
a) Lean el artículo de José C. Libaneo: Tendencias pedagógicas en la práctica escolar
b) ¿Cuál creen que es el objetivo del autor al plantear esta temática?
c) ¿Qué aporte realiza para comprender mejor la vida del aula?

ACTIVIDAD N° 2
a) ¿Qué variable utiliza para clasificar las tendencias?
b) ¿Qué concepción de sociedad, qué concepción de educación y qué concepción de función social de la escuela tienen en común las tres tendencias liberales?
c) ¿Y cómo pueden definirse esas mismas concepciones según las tendencias progresistas?
d) ¿Por qué las llamará 'tendencias' y no 'corrientes' o 'modelos'?

ACTIVIDAD N° 3
a) Observen los gráficos y/o escritos que aparecen a continuación y desde el marco teórico que presenta el texto respondan a los cuestionamientos que se plantean.

Material 1

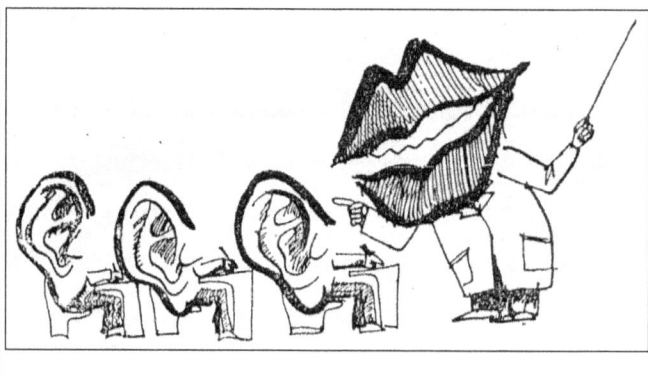

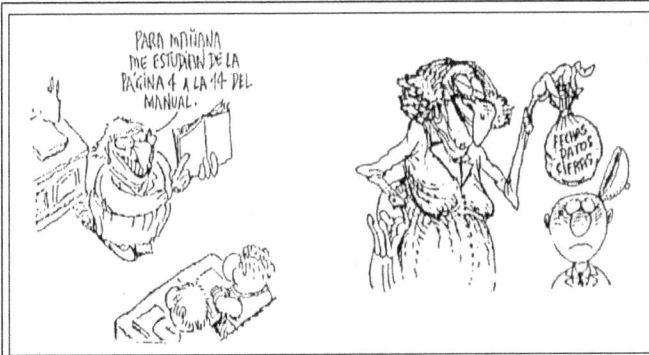

b) Los gráficos presentan situaciones de aprendizaje dentro de la tendencia tradicional. ¿Cuáles de las características referidas a la concepción de aprendizaje de dicha tendencia aparecen evidentes en los gráficos? Fundamenten la respuesta describiendo la concepción de aprendizaje subyacente.

c) Relacionen esa concepción de aprendizaje con las características que presenta el autor para la concepción de enseñanza.

d) El autor presenta ciertas notas distintivas de los contenidos para dicha tendencia ¿Qué relación puede establecerse entre las mismas y las concepciones de aprendizaje y enseñanza? Enúncienlas a través de hipótesis afirmativas tales como:

- si el contenido es dogmático, entonces el alumno/a sólo debe 'recibirlo' con pasividad.

Material 2

e) El discurso de la maestra parece encuadrarse dentro de la escuela nueva. ¿Cuáles son los indicadores en su mensaje que podrían hacer suponer que se trata de una docente escolanovista? Fundamenten la respuesta describiendo los supuestos subyacentes.

f) ¿Qué relación puede establecerse entre esta propuesta de trabajo en el aula y la concepción de aprendizaje de esta tendencia?

g) ¿Cómo se conciben los contenidos en esta tendencia? Plantéenlos a través de un cuadro comparativo con la tendencia tradicional.

Material 3

> "Si la enseñanza no cambia a nadie, carece de efectividad, de influencia. Si cambia a un alumno/a en una dirección no deseada, en vez de la dirección deseada (es decir, si tiene consecuencias indeseables como, por ejemplo, la pérdida de la motivación, no puede ser considerada como una enseñanza eficaz. Habrá que calificarla de deficiente, indeseable e incluso de nociva. La enseñanza será satisfactoria, o eficaz, en la medida en que consigue alcanzar las metas propuestas.
>
> (...) En primer lugar, hay que asegurarse de que existe una necesidad de enseñanza constatando que 1) hay razones para aprender y 2) los alumnos/as no conocen aún lo que se les va a enseñar. En segundo lugar, hay que especificar claramente los resultados u objetivos que se pretende alcanzar con la enseñanza. Habrá que seleccionar y preparar experiencias de aprendizaje para los alumnos/as, de acuerdo con los principios didácticos y habrá que evaluar la realización del alumno/a de acuerdo con los objetivos previamente elegidos.
>
> En otras palabras, primero decide usted a dónde quiere ir, después formula y administra los medios para llegar allí y, finalmente, se preocupa usted de verificar si ha llegado" (Robert Mager, 1977, en *Formulación operativa de objetivos didácticos*).

h) La exposición del autor tiene algunos rasgos que parecen encuadrarse dentro de las concepciones teóricas de la tendencia tecnológica. Hagan un listado de palabras-clave que aparezcan en el texto y que den cuenta de la mención implícita a dicha tendencia. Expliciten junto a cada palabra-clave los supuestos subyacentes que dicha palabra-clave sintetiza (no omiten palabras-clave relacionadas con las concepciones de aprendizaje, enseñanza y contenidos).

Material 4

Este es un fragmento de un informe de observación de una clase en 6to año de la educación primaria de una escuela del conurbano sur bonaerense:

> La docente nos muestra su planificación en la que observamos que los contenidos conceptuales de Ciencias Sociales en el proyecto que está desarrollando son: 'La población. Distribución, composición social, estructura ocupacional. Condiciones de vida. Índices de calidad de vida' Mientras que en los contenidos procedimentales figura: 'Comparación de espacios geográficos a partir de la relación entre distintas variables.'
>
> La clase comienza con un torbellino de ideas a partir de una pregunta planteada por la docente: ¿Qué diferencias hay entre nuestro barrio y el centro de Monte Grande?

Se anotan en el pizarrón las respuestas de los chicos: asfalto, luz de mercurio, no hay zanjas, casas lindas, muchos negocios, hay barrenderos (mi papá trabaja en la Municipalidad —aclara uno)...

La docente se detiene sobre la respuesta 'no hay zanjas' y conversa con los chicos sobre el destino de los deshechos en nuestro barrio. La conversación va girando hacia la presencia de los pozos ciegos. Después pregunta 'Y dónde van los desechos en el centro? Uno de los chicos hace mención a las cloacas.

Inmediatamente la docente pregunta: '¿Por qué en nuestro barrio no hay cloacas?' Algunas de las respuestas de los chicos son: 'porque vivimos lejos del centro, porque esto es una villa, porque somos pobres...'

(...)

La docente pregunta '¿A quién le corresponde poner las cloacas en los barrios?' Los chicos dan respuestas como: 'Al Estado, al Gobierno, a la Municipalidad, a los vecinos...' La docente aprovecha para distinguir esos términos y aclara el sentido de cada uno.

(...)

La clase finaliza con una carta que escriben entre todos dirigida al Intendente en la cual solicitan 'por una razón de justicia, que nos pongan las cloacas...'

i) ¿En qué tendencia puede encuadrarse la práctica de la docente? Fundamenten esta respuesta.

j) Analicen el registro haciendo intervenir las distintas variables que presenta el autor para describir la tendencia.

ACTIVIDAD N° 4

a) Ejemplifiquen con la descripción de algunas prácticas que hayan observado en las escuelas a las que concurren en el espacio de la práctica docente y en el que se vea la presencia en dicho ejemplo de alguna de las tendencias mencionadas en el artículo.

b) Analicen el ejemplo dado indicando cuáles son los ítems que marcan la concordancia con alguna de las tendencias estudiadas. Por ejemplo: la relación docente-alumno/a o la concepción de contenido escolar, o la concepción de aprendizaje, etc.

ACTIVIDAD N° 5

a) Armen el contenido de un programa radial en el cual los distintos actores muestren visiones encontradas de la práctica en las aulas. Se sugiere diseñar el guión, siguiendo este sencillo esquema:
¿Qué pasa hoy en las aulas?

- 1er bloque: Presentación (escribir el guión)
- 2do bloque: Entrevista a... que habla de...
- 3er bloque: Tandas (diseñar propagandas acordes con el tema)
- 4to bloque: Música (especificar qué tema e idea central de la letra)
- 5to bloque: Los docentes dicen... (especificar ideas)
- Los chicos dicen... (especificar ideas)
- Los padres dicen... (especificar ideas)
- Un autor dice... (reproducir párrafos textuales)
- 6to bloque: Cierre (Uds. eligen)

(No olviden encuadrar la actividad en el marco teórico que brinda la bibliografía).

6. Las guías de lectura

6.1. Características de las guías de lectura

En general los alumnos/as, independientemente de su edad o la carrera en que se encuentren, poseen estrategias propias para abordar un texto. El 'abordaje' de un texto tiene que ver con su forma de ser leído, y a partir de ello, de interpretarlo para completar el estudio del mismo. Más allá del respeto a lo particular, estas estrategias no siempre coinciden con las necesidades que percibimos nosotros como docentes para un mejor aprendizaje. De esta situación surge la necesidad de orientar, en algunas ocasiones, esta lectura de los textos.

¿Por qué puede resultar necesaria esta orientación? Sin afán de completar un listado, podrían enumerarse, entre otras, estas circunstancias:

- cuando los alumnos/as no están acostumbrados a trabajar con textos;
- cuando los alumnos/as manifiestan dificultades para comprender un texto;
- cuando el texto no es del área de conocimiento que habitualmente leen los alumnos/as;
- cuando el texto resulta muy complejo por el lenguaje que utiliza el autor;
- cuando el texto plantea temáticas absolutamente nuevas;
- cuando el texto presenta en forma integrada distintas teorías o corrientes y éstas resulten difíciles de 'aislar' en sus conceptos básicos;
- cuando el texto posee mucha información y se quiere trabajar sólo con algunas de las ideas del autor;
- cuando los encuentros de clase no tienen una frecuencia cercana en el tiempo (por ejemplo en los regímenes semipresenciales).

Ante estas u otras situaciones similares se hace necesario algún recurso que permita 'sortear' los escollos antes enunciados. Y entonces, las guías de lectura pueden aparecer como un recurso adecuado para:

- facilitar el aprendizaje de los alumnos/as en relación al trabajo con un texto;
- orientar el 'enfrentamiento' entre el alumno/a y un texto;
- suplir las clases de 'lectura comentada'.

Una guía de lectura es un texto narrativo escrito, elaborado por el docente que en forma prosada y a modo de acompañamiento (tal como si el docente estuviera junto al alumno/a leyendo el texto con él) orienta la lectura fuera del ámbito del aula y se convierte, por ello, en un recurso de trabajo básicamente individual.

Una guía de lectura no propone actividades a resolver ni suple la lectura del texto. Por el contrario, su especificidad radica en ser un recurso que acompaña la lectura:

- contextualizando el texto y/o el autor;
- anticipando la estructura del texto;
- orientando la identificación de lo importante y lo accesorio;
- aclarando conceptos;
- proponiendo dónde debe detenerse en el análisis;
- planteando preguntas que despiertan la reflexión;
- agregando ejemplos que no están presentes en el texto;
- advirtiendo sobre 'riesgos' o nudos problemáticos para el lector;
- sugiriendo reflexiones que pueden exceder el ámbito del texto;
- proponiendo relaciones con otros textos o temáticas.

A partir de lo expuesto podemos afirmar que la elaboración de una guía de lectura sigue la 'lógica' del texto y que no está constituida por partes específicas.

Para su elaboración sugerimos tener en cuenta:

a) que no estaremos presentes cuando los alumnos/as estén trabajando con ella y, por lo tanto, no podrán pedirnos explicaciones o aclaraciones ampliatorias;
b) que el lenguaje que utilicemos debe ser más accesible que el del texto y las aclaraciones dadas concretas y concisas;
c) que necesitamos haber leído con tal grado de profundidad el texto que esa lectura nos permita anticiparnos a las dificultades que podrían presentárseles a los alumnos/as frente al mismo;

d) que la guía tiene que adecuarse a las características habituales que presentan los alumnos/as del curso en el que trabajaremos con ese recurso;
e) que la guía tiene que facilitar y no confundir, inmovilizar o atemorizar;
f) que conviene que sea un 'todo' estructurado y no una sumatoria de párrafos dispersos;
g) que únicamente está al servicio del aprendizaje.

Las guías de lectura pueden presentar distinto grado de minuciosidad en el acompañamiento que realizan. Así puede hablarse de guías específicas para trabajar un solo texto o guías amplias elaboradas para una serie de textos.

Presentamos a continuación, y a modo de ejemplo, un extracto de una guía de lectura.

6.2. Un ejemplo de guía de lectura

UNIVERSIDAD NACIONAL DE…
FACULTAD DE…
CARRERA DE…
Cátedra:
                          GUÍA DE LECTURA
TEXTO:

DAVINI, M. Cristina (1995): *La formación docente en cuestión: política y pedagogía*, Bs. As., Paidós, cap. 4: "Pedagogías en la formación de los docentes: problemas de la formación en acción".

La presente guía intenta acompañar tu lectura del capítulo del texto arriba citado. La autora prologa el texto afirmando que en el capítulo 4 "(…) se mira hacia el interior del proceso formativo de los docentes y sus desencuentros. El análisis tiende a justificar la necesidad de reconstruir una pedagogía propia para la formación y el perfeccionamiento de los docentes, como criterios sustantivos de pensamiento y acción".

Es así que el capítulo que vas a leer comienza anticipando esta cuestión. Fijate que en el segundo y tercer párrafo, las referencias a "En este capítulo…" y "Este capítulo se focalizará…" la autora está anticipando el eje desde el cual tenés que interpretar el planteo que va a realizar.

Después de ello, hay una referencia explícita a ciertos problemas que habitualmente plantean los docentes en los procesos formativos y de perfeccionamiento. Es importante que puedas enumerar esos problemas pero no te quedes prendido de ellos de manera aislada porque el objetivo del capítulo es plantearlos desde el eje de la vinculación entre la 'teoría' y la 'práctica'. Estás en la página 100 y a lo largo de ella, se está anticipando este desarrollo.

En la página 101, no pases por alto el párrafo en el cual se explica que: "La tesis que apoya las reflexiones de este capítulo…". La autora sigue insistiendo en la necesidad de pensar una pedagogía propia de la formación docente y siempre es bueno tener claro desde qué supuestos el autor escribe.

Podemos pasar, al subtítulo "La crítica a la racionalidad técnica...". Atención ahora. Para nosotros, lo que sigue, es lo más importante del capítulo. La autora va a plantear una "epistemología de la práctica" (acordate que leíste en Schön esa acepción). Es decir, mostrará, por lo menos dos concepciones diferentes referidas a la práctica y su vinculación con el conocimiento. Tras la introducción y su referencia histórica a las universidades y las instituciones de formación docente, en la página 103 comienza a caracterizar la concepción de la práctica desde la racionalidad técnica.

Acá tenés que detenerte si no tenés claro el término 'racionalidad' y es necesario que despejes tus dudas leyendo algo extra. Esperá, no te asustes, que no se trata de algo inaccesible o muy voluminoso. Podés buscar en Giroux, Carr y Kemmis o Popkewitz. Igual te damos una pista desde Giroux que la explica como:

> "(...) un conjunto específico de asunciones y prácticas sociales que mediatizan la forma en que los individuos o grupos se relacionan con el resto de la sociedad. Bajo cualquier forma de racionalidad existe un conjunto de intereses que definen y cualifican la forma en que uno refleja el mundo. Se trata de un elemento de gran importancia epistemológica. El conocimiento, creencias, expectativas y bases que definen una racionalidad dada condicionan y a su vez se encuentran condicionadas por las experiencias en las que vivimos. La noción de que cada experiencia sólo toma sentido específico desde un modo de racionalidad que le confiere inteligibilidad es de crucial importancia" (Giroux, 1981).

¿Te quedan ganas de profundizar esto? Bueno... podés ir a las fuentes:

GIROUX, H. (1980): "Critical theory and rationality in citizenship Education", *Currículo Inquiri 10* (4), pp.329-366.

CARR, W. y KEMMIS, S. (1988): *Teoría crítica de la enseñanza*, Barcelona, Martinez Roca.

POPKEWITZ, T. (1988): *Paradigma e ideología en investigación educativa*, Madrid, Mondadori.

Tranquilizate y no creas que te estamos cargando... el texto de Giroux está en la WEB.

¿Volvemos a lo nuestro? Estábamos en la página 103 y las características de la 'práctica' desde la racionalidad técnica. Fijate que la autora se detiene especialmente en el caso de la formación docente y explica cómo la tradición eficientista neutralizó a la tradición academicista desde la lógica de esta racionalidad técnica. Hummm... acordate que el tema de las tradiciones la autora lo plantea en el capítulo 1, no vale preguntar ¿qué es eso de las tradiciones?

En la página 105 empieza a aparecer la contracara, es decir, una concepción de la práctica desde otra lógica diferente al de la racionalidad técnica, sobre todo en la referencia a Schön. No le da la autora un nombre específico. Sería bueno que intentes armar un cuadro comparativo porque van a aparecer características importantes más adelante también. Nosotros te proponemos las variables y vos lo vas completando (si querés, claro... es para que sistematices las dos líneas de pensamiento no para que nos entregues nada a nosotros):

	la lógica de la RACIONALIDAD TÉCNICA	Otras LÓGICAS
Concepción de la práctica como campo		
Concepción de la realidad		
Características de los problemas de la práctica		
Resolución de los problemas de la práctica		
Relación entre práctica y aprendizaje		

El siguiente subtítulo no es para que lo saltees ("Disciplina y currículum formativo") pero, por lo menos a nosotros, no nos interesa que te detengas especialmente en ese tema, porque en el subtítulo siguiente ("La recuperación de la práctica: ¿un proceso adaptativo?"), el que está en la página 109, hay otra cuestión que creemos relevante y en la que vale la pena demorarse (eso significa: leer con atención y más de una vez cada párrafo). Tras las primeras aclaraciones referidas a la importancia de la reflexión sobre la práctica y la entrada temprana en el terreno escolar durante el proceso formativo de la docencia, en la página 111 la autora empieza a plantear algunas señales de alerta referidas a ciertos 'reduccionismos' a la hora de pregonar la necesidad de 'aprender de la práctica'. A partir del párrafo que comienza con "Sin embargo, una primera mirada…" (seguimos en la página 111 pero ésto se extiende hasta la 114), sería bueno que sistematices cada uno de esos reduccionismos a los que se refiere la autora.

Estamos ahora en el subtítulo "Refinando la noción de práctica". Fijate que el segundo párrafo ("La perspectiva de la práctica…") hay una apuesta fuerte a la dimensión ético-político de la enseñanza. Volvé sobre la idea de 'racionalidad' y vas a ver que eso se entiende mucho mejor. Todo este subtítulo, en definitiva, se refiere a ello.

¿Qué ya estás cansado/a? Nooooo… no cortes la lectura aquí que ahora viene el broche final.

Mirá, ya estás en la página 116 frente al subtítulo "Reubicando la teoría y la práctica: marcos conceptuales incorporados, elaborados y actuados", sí, tenés razón, ¡qué nombre para un subtítulo!

¿Vas leyendo? No pases por alto el párrafo que empieza con "Tales evidencias muestran…" (está al final de la página 117) porque a partir de allí y hasta el final está planteando, a modo de conclusión, su manera de ver la vinculación entre la teoría y la práctica.

Hay una perlita en la página 119 referida a la Didáctica. El libro es de 1995, eso significa que hace más de diez años, Davini ya advertía un reclamo que aún hoy sigue haciéndole al campo.

7. Las rutas conceptuales

7.1. Características de las rutas conceptuales

Las dificultades que presentan nuestros alumnos/as para leer textos académicos (por ellos mismos manifestado) nos han llevado a pensar el algún otro tipo de recurso que permita orientar la identificación de las categorías conceptuales que presenta un autor. Si bien las guías de lectura también nos sirven para tal propósito, buscamos un recurso que pudiéramos elaborarlo más rápidamente y no se presentara como tan 'guiado'.

Desde esa necesidad y conscientes de los 'pro' y también de los 'contra' que puede ocasionar un recurso que 'intervenga' en la lectura que un alumno/a hace del texto, pensamos en las *rutas conceptuales*.

Una ruta conceptual presenta de forma narrativa una sintética organización del texto y lista su secuencia conceptual enumerando las categorías conceptuales relevantes presentes en el mismo. Ciertamente este listado es elaborado por nosotros, de modo que la 'relevancia' tiene que ver con lo que subjetivamente consideramos como tal. Y no es más que eso, sólo un listado.

¿En qué circunstancias podemos utilizar *rutas conceptuales*? Las respuestas son similares a las que hemos presentado para las guías de lectura. Pero específicamente:

- cuando "la comprensión de lo leído es muy pobre porque refleja la dificultad de seguir su argumentación, en ausencia de un esquema interpretativo propio. Los alumnos carecen de cierta información que estos textos dan por sabida. Sin un marco conceptual, el lector-alumno no logra sostener la necesaria perseverancia de leer y releer para entender" (Carlino, 2002);

- cuando los alumnos/as manifiestan serias dificultades para identificar las categorías conceptuales de un texto;
- cuando la complejidad del texto puede hacer que el lector/a se 'pierda' en el eje de desarrollo y descarte por incomprensible en su primera lectura algunas categorías que pueden resultar comprensibles en una lectura más analítica;
- cuando la complejidad del vocabulario específico puede hacer que el lector/a diluya en una misma idea global, diferentes categorías conceptuales específicas.

Ante dificultades como éstas o similares, nuestra intervención a partir de la presentación de un recurso didáctico como éste, es una forma de apoyar, con materiales específicamente pensados para los alumnos/as, nuestras intervenciones de enseñanza.

Pero no podemos obviar hacer alguna referencia a las dificultades que puede ocasionar el uso continuo de rutas conceptuales. Si bien una ruta conceptual intenta ser un listado enumerativo de todas las categorías conceptuales presentes en aquello que se propone para la lectura, la mediación del docente no deja de ser una intromisión en el contacto necesario, genuino y personalísimo que un lector puede y debe tener con un texto. Identificamos como problema, que las rutas conceptuales:

- 'digitan' y 'manipulan' la lectura en tanto indican qué conceptos son los que hay que identificar en la lectura;
- impiden que el lector/a realice su propio recorrido por el texto;
- limitan la necesaria 'sorpresa' de quien lee y se siente atrapado por lo que personalmente descubre a medida que lee;
- generan un distanciamiento entre el lector/a y el texto por la 'interferencia' de un lector/a anterior (el docente).

7.2. Un ejemplo de ruta conceptual

Hechas las salvedades necesarias, he aquí un ejemplo de una ruta conceptual:

TEXTO:

STEIMAN, Jorge (2004): *¿Qué debatimos hoy en la Didáctica?: Las prácticas de enseñanza en la educación superior*, Bs. As., Baudino Ediciones, cap. 4: "La narrativa en la enseñanza. Bienvenidos a Kokura: de un relato que entrama relatos pensando acerca de la narrativa en el campo de la didáctica".

RUTA CONCEPTUAL

Organización del texto: el capítulo en cuestión relaciona la noción de narrativa y enseñanza desde las hipótesis de P. Jackson y S. Gudmundsdottir a partir de las cuales se realiza un libre recorrido por cuestiones vinculadas a la estructura narrativa del discurso docente.

Secuencia conceptual:

- noción de narrativa,
- relación entre narrativa y vida cotidiana,
- relación entre narrativa y enseñanza,
- funciones de los relatos y enseñanza: función epistemológica y función transformadora (Jackson),
- función epistemológica: argumentación en contra del uso del concepto de 'transposición didáctica',
- función epistemológica: naturaleza narrativa del saber pedagógico sobre los contenidos,
- relación entre función transformadora y asignación moral,
- argumentación referida a la indiferenciación de ambas funciones en el aula,
- relación entre funciones de los relatos y el uso de ejemplos en el aula,
- relación entre el uso de relatos y análisis de las prácticas,
- categorías de Schulman aplicadas al análisis de las prácticas.

8. Los casos

8.1. Características de los casos

Un caso es un relato de tipo narrativo referido a algún acontecimiento real o hipotético que se presenta con suficiente información contextual como para poder apropiarse del mismo 'casi como si lo estuviera observando en una película'. La información de referencia incluye datos y descripción de hechos y personajes y se presenta en torno a alguna problemática central, en lo posible extraída de problemas de la vida real.

El caso, así presentado, es analizado y 'desmenuzado' en sus partes constitutivas para poder facilitar el estudio de la problemática que involucra, a partir de las preguntas que, presentadas después del relato del caso, orientan el análisis. Por supuesto que estas preguntas no se refieren ni a la información misma que el caso presenta, ni a otro tipo de información presente en los textos ya que el objeto de las mismas no es propiciar el recuerdo de la información presentada sino favorecer la actividad comprensiva para, fundamentalmente, realizar un análisis profundo a partir de la puesta en uso de la información que ya debe estar disponible para su aplicación por parte de los alumnos/as.

Los modos de organizar la clase para el trabajo con casos son tan variados como iniciativas podamos tener al respecto: trabajo individual de análisis a partir de las preguntas que el caso plantea, sesiones de discusión grupal del caso y puestas en común dentro del grupo grande, etc. Para Selma Wassermann (1999), un buen trabajo con casos requiere: presentar un caso de buena calidad, formular preguntas críticas, trabajar en pequeños grupos, orientar la discusión grupal, ayudar a los alumnos/as a realizar análisis agudos de los diversos problemas involucrados, inducirlos al esfuerzo para obtener una comprensión profunda y proponer actividades de ampliación de la información presentada en el caso.

¿Y qué determina para Wassermann la calidad de un buen caso?:

-   la concordancia entre las ideas importantes del caso y los contenidos curriculares que con él se deseen trabajar;
-   una buena escritura del relato, de modo tal que logre: atrapar al lector; permitir que desde la base descriptiva presente en el relato el lector/a pueda formarse una imagen mental de las personas, los lugares y los acontecimientos; asegurar que el lector/a pueda identificarse con los personajes y sentir algo por ellos; poseer un argumento realista y una trama equilibrada entre la alta complejidad que puede hacer densa la lectura y la extrema sencillez que la puede tornar intrascendente;
-   una 'lecturabilidad' accesible que permita a los alumnos/as comprender el lenguaje, descifrar el vocabulario y encontrarle sentido a la lectura;

- la presencia de argumentos en la trama que produzcan algún impacto emocional y hagan poner en juego los sentimientos de los alumnos/as;
- la acentuación del dilema a medida que la narrativa se desarrolla, es decir, un relato que más que finalizar con la solución a la problemática que se ha ido planteando, por el contrario, concluye con más interrogantes que afirmaciones;
- la intensificación de la tensión entre puntos de vista conflictivos.

En síntesis, un caso, es un recurso caracterizado por:

- un relato descriptivo amplio en el que se presentan lugares, personajes y acontecimientos que intenta implicar cognitiva y emocionalmente al lector/a y posicionarlo frente a un dilema;
- una serie de preguntas críticas que se formulan tras el relato y que orientan la discusión y análisis del caso;
- un trabajo posterior de tipo analítico en el que se aplican saberes y procedimientos, y que ocasionalmente, puede requerir de nueva búsqueda de información;

8.2. Ejemplos de casos

He aquí dos ejemplos de casos. El primero lo hemos construido especialmente para trabajar un contenido curricular determinado, mientras que el segundo es la descripción de un caso real que nos han pasado dos colegas:

EL AULA 8

Cuando escuchó lo impensado en la voz de María Inés, un sudor frío comenzó a recorrerle la espalda, desde la primera cervical hasta el coxis. Quedó atónito y tieso, como una imagen congelada en el tiempo, como una estatua de mármol. Se miró a sí mismo y se vio flaco y desgarbado, con esa carpetita rosa y de hojas amarillentas bajo el brazo y tampoco pudo recomponerse.

María Inés, la encargada de dar a los profesores las listas de asistencia y la asignación de Comisiones elaboradas por el Departamento de Ingreso, Observación y Seguimiento (DIOS), le preguntó tímidamente:

– ¿Le pasa algo profesor?

Él lo negó con un suave movimiento de cabeza y volvió a sentir como un puñal filoso la voz de María Inés reiterándole:

– Aula 8

El aula 8 es la única aula de toda la Facultad en la cual se colocan 160 bancos universitarios. El aula 8 se usa para la 'Comisión que se desangra' como todos llaman a la Comisión de ingreso que se forma con los anotados a último momento, habitualmente integrada por los que 'se anotan para tener algo que hacer' o porque los padres los obligan hartos de su vagancia o inanición, según mejor que nadie, María Inés suele contarlo.

Nunca nadie supo explicar por qué, dadas esas difíciles características que componían la Comisión, se los colocaba todos juntos en la única aula que albergaba 160 almas, mientras que en las restantes, las Comisiones del ingreso no superaban los 45 o a lo sumo 50 miembros.

El profesor Pelatelli es profesor de Psicología y hace más de ocho años que tiene a su cargo la Psicología General del primer cuatrimestre del ingreso, pero nunca, hasta ahora nunca, le había tocado el aula 8.

Osvaldo, así lo llaman los alumnos al Doctor Pelatelli, no tiene muchas variantes para dar su clase: tras el saludo inicial, suele anticipar la temática del día y la presenta con su voz ronca sentado sobre la tabla del escritorio. Nunca se lo ha visto utilizar ni siquiera el pizarrón. Sólo su voz que cambia enfáticamente el tono según la importancia de lo que esté explicando, sólo sus gestos, que se tornan grandilocuentes y exacerbados cuando pretende plantear interrogantes, sólo sus manos, que se deslizan sobre imaginarios contornos físicos dibujados en el aire cuando quiere llamar la atención…

Pero una cosa es hablar cuatro horas y mirar a 50 pares de ojos y otra muy distinta es exponer en el aula 8. Allí, el ruido de los autos y colectivos de la calle retumban más que en ningún lado, allí, ninguna voz (ni aún las voces que no son roncas) logran escucharse más allá de la undécima u duodécima fila, allí no se puede caminar entre los bancos porque no queda ningún pasillo, allí los que se sientan de la fila trece para atrás murmuran, hablan entre sí, mandan mensajes de texto desde sus celulares todo el tiempo, todo el maldito tiempo, las horas que transcurran hasta que el profesor tome lista, allí media clase se irá sin importarle nada después de haber dado la asistencia sea la hora que sea, sea el tema que sea, sea lo que sea.

Osvaldo lo pensó una vez más: el aula 8, ¿vale la pena? y dando media vuelta sin saludar a María Inés, se encaminó para el aula 8.

Serían no menos de 150. Mitad y mitad entre varones y mujeres, edad promedio 18 o 19 años. Después del segundo parcial se desangra, pensó. Para el segundo parcial faltan unas doce clases, pensó. ¿Cuál era el primer tema? se preguntó.

Miró las cinco hojas que conformaban la planilla de asistencia, presentada prolijamente por orden alfabético. Muchos nombres y apellidos que no le decían nada. Salteó con la vista los renglones: Canto, Patricia; García, Silvia; Gianastasio, Hugo; Jordan, Ana; Martínez, Pablo; Saman, José… Saludó a los de las primeras filas e intentó presentar su materia. Un coro multitudinario de ringtones acompañó melódicamente a su voz ronca en las primeras tres frases; un murmullo rumiante se sumó a partir de la cuarta frase; una cumbia latosa comenzó a sonar en la calle y se coló por cada una de las hendijas de los grandes ventanales a partir de la décima frase.

Quizás fueran algo más de 150. Mitad y mitad entre ingresantes novatos e ingresantes con fracasos anteriores, nota promedio del secundario 5.76, todo debidamente registrado en la lista de asistencia por el Departamento de Estadística. Seis años de estudio para recibirme de Psicólogo, pensó. Cuatro años de Maestría y otros tantos de Doctorado, pensó. ¿Cuantos años llevo en la docencia?, se preguntó.

Pudo haber recurrido al Departamento Académico para tratar de encontrar allí algún registro de otro docente que habiendo pasado por el aula 8 narrara sus vivencias. Pero, todos sabían que, en verdad, las publicaciones del Departamento, tenían más sentido de marketing que de registro documentado.

A primera vista eran como 200. "Dr. Pelatelli a lo largo del presente año Ud. deberá publicar tres artículos en la Revista de la Universidad y brindar un mínimo de dos conferencias en eventos académicos organizados por la Facultad donde Ud. se desempeña a los efectos de mantener la designación de Titular con que fuera nombrado. Atentamente. Departamento Administrativo-Docente", leyó en la breve esquela que en sobre cerrado el Departamento le entregaba junto a la lista de asistencia. Mitad y mitad entre los que seguramente aprueben y los que no, pensó. Nota máxima en los parciales un 6, pensó. ¿Cómo hago para dar clase acá? se preguntó.

PREGUNTAS Y TAREAS PARA EL ANÁLISIS:

1. ¿Cuáles son las creencias, prejuicios y representaciones presentes en el caso y que se manifiestan a través del pensamiento práctico de algunos de los actores?
2. ¿Qué tipo de injerencia pueden tener algunas variables institucionales en la práctica docente? Hipoteticen la relación de éstas con el pensamiento práctico del docente.
3. ¿Qué obstáculos, desde el pensamiento práctico del docente, pudieron haberle impedido a él mismo encontrar algún tipo de respuesta didáctica al dilema que la propia situación le planteaba?
4. Realicen una propuesta concreta que pueda contestar la pregunta que se realiza el docente al final del relato. Fundamenten la propuesta con relación a cada una de las variables didácticas que, a juicio de uds., intervienen en el caso.

EL ESPACIO DE LA PRÁCTICA DOCENTE: UNA 'NUEVA' 'HISTORIA'[3]

El instituto superior de formación docente N° 800[4] es una institución de gestión estatal creada en 1981. Comparte edificio con una escuela media, razón por la cual su oferta académica sólo es vespertina. Cuenta actualmente con:

- Profesorado para el Nivel Inicial (una comisión).
- Profesorado de Educación Primaria (dos comisiones).
- Profesorado en Educación Especial (una comisión).
- Bibliotecología (una comisión).

Está ubicado en el primer cordón del conurbano bonaerense y atiende una comunidad conformada básicamente por sectores de la población habitualmente

---

3 Agradecemos a las Lic. Silvia Bernatené y María Silvia Martini que nos facilitaron este caso y nos ayudaron a construir las preguntas para su análisis.

4 El nombre de la Institución ha sido modificado para preservar la confidencialidad de la información.

denominado como de 'bajos recursos', con dificultades de empleabilidad y trayectorias escolares provenientes de modalidades diversas (escuelas medias comunes y escuelas medias de adultos).

En su planta funcional cuenta con un cargo de director, un cargo de regente, un cargo de secretario, un jefe de área de la carrera de Profesorado de Educación Primaria, un jefe de área para la carrera de Profesorado en Educación Inicial, un bibliotecario y un preceptor por cada una de las carreras. El plantel docente está constituido por un total de 58 profesores y profesoras entre los titulares, provisionales y suplentes, el 100% con titulación acorde para el desempeño en el nivel y en un 85% aproximadamente de sexo femenino. La matrícula aproximada es de 380 alumnos/as.

La institución cuenta también con un 'Centro de copiado' que adquiere cierta relevancia en la vida institucional, ya que es frecuentado asiduamente por alumnos, profesores y personal de dirección. La relevancia se evidencia en ciertas tareas cotidianas de la vida institucional: en el centro de copiado los preceptores retiran los materiales impresos que requieren algunas de las tareas administrativas; los profesores obtienen información y retiran el material necesario para la inscripción en los concursos para la cobertura de cátedras; los alumnos fotocopian los textos que dejan los profesores como bibliografía obligatoria de sus cátedras; el personal directivo imprime cada una de las resoluciones y disposiciones que por correo electrónico llegan desde los organismos centrales.

La institución tiene una Asociación Cooperadora organizada y un CAI (el Consejo Académico Institucional), integrado por el director y, elegidos por sus pares, tres docentes y dos alumnos.

Entre las problemáticas institucionales que figuran en su PEI, se identifican entre otras, las siguientes:

- déficit en la circulación de la información;
- escasas experiencias de trabajo en conjunto de los docentes;
- definiciones no orgánicas de sistemas de diseño, enseñanza y evaluación;
- decisiones individuales de los docentes en la definición del contenido a enseñar y del sistema de evaluación, acreditación y promoción.

El nuevo equipo de gestión, que está a cargo desde hace cinco años, es estimulador de iniciativas que promuevan la participación, pero la Institución tiene una larga tradición de bajo compromiso al respecto. Su trayectoria da cuenta de la inexistencia histórica de algún tipo de organización de los alumnos/as, tal como centro de estudiantes, delegados de curso, o parecidos, y de asistencia de los docentes a plenarios o reuniones sólo ante citaciones de la dirección. El CAI, que funciona desde hace cuatro años, no representa los intereses de las partes que cada uno de sus miembros representa, sino más bien, se constituye como un organismo colegiado de asesoramiento a la dirección sobre las temáticas que desde allí se presentan.

La provincia de Buenos Aires, como las restantes jurisdicciones, ha iniciado desde el año 1999 aproximadamente, un complejo camino de acreditación de sus institutos de formación docente a partir del cumplimiento de los criterios acordados federalmente y que han impulsado a las instituciones a pensar y realizar acciones que hasta entonces no eran prioritarias: articulaciones con las Universidades, el diseño y puesta en marcha de proyectos de investigación, la definición de algunos acuerdos que se plasmen en proyectos institucionales, acciones de capacitación para sus docentes, etc. Este 'nuevo' movimiento institucional ha generado nuevas formas de intervención de los integrantes en la institución, antes limitado al exclusivo 'dictado' de las clases.

En la planta docente conviven en igual proporción un grupo de docentes 'históricos', como ellos mismos suelen nominarse, es decir profesores/as que ingresaron a la Institución en la primera década de su funcionamiento con otros que se han integrado en los últimos tiempos. Algunos de ellos (unos diez docentes) son de los 'fundadores', aunque la mayoría de este subgrupo ha iniciado sus trámites jubilatorios. Esta marcada diferenciación, nunca explicitada, es una de las mayores 'rupturas' que se visualizan en la Institución: mientras los 'históricos' adoptan comportamientos de mantenimiento del status quo institucional —que fuera marcado muy fuertemente por la gestión anterior, promotora de la creación del instituto y acuñadora de un estilo autoritario-paternalista que aún hoy caracteriza la cultura institucional— y su formación (y actualización) académica se circunscribe a lo que ha sido su tránsito por profesorados o la universidad durante sus estudios de grado, los docentes más 'nuevos' se caracterizan por la identificación con la actual gestión y por una marcada tendencia a continuar estudios de Posgrado y a compatibilizar el trabajo en institutos de formación docente con el trabajo en las cátedras universitarias. Dentro de este grupo, los pedagogos (es decir aquellos con títulos de Ciencias de la Educación o afines) han ido construyendo un discurso que los posiciona como la 'élite intelectual', cuya caracterización más evidente se da por la generación del debate en torno a nuevas ideas con relación a la organización curricular, la evaluación, el tratamiento de la 'diferencia' y la heterogeneidad del alumnado y la problematización de la relación entre la teoría y las prácticas.

La ruptura, aún sin verbalización explícita, se hizo notar en algunas de las tramas institucionales: por ejemplo, a la hora de nominar a los docentes que podrían beneficiarse con circuitos de capacitación y/o postulación gestados por los organismos centrales o a la hora de alentar el diseño de proyectos especiales, el director privilegia la presencia de los profesores 'nuevos', aunque más como garantía de cumplimiento de los indicadores de la acreditación institucional que como motor de una verdadera innovación curricular al interior de la institución. Conductas de este tipo hicieron crecer la tensión entre los 'históricos' y los 'nuevos'. En la sala de profesores se reiteran comentarios como este: "¿Vos te enteraste de la convocatoria al Proyecto XXX? En el libro de comunicaciones no está y sin embargo, parece que 'Fulano' sí se enteró… no sé cómo le habrá llegado el dato…" o " Me tienen cansada con tanto 'bla bla' teórico si los alumnos cada vez saben menos".

Esta diferenciación entre los profesores 'históricos' y los 'nuevos', se potencializa en la unidad curricular "Espacio de la Práctica Docente" ya que, en esta materia conviven, con un buen número de horas a cargo casi en igual proporción, parte de los fundadores más relevantes con los nuevos que han ido accediendo a la cátedra por vacancias generadas por jubilaciones.

Aunque en la Provincia de Bs. As. a partir de las nuevas currículas de fines de los 90, se le dio un giro importante a las 'prácticas docentes' introduciendo la idea de la práctica como espacio de aprendizaje y de reflexión más que como espacio de aplicación teórica y de evaluación, esta perspectiva se encarna en los 'nuevos' como novedad curricular y se vive en los 'históricos' como una nueva forma de prescripción normativa a la que hay que atenerse en el discurso pero que permite 'seguir haciendo lo que siempre hicimos' en los hechos.

La impronta fundacional de la institución —en orden a la sumisión a los mandatos de los reglamentos y las prescripciones de los organismos centrales— gestó respuestas inmediatas en el 'Espacio de la Práctica Docente': la necesidad de realizar acuerdos entre docentes de una misma materia y plasmar dichos acuerdos en documentos escritos se concretó en la construcción de un programa (proyecto de cátedra) único para todos los docentes del espacio.

Estos acuerdos curriculares no pasaron de ser acuerdos para 'los papeles', ya que el programa unificado fue elaborado por un pequeño grupo de los 'nuevos', liderados por el jefe de área del Profesorado de Educación Primaria. Mientras tanto la organización y la línea teórica que se imprimía a las prácticas en las escuelas mostraban a los 'históricos' haciendo lo mismo de siempre: una impronta 'positivista' dominaba la mirada hacia la escuela desde la 'observación' de primer año, para luego acentuar el 'tecnicismo instrumentalista' y cierto 'normalismo' moderado en las prácticas áulicas de segundo y tercer año. Tampoco modificaron sus soportes: las 'Guías de observación', y la 'Planilla de evaluación del practicante' estructuradas como listas de control tanto para observar como para evaluar a los alumnos/as del profesorado, siguen siendo los instrumentos usados más frecuentemente.

A nivel 'formal', esta división no acarreó mayores problemas, ya que la gestión del Instituto se caracteriza por respetar las ideas y posturas de los docentes y no inmiscuirse en sus decisiones intracátedra. De modo que, en algún sentido, todos los docentes estaban avalados por la autoridad. Sus decisiones, en cualquier caso, eran refrendadas por la estructura jerárquica formal de la institución.

Así, en el "Espacio de la Práctica Docente" se fue evidenciando la formación de dos posturas claramente diferenciadas en los hechos: una posicionada desde un enfoque socio-antropológico, tendiente a fomentar la 'reflexión sobre la práctica', y otra que entendía a la práctica como la 'buena aplicación' de la 'buena teoría' previamente aprendida (con varias posiciones intermedias, con zonas 'grises' entre el blanco de unos y el negro de otros).

En este marco de situación, a comienzos de 2006, un grupo de los 'nuevos' del "Espacio de la Práctica Docente" junto con el jefe de área de la carrera del Profesorado de Educación Primaria, se plantearon profundizar el enfoque de reflexión sobre la práctica a partir del trabajo con narrativas en cada uno de los tres años en los que el "Espacio de la Práctica Docente" es materia en la carrera.

Convencidos de poder lograr acuerdos válidos, se convoca a una reunión antes del comienzo de las clases, en el período de exámenes. En el comienzo de la misma se solicita que cada uno explicite la forma 'real' en que trabaja desde su cátedra a fin de encontrar los puntos en común. Una vez más, desde el discurso, todos los profesores parecen estar trabajando en la misma línea teórica y desde el mismo enfoque.

La presentación del trabajo con narrativas no ofrece resistencias. Por el contrario, todos los docentes acuerdan formas de organización del trabajo de los alumnos/as utilizando una secuencia que propone comenzar con la escritura (en primer año con el 'diario del profesor', en segundo año las 'notas de campo comentadas' y en tercer año los 'registros textuales') para continuar con el taller de socialización de las escrituras y finalizar con el taller de análisis a partir de los marcos teóricos.

A seis meses de haber acordado la propuesta cada uno ha seguido haciendo lo que ya venía haciendo, aún los 'nuevos'.

Mientras tanto los alumnos/as sólo parecen preocuparse por cumplimentar las 'obligaciones' académicas que les requieren los profesores/as, ya les haya tocado cursar con uno de los 'nuevos' o con uno de los 'históricos'.

PREGUNTAS Y TAREAS PARA EL ANÁLISIS:

1. "(…) la acción institucional, como todo comportamiento social, no es comprensible fuera de la red simbólica que lo genera y del universo imaginario que ella misma engendra, dentro de un campo determinado de relaciones sociales, en el contexto determinado de una cultura" (Garay, 2000).

    Desde este marco teórico, ¿cómo analizan el devenir de la cultura institucional que se relatan en el caso?

2. Las escuelas, en general, son instituciones complejas que contienen también a 'sistemas simbólicos complejos' (Duschatzky, 2005) Escenarios transitados por distintos actores, que conforman una gramática escolar fruto de vinculaciones para la producción dentro de la institución y de representaciones subjetivas de cada uno de sus miembros. Espacio y tiempo de la regla, la norma, lo instituido; y también lugar del acontecer, del movimiento, de lo singular, lo instituyente.

    Desde este marco teórico, ¿qué tipo de vínculos en las tramas institucionales aparecen como obstáculos en el marco de las relaciones directivos-docentes-alumnos/as?

3. Aparece como 'paradojal' una representación de la institución en la memoria de los actores institucionales (profesores) como un 'colectivo institucional' nuclearizador (Garay, 2006a), y la realidad que muestra la fragmentación, la unilateralidad en la toma de decisiones de cada cátedra y la vivencia también escindida que manifiestan vivir los alumnos desde el cumplimiento de los requerimientos de cada profesor para su materia. Este efecto paradojal también se evidencia en una 'imagen' institucional entramada y coherente desde lo 'instituido', roles y funciones desde lo institucional-pedagógico bien estructurados, organizando a partir de allí la "trama de relaciones sociales de trabajo" (Garay, 2006b), y las divisiones y conflictos surgidos al analizar los vínculos que los profesores entablan a partir de la intersubjetividad, cuando se deben recorrer trayectos profesionales que impliquen tomar decisiones consensuadas y compartidas.

    Desde este marco teórico, ¿cómo analizan en el relato la relación entre lo instituido y lo instituyente?

4. Los cambios en las instituciones suponen el reconocimiento de una real 'necesidad' y el despertar de ciertas 'demandas' en el colectivo institucional, como intención de búsqueda, de 'deseo' (Garay, 2000).

    Desde este marco teórico, ¿cómo analizan lo acontecido ante las propuestas de cambio en el "Espacio de la Práctica Docente" que se relata en el caso?

5. Ubíquense en la posición de un analista institucional, ¿qué propuesta de intervención creen que es posible de concretar?

Extroducción

Trabajar en el aula con algún tipo de recurso didáctico es ciertamente un trabajo mayor que sólo 'dar' la clase desde la palabra. También es más trabajo para los alumnos/as estudiar desde los textos que desde los apuntes de clase. Ciertamente todos tienen algo más de trabajo cuando se intenta encarar las cosas seriamente.

Cuando enseñamos intervenimos en las prácticas de aprendizaje de los alumnos/as. Ese tipo especial de intervención requiere, a veces, del uso de mejores 'instrumentos' para que el aprender sea posible y el enseñar sea una real intervención.

A veces, necesitamos esas cosas que son tan necesarias y que están 'a la vuelta de la esquina'. Solo hay que tener ganas de caminar. Nunca las esquinas estuvieron lejos.

Bibliografía

BAQUERO, Ricardo (1998): *Vigotsky y el aprendizaje escolar*, Bs. As., Aique.

—— y TERIGI, Flavia (1996): "En búsqueda de una unidad de análisis del aprendizaje escolar", *Apuntes Pedagógicos* N° 2.

BARCO, Susana (s/f): *La organización de la clase en el nivel universitario y la función de las guías de estudio como activadoras de las operaciones del pensamiento*, mimeo de la Universidad Nacional del Comahue.

BENEDETTI, Mario (1974): *Poemas de otros*, Bs. As., Editorial Alfa Argentina.

CARLINO, Paula (2002): *Ayudar a leer en los primeros años de Universidad o de cómo convertir una asignatura en 'materia de cabecera'* (en prensa).

DUSCHATZKY, Silvia (2005): *La escuela como frontera. Reflexiones sobre la experiencia escolar de jóvenes de sectores populares*, Bs. As., Paidós.

ECHEGARAY DE JUÁREZ, Elena (1979): *Estudio dirigido I. Técnicas de trabajo intelectual*, Bs. As., Cuadernos Pedagógicos, Kapelusz.

EDELSTEIN, Gloria (1996): "Un capítulo pendiente: el método en el debate didáctico contemporáneo", en A. W. de Camilloni y otras: *Corrientes didácticas contemporáneas*, Bs. As., Paidós.

FURLÁN, Alfredo (1989): *Aportaciones a la Didáctica de la Educación Superior*, México D.F., ENEP Iztacala, UNAM.

GARAY, Lucía (2000): *Algunos conceptos para analizar instituciones educativas*. Córdoba, Publicación del Programa de Análisis institucional de la Educación. Centro de Investigaciones de la Facultad de Filosofía y Humanidades, Universidad Nacional de Córdoba.

—— (2006a): *Investigación educativa, investigadores y la cuestión institucional de la educación y las escuelas*, Córdoba, CEA, U.N.C. (Reelaboración sintética de diversos trabajos de la autora).

—— (2006b): "La Intervención Institucional en el Campo de la Educación", en *I° Seminario-taller: Prácticas de intervención en asesoramiento y gestión pedagógica. Espacios macro institucionales* (Material complementario), Córdoba, Maestría en Pedagogía. Especialización en Asesoramiento y Gestión pedagógica. U.N.C.

LAVE, Jean (2001): "La práctica del aprendizaje", en S. Chaiklin y J. Lave (comps.): *Estudiar las prácticas. Perspectivas sobre actividad y contexto*, Bs. As., Amorrortu.

LIMA QUINTANA, Hamlet (1998): *La breve palabra*, Bs. As., Ediciones del Valle.

ROGOFF, Bárbara (1997): "Los tres planos de la actividad socio-cultural: apropiación participativa, participación guiada y aprendizaje", en J. Wertsch y otros: *La mente sociocultural. Aproximaciones teóricas y aplicadas*, Madrid, Fundación Infancia y Aprendizaje.

STEIMAN, Jorge (2004): *¿Qué debatimos hoy en la didáctica? Las prácticas de enseñanza en la educación superior*, Bs. As., Baudino Ediciones-UNSAM.

WASSERMAN, Sara (1999): *El estudio de casos como método de enseñanza*, Bs. As., Amorrortu.

Capítulo 3
Las prácticas de evaluación

Introducción

EL NIÑO QUE FUE A MENOS

La señorita Claudia le preguntó a Ferro:
– ¿Quién fundó la ciudad de Asunción?
Ferro lo ignora y lo confiesa. La maestra intenta por otros rumbos.
– Tissot.
– No sé, señorita.
– Rossi.
Silencio. El ambiente se pone pesado porque quizá la señorita
Claudia enseñó aquello el día anterior.
– Maldonado.
Nada. Claudia frunce el ceño y ensaya unos reproches generales.
Frezza, el tano Frezza, lo sabe de algún modo misterioso. Es extraño el
camino que siguen las nociones: suelen alojarse donde menos se piensa.
– Nuñez. López. Dall´Asta.
Tampoco. Frezza espera, sobrador, sin levantar la mano. Cosa de
manyaorejas, piensa.
La señorita Claudia se dirige a las niñas y pronuncia el nombre
amado. Frezza está muy lejos para soplar y la morocha que lo enlo-
quece no puede contestar.
De pronto, la maestra lo mira.
– Frezza.
Y el niño taura, que tal vez necesita anotarse un poroto, se levanta,
mira hacia el banco de la morocha y dice casi triunfal:

Si hay algo que al pensarlo se nos representa a los docentes con un estereotipo clásico, eso es el aula. La imagen mental inmediatamente se convierte en una pintura en la que aparecen, con ciertos particularismos idiosincráticos, un espacio físico en el que se identifican alumnos (variarán las edades según el caso), un docente (¿variará el género según el caso?), un pizarrón (clásicamente negro, verde o los relativamente modernos blancos para escribir con fibrones) y pupitres o bancos o mesitas…

Pero el aula real, ese aula en la que trabajamos todos los días, lejos de cualquier estereotipo es increíblemente única. Y si decimos el 'aula de tercero' se nos aparecen con nombre y apellido las caras borrosas, toman cuerpo las escrituras a medio escribir del pizarrón y sentimos en la piel misma entrometerse las voces que encierran sus paredes:

"… no entiendo"
"… ¿qué te puso?"
"… no estudié"
"… lo que pasa que a mí esta materia no me gusta"
"… me saqué un diez"

Las voces del aula son el registro de lo que en ella transcurre y el registro de una parte de tu historia (¿cuántas horas de tu vida has pasado en un aula?). Las voces del aula son tu memoria, la memoria de tus alumnos/as, la memoria de tu profesión, la de la enseñanza, la del aprendizaje.

Y allí, en el aula, pensamos nuestro trabajo, actuamos y pensamos casi sin detenernos, urgidos por la espontaneidad de lo cotidiano. Quiero, por un instante, poder pensar 'mi' aula.

Me interno en ella y pienso en mí, en mi práctica y pienso con mis alumnos/as mi enseñanza, y pienso con mis alumnos/as sus aprendizajes. Y pienso el aula y pienso en mi esfuerzo y desesfuerzo por plantear un 'escenario didáctico', por proponer genuinas situaciones de aprendizaje. Y pienso el aula y pienso mis prácticas de evaluación y se entrelazan estas reflexiones que aquí empiezo a construir.

Abro las puertas de mi aula y abro las puertas de cada aula. Y allí lo veo al tano Frezza conversando con Dolina acerca de la existencia o no de la Libreta Celeste.

1. La evaluación: una práctica compleja

Considerar a la evaluación como objeto de análisis y debate en el ámbito de la educación superior ha comenzado a ser hoy una práctica habitual y con cierto grado de aceptación en el interior de las instituciones y, aunque todavía con ciertas indiferencias y algunos rechazos o escepticismos, lo es también en el conjunto de los docentes. Es que, contrariamente a la concepción histórica que consideró a la evaluación como un proceso 'natural' (es 'naturalmente' como es, ¿qué es lo que hay que pensar acerca de ella?) cuyo mayor problema se reducía a confeccionar un instrumento adecuado y su mayor conflicto a soportar la 'cara de disgusto' o el 'susurro irreverente' de los desaprobados, en los últimos tiempos se ha ido tomando conciencia de su complejidad.

La 'naturalización' de un proceso complejo genera inexorablemente un reduccionismo distorsionante: se cursa, se toman parciales y luego finales y en consecuencia, los alumnos/as aprueban o no, ¿qué más?; estudian, demuestran lo que saben y en consecuencia, aprueban o no, ¿qué más?

La desnaturalización de un proceso complejo permite, por el contrario, pensar 'con' la complejidad: es mucho más que un problema 'de' instrumentos, es mucho más que un problema 'de' los alumnos/as.

La investigación y la producción didáctica de las últimas décadas han generado múltiples reflexiones sobre esta práctica, investigaciones y producciones que nos permiten considerarla hoy desde una perspectiva amplia. Así, la problemática de la evaluación, puede pensarse también a partir de sus implicancias desde los docentes, desde la particularidad del contenido que es objeto de enseñanza, desde el ámbito de lo institucional, desde el marco amplio de lo social... En cada práctica de evaluación, se quiera o no, se implican los múltiples factores que la constituyen y que a la vez confluyen en ella. ¿O acaso no hemos escuchado alguna vez las voces[1] que a ella se refieren, directa o indirectamente?:

CASO 1: ¿Constituyen y a la vez confluyen en las prácticas de evaluación *factores 'personales'*?

- "No sé qué me pasó en el final, me fui poniendo cada vez más nerviosa y en un momento ya no pude hablar más" (alumna de carrera universitaria explicando al propio profesor su desaprobación en la última unidad curricular de la carrera).
- "Hoy desaprobé a la mitad, debo tener un mal día" (profesor universitario en las mesas de examen del turno de diciembre).

CASO 2: ¿Constituyen y a la vez confluyen en las prácticas de evaluación *factores 'sociales'*?

- "LLene esta planilla de solicitud del empleo, indicando el título que Ud. posee, el promedio de las notas que ud. ha obtenido en su carrera y el detalle de sus trabajos anteriores" (profesor universitario reproduciendo el discurso de una empleada del área de Recursos Humanos de una empresa considerada 'grande', a partir del relato de la experiencia que le había

---

[1]   Corresponden a la reconstrucción de relatos de alumnos/as y profesores/as en Institutos Superiores de Formación Docente y Universidades Nacionales acopiados en la propia memoria o en la memoria de colegas a quienes he pedido colaboración al respecto y de los cuales podemos recordar el contexto en el cual fueron dichos.

contado un ex-alumno cuando intentó una búsqueda laboral y fue descartado por poseer promedio inferior a seis).
- "Profesora, profesora yo sé que no hablo bien, pero quiero seguir... porque en mi casa nadie estudió y mi mamá y mi tía dicen: la Lore sí que va a ser maestra" (alumna de profesorado, llorando ante la desaprobación de la unidad curricular: "Espacio de la Práctica Docente II").

CASO 3: ¿Constituyen y a la vez confluyen en las prácticas de evaluación *factores 'técnicos'*?
- "Voy a tomar un 'múltiple-choise' porque son como 150 alumnos" (profesora universitaria ante el primer parcial de una unidad curricular del primer año de la carrera).
- "La verdad que no le entiendo la pregunta" (profesora de profesorado relatando sus propias dificultades para precisar las preguntas en los exámenes orales y haciendo referencia a una anécdota personal en la que describe el caso de un alumno que le contestó por tres veces consecutivas la frase encomillada).

CASO 4: ¿Constituyen y a la vez confluyen en las prácticas de evaluación *factores 'epistemológicos'*?
- "En esta unidad curricular no sé qué tomar" (profesora de la profesorado ante la lectura del Plan de Evaluación Institucional en el que se acuerda tomar examen final en todas las unidades curriculares de la carrera).
- "Ésta tendría que ser promocional, si total no sirve para nada" (alumna universitaria analizando el plan de estudios y el régimen de evaluación de su carrera).

CASO 5: ¿Constituyen y a la vez confluyen en las prácticas de evaluación *factores 'político-institucionales'*?
- "En el otro instituto pregunto más porque hay que ser más exigentes" (profesor de profesorado relatando diferencias en los exámenes finales entre los dos institutos estatales de formación docente en los que trabaja: uno 'prestigioso' –tal

como él mismo lo denominó– de la ciudad de Buenos Aires y otro del conurbano bonaerense).

- "Profesor, ¿le informaron que por decisión del Consejo Consultivo si desaprobara la cursada más del 40% de los alumnos, Ud. deberá confeccionar un informe justificando las causales de la reprobación?" (profesor universitario, relatando la experiencia vivida en una institución que estaba en proceso de constituirse como universidad privada reconocida).

CASO 6: ¿Constituyen y a la vez confluyen en las prácticas de evaluación *factores 'éticos'*?

- "¿Con lo que me pagan me voy a poner a corregir 60 parciales?, no…, doy un práctico domiciliario en grupos y sólo corrijo seis o siete trabajos" (profesor de profesorado, caso típico del profesor-taxi según su propia apreciación).
- "Sentate en la última fila que cuando se llena el aula no puede pasar por los pasillos y te copias tranquila" (alumno de carrera universitaria aconsejando a una compañera que está estudiando para el primer parcial de una unidad curricular que él ya cursó).

CASO 7: ¿Constituyen y a la vez confluyen en las prácticas de evaluación *factores 'ideológicos'*?

- "Si no saben ni hablar… no pueden ser maestras; la forma de expresarse, de vestirse, de comportarse, también hace a la calidad de un maestro" (profesora comentando su primera impresión de un grupo de ingresantes a un profesorado antes de tomar la evaluación de ingreso).
- "Yo no voy a firmar nada porque al final cada profesor puede tomar lo que quiera" (alumna de profesorado ante el pedido de un compañero que promueve hacer un petitorio ante la Dirección para invalidar los parciales de la unidad curricular 'Ciencias Sociales y su enseñanza I' argumentando que fueron desaprobados los que no 'pensaban' igual que el profesor).

En cada práctica de evaluación, se quiera o no, se implican múltiples factores de diversa naturaleza que hacen de ella una práctica compleja. Y esta complejidad, enraizada en las tradiciones históricas que la han caracterizado, la convierten en una práctica sobre la que es necesario reflexionar intensamente para hacer posible un análisis que nos modifique, en pos de trabajar con más profesionalidad, con más justicia, con más ética.

¿A qué me refiero con *las tradiciones históricas*? A que las prácticas de evaluación han tenido y tienen un componente histórico que da cuenta de su constitución como un tipo de prácticas en las que el único que evalúa es el docente, lo único que se evalúa es el saber de los alumnos, sus resultados son indiscutibles (en alguna época aún reconociéndose un error por parte de quien ha evaluado), se la usa como un instrumento de poder, como un instrumento de demarcación de la autoridad, como un instrumento de castigo… Si sumamos a la complejidad que tiene de por sí, el peso de sus tradiciones, resulta una práctica de fáciles desvirtuaciones. Algunas de ellas, vale la pena analizarlas: vamos por ellas.

2. Algunas desvirtuaciones en las prácticas de evaluación

La educación superior tiene sus particularidades y la evaluación en la educación superior tiene sus propias 'patologías' (Santos Guerra, 1996). Creo necesario tomar algunas de las que considero desvirtuaciones más relevantes de las prácticas de evaluación en la educación superior, con el mismo afán que expuse más arriba: reflexionar intensamente para hacer posible un análisis que nos modifique, en pos de trabajar con más profesionalidad, con más justicia, con más ética.

2.1. "Lo que está en juego en la evaluación es cuánto sabe el/la alumno/a"

Dos consideraciones por lo menos se desprenden de esta desvirtuación. La primera es la idea errónea de que lo que está en juego en la evaluación es una cuestión de cantidad de aprendizajes ('cuánto sabe…') más que una cuestión de calidad ('qué y cómo lo sabe'). La pregunta por el 'qué', se refiere a la consideración acerca de qué tipo de aprendizajes se han logrado, dando por hecho que, la acumulación de información es el más precario de los aprendizajes en comparación con otros de mayor relevancia, como por ejemplo, los procedimientos de análisis de las categorías conceptuales implicadas en un contenido, las relaciones entre las diversas categorías conceptuales presentes en diferentes contenidos o la resolución de problemáticas haciendo uso de los contenidos. He aquí, una sustitución: evaluamos cierto tipo de 'enunciación' de los contenidos y no un determinado tipo de trabajo cognitivo (o determinados tipos de trabajos cognitivos) con esos contenidos. Quiero decir que nos contentamos con que los alumnos/as hagan referencia verbal a los contenidos, hablen (o escriban) acerca de ellos, 'repitiéndolos' tal como aparecen en los textos (en el mejor de los casos) o en sus cuadernos de apuntes de clases (algo bastante frecuente y es el peor de los casos) en lugar de requerir algún tipo de reelaboración, de análisis complejo, de relaciones sustantivas, de integración de conceptualizaciones diversas, etc. con esos contenidos.

La segunda derivación es la limitación del proceso de evaluación al ámbito del aprendizaje de los alumnos/as. En todo caso evaluar los aprendizajes será uno de los objetos a evaluar, pero por cierto también la enseñanza necesita ser evaluada. Ya volveré sobre este punto más adelante.

2.2. "Sólo hay que evaluar lo que el/la alumno/a tiene que saber"

Lo que quiero decir es que, a veces, sólo evaluamos un saber prefijado dentro de una estructura de saberes que nosotros, arbitrariamente, hemos considerado como lo más relevante en el campo disciplinar de aquello que enseñamos. Insisto con la idea de 'solo evaluamos', porque coincido con la necesidad de establecer con claridad el objeto de la evaluación. Pero, ¿cuántas veces a consecuencia de ello, descartamos otros procedimientos de indagación que permitan a los alumnos/as poner en evidencia otros saberes relacionados con el contenido disciplinar y que no hemos preestablecido como lo necesariamente aprendible?

Cada alumno/a adulto/a, por las diferentes prácticas sociales en las que participa, por las diferentes historias personales que acumula, por los diferentes componentes de su estructura cognitiva, suele aprender dimensiones muy diferentes de un mismo objeto de conocimiento. ¿Cómo delimitar de manera tan definitiva qué es exactamente lo que tiene que aprender? ¿Es justo desaprobar a quien maneja otro saber –del campo disciplinar específico– que no sea el saber preestablecido?

No soy ingenuo, pero conozco más de un alumno/a que sabe mucho más y que sabe diferente de lo que yo espero que sepa.

2.3. "El principal sentido de la enseñanza es que aquéllo que se enseña será evaluado"

A veces enseñamos para evaluar, es decir, sólo enseñamos, porque eso que enseñamos lo vamos a evaluar. A veces, en nuestra primera clase, cuando estamos presentando la unidad curricular, sólo nos limitamos a hacer una minuciosa explicación de las condiciones requeridas para aprobarla. A veces creemos que los alumnos/as sólo están en la clase porque tienen que aprobar. Pareciera que la razón del tránsito de un alumno/a por las aulas tuviera por única finalidad el ser evaluado. Creo que inevitablemente, cuando éste es el supuesto de base, el interés por el conocimiento y el aprendizaje se sustituyen por un interés utilitario, en tanto que se estudia en primer lugar para aprobar y luego (y en ocasiones ni siquiera ello) para aprender.

Si les preguntáramos a nuestros alumnos/as cuáles son sus objetivos/deseos/metas para el presente año en la facultad o el profesorado, ¿cuántos nos contestarían: "aprobar todo lo que estoy cursando"?; ¿cuántos nos contestarían: "aprender mucho"?

Por supuesto que no quiero ser simplista. Sé que 'aprobar' pone en juego tiempos de la vida personal, que resulta ser un desafío a la autoestima, que implica no volver a gastar en colectivos y apuntes para una unidad curricular que se ha cursado, que supone superar una dificultad... Pero me interesa que lo veamos desde los docentes, desde nosotros. ¿Cuánto tenemos que ver nosotros en hacer de la evaluación y sus consecuencias (aprobar o no aprobar) el eje primordial del aprendizaje? ¿Cuántas veces nuestro interés por enseñar queda sepultado bajo nuestra pre-ocupación por evaluar? ¿Cuántas veces lo único que realmente preparamos con antelación es la prueba que vamos a tomar?

2.4. "Evaluación y enseñanza son procesos independientes"

Quiero plantear ahora otro extremo. En ciertas ocasiones, consideramos a la enseñanza y a la evaluación como dos pro-cesos sin relación entre sí. Más grave resulta ser esta distorsión en el ámbito universitario, en donde es bastante habitual que la enseñanza esté a cargo de docentes adjuntos o jefes de trabajos prácticos y la evaluación sea diseñada por el docente titular. Si la cátedra es un verdadero equipo de trabajo esta división de funciones no tendría porque convertirse en un problema ya que todos los integrantes están al tanto de los que está sucediendo en la cursada de la unidad curricular. Pero si esto no es así... es esperable que el tipo de tareas (consignas de prueba) solicitadas en la evaluación no necesariamente se correspondan con los contenidos realmente enseñados. ¿Quiénes 'sufren' las conse-cuencias? La respuesta es obvia.

La enseñanza y la evaluación no pueden estar disociadas. Arriesgo a decir que si evaluamos contenidos o requerimos cierto tipo de trabajo cognitivo con los contenidos que no han sido previamente objeto de enseñanza, estamos 'traicionando' a los alumnos/as (y que hayan sido objeto de enseñanza supone que han sido trabajados de ese modo en las clases o que se han deri-vado trabajos de elaboración domiciliarios de ese modo). Arriesgo a decir que cuando se nos ocurre 'innovar' en el momento de la evaluación presentando formatos (por ejemplo un formato de prueba escrita) que no han sido trabajados previamente durante nuestras intervenciones de enseñanza, estamos 'traicionando' a los alumnos/as.

2.5. "La evaluación es un punto de llegada"

No quiero entrar en la dicotomía proceso-producto por dos razones: por un lado, mucho se ha escrito acerca de ello, pero por otro, creo que es una falsa antinomia: evaluamos procesos y productos.

Cuando manifiesto que tomamos la evaluación como un punto de llegada, me refiero a que a veces, una vez tomada una prueba parcial o un examen final solemos considerar que algo terminó y algo nuevo empieza. El tema es que esa evaluación supone alguna comunicación de la apreciación que hacemos del rendimiento evidenciado, digo, supone comunicar una nota. El problema es que, cuando esa nota no evidencia un buen ren- dimiento académico de algunos alumnos/as, ¿algo terminó? Un supuesto de ese tipo, ¿no deja librado a la buena suerte de los alumnos/as el qué hacer ante lo no aprendido? ¿Ya no hay más nada que enseñar acerca de aquello que no se ha aprendido? ¿No necesitan los alumnos/as algún tipo de orientación, algún nuevo tipo de intervención de enseñanza para poder aprender lo no aprendido?

Vuelvo sobre la ingenuidad. Sé que no podemos atender a cada uno en especial, sé que hay un tiempo para enseñar que lo delimita la duración del cuatrimestre o del año, sé que en algunas oportunidades un desaprobado es sólo una cuestión de 'falta de estudio', sé que en algunas carreras tenemos comisiones muy numerosas, pero aún así, creo que no podemos quedarnos con un simple: "para la próxima vez estudiá más", porque sé también que en muchos casos, arriesgo a decir en muchísimos casos, ese alumno/a que desaprobó estudió o cree que estudió o hizo todo lo que estaba a su alcance para estudiar. Su problema es que no aprendió todavía cómo hacerlo, no logró internalizar el tipo de lógica particular que caracteriza a las categorías conceptuales y problemas que trata un campo determinado del conocimiento, no logró entender el planteo de los textos o la resolución de los problemas. ¿Qué nos hace suponer que la próxima vez podrá lograrlo sin ningún tipo de nueva intervención desde la ense- ñanza? ¿Por qué creemos que un recuperatorio es sólo una nueva oportunidad de demostrar que se aprendió lo que había que aprender y que no nos corresponde hacer nada entre la primera evaluación y ese recuperatorio?

2.6. "La evaluación final comienza bajo el supuesto de descubrir qué es lo que el alumno/a no sabe"

La evaluación final es 'detectivesca', se trata de descubrir al 'asesino de conceptos' y esa alumna con cara angelical que está sentada frente a nosotros rindiendo el final es 'sospechosa'; también lo es aquel alumno trajeado que viene del trabajo, y el que se sienta siempre en la última fila y hasta ese que se sacó 10 en los parciales. Hay que 'pescar' qué es lo que no saben porque... ¿Por qué ese manto de sospecha? ¿Por qué pareciera que siempre tratamos de hurgar allí, en lo más cercano al desconocimiento? ¿Por qué tendemos a convertir el examen final en exactamente lo contrario a lo que una evaluación de cierre debiera ser: un momento de 'gloria'?

El examen final es todo un tema en sí mismo. Salvo algunas excepciones, no coincido en términos generales con la promoción directa. Sigo pensando que el examen final permite rever la unidad curricular trabajada a lo largo de un curso, permite establecer una integración y un conjunto de relaciones conceptuales nuevas que sólo se logran cuando se trabaja con esa totalidad que es la unidad curricular, cuando se retrabaja con ella. Pero tampoco adhiero a convertir esa instancia en un cazabobos, a hacer de ello un ping-pong de preguntas acerca de cuestiones deshilvanadas entre sí, a convertirlo en un 'martirio'.

Pero lo que me preocupa, es que, en general, ni siquiera nos cuestionamos qué es lo que estamos proponiendo como instancia de cierre final y tendemos a 'tomar' examen casi como en un juicio, pero sin abogados defensores. Y algo que todavía me preocupa más: que ni siquiera nos damos cuenta.

2.7. "La corrección de un parcial escrito se reduce a poner una nota"

La 'corrección' tiene estilos de lo más diversos: devolvemos una prueba con la nota y ningún señalamiento, devolvemos con 'cruces' en los párrafos en los que aparecen errores y una nota, devolvemos con brevísimos comentarios al tipo de 'mal elaborado', 'error conceptual', 'falta de lectura', 'no' y una nota. Parece que siempre, lo que nos une, es que devolvemos marcando el error y calificando a partir de ello.

Siendo así las cosas, hay algunas cuestiones que tendremos que pensar seriamente. Por ejemplo: ¿cómo hace un alumno/a para revisar su error si no se lo orienta al respecto? Escuchemos sus comentarios: "yo se lo expliqué pero no como él quería"; "quiere que lo ponga con las palabras del libro". ¿Quién no escuchó alguna vez esto? ¿Es que los alumnos/as son tan necios que no se dan cuenta cuando se equivocan y nos echan la culpa a nosotros de sus fracasos? ¿O es que nosotros no logramos que una evaluación devuelta sea un disparador para el aprendizaje?

Y además, ¿por qué las buenas resoluciones tienden a no recibir ningún tipo de estímulo? ¿Por qué creemos que la nota es suficiente y que un alumno/a entenderá que una nota alta demuestra...? ¿Qué demuestra? Un alumno/a puede entender que una nota alta demuestra que estudió, otro que hizo un buen desarrollo conceptual, otro que estuvo original, ¿por qué no les comunicamos a sus autores lo que nos produce a nosotros la lectura de un buen parcial?

Una vez más no quiero ponerme en el lugar de los idealismos. Sé que acumulamos horas-clase a lo largo del día, sé que las horas-corrección no parecen estar contempladas en nuestro salario, sé que estamos frente a cursos numerosos. Pero saben qué, cuando éstos no son los condicionantes, cuando los cursos son de pocos estudiantes, cuando nosotros podemos trabajar en mejores condiciones, actuamos de la misma manera. Es para pensarlo.

2.8. "Las notas son necesarias e imprescindibles"

La legión de los defensores de las notas tiene muchos adherentes. Escuchamos al respecto distinto tipo de argumentaciones: que estimulan a los más aptos, que si no existieran los alumnos/as estudiarían sólo lo mínimo para aprobar, que son un referente para dar cuenta de cómo va el estudio, que en el mercado laboral el promedio del título tiene mucho peso...

Contra los argumentos es posible contra-argumentar: que se puede estimular de maneras muy diversas y no sólo con notas, que las experiencias en las que se han usado escalas más reducidas que las numéricas, incluyendo las bipolares de aprobado-desaprobado, no evidenciaron que los estudiantes estudiaran menos o peor por ello, que se puede referenciar la marcha del estudio con cualquier otro tipo de comunicaciones, que la escuela no puede usar notas sólo porque el mercado las necesita...

La legión de los detractores de las notas tiene menos adherentes. Pero esos pocos argumentan que generan competitividad, que son arbitrarias (¿qué diferencia real hay entre un cinco y un seis?), que llevan inevitablemente a trabajar con patrones de medida...

Personalmente me resulta mucho más coherente usar la escala 'aprobado-desaprobado'. Creo que el mito es creer que no hay evaluación sin nota y el mayor problema es la deificación de las notas y el reduccionismo de la evaluación a una cuestión de calificaciones. Creo que también podemos desnaturalizar el uso de la nota y pensar que podría ser posible evaluar sin atarnos a las notas o evaluar combinando devoluciones cualitativas con escalas cuantitativas. A lo mejor, probando, nos sale mejor.

2.9. "Los 'choise'[2] son objetivos"

Tenemos invasión de pruebas tipo múltiple-choise. En los ingresos se reproducen cual conejos. Entiendo que resulta un instrumento operativo cuando las comisiones de alumnos/as son masivas. Pero desestimo el carácter de 'objetivas' para quien las defiende como tales. En todo caso, lo objetivo de los choise, es la sumatoria de puntajes que da como resultado una calificación.

La supuesta objetividad se pierde si las analizamos en cuanto a su elaboración: ¿la tarea (los ítems) seleccionada evalúa lo verdaderamente importante?; ¿es ésta una representación valiosa de aquello que supuestamente debía aprenderse?; ¿lo que se ha

---

2   Tomo aquí el nombre genérico de 'choise' para denominar a las 'pruebas objetivas' –a las que me referiré más adelante– ya que así se las reconoce en general en la cotidianeidad de las instituciones de educación superior.

colocado como bibliografía obligatoria, permite aprender conceptos y trabajos cognitivos con esos conceptos para responder a lo que se pregunta en una tarea?

La supuesta objetividad se pierde también si la analizamos en cuanto a la asignación de puntaje: ¿la asignación de puntajes a la tarea permite valorar discriminando los saberes relevantes de los saberes no tan relevantes?

Todas las respuestas posibles a estas preguntas indican el carácter 'subjetivo' de cualquier propuesta de evaluación.

2.10. "Proponer la autoevaluación es hacer demagogia"

Estoy hablando de autoevaluación, no de autocalificación. Estoy hablando de un procedimiento por el cual, necesariamente, todos tendríamos que pasar para poder revisar nuestras prácticas de enseñanza y por el cual todos los alumnos/as tendrían que poder pasar para revisar sus prácticas de aprendizaje.

Autoevaluarse es poder emitir un juicio valorativo sobre un proceso que se está viviendo (por ejemplo el enseñar o el aprender) y sobre los resultados provisorios alcanzados, hasta cierto momento, en dicho proceso. Autoevaluarse es poder analizar con criticidad, identificando obstáculos, descubriendo logros, es poder hacer un ejercicio metacognitivo, es el más democrático de los procedimientos porque hace partícipe a todos los que han estado involucrados en un proceso áulico, empezando por uno mismo.

Autocalificarse es otra cuestión. Poner a los alumnos/as en la 'obligación' de colocarse una nota o solicitar una opinión al respecto de qué nota se asignarían, en principio, no estoy de acuerdo. Y no lo estoy, por lo menos, dentro del contexto en el cual llevamos a cabo este tipo de prácticas: sin discusión previa respecto de los criterios con que se asignan notas, sin discusión previa respecto de qué es lo ponderable en la evaluación que se propone, ni una discusión sobre lo que se propone y ni sobre el trabajo que se propone con un objeto de conocimiento.

Y además, por una cuestión de tender al mayor equilibrio objetivo posible, me parece que ese trabajo 'engorroso' es obligación de los docentes.

2.11. "La calidad de la formación en la educación superior se soluciona con un buen sistema de exámenes (de ingreso y/o de egreso)"

Los años '90 dejaron huellas profundas en el sistema educativo. Las políticas educativas –de neto corte neoliberal–, instalaron la racionalidad evaluativa bajo el slogan del mejoramiento de la calidad. De allí que 'calidad' y 'evaluación' se tornaron inseparables. He aquí la primera faceta de esta distorsión: concebir el mejoramiento de la calidad desde la concepción que deposita en la evaluación la mágica solución de la mejora.

La reducción presupuestaria o la mediáticamente llamada 'racionalidad en el gasto', conllevó a la necesidad de actuar al interior del sistema atendiendo las nuevas demandas, con igual o –en términos reales– menor presupuesto para el área, es decir 'haciendo más' con 'menos gasto'. El discurso político sepultó los históricos postulados de la ampliación de oportunidades educativas gestadas en la década de 1960 para instalar lentamente dos ideas complementarias: la idea de la restricción al ingreso para garantizar la calidad del sistema formativo, junto a la idea del control de la idoneidad de los egresados para garantizar la calidad del ejercicio profesional. Y en ambos casos el instrumento, es el examen: examen de ingreso, examen de egreso. A pesar de ello, en Argentina se ha resistido particularmente esta lógica desde nuestra más pura tradición: las ideas reformistas del año 1918.

> "[De esta manera, el] examen aparece permanentemente como un espacio sobredeterminado. En este espacio se tiene la mirada puesta. Es observado por los responsables de la política educativa, por los directivos de las instituciones escolares, por los padres de familia, por los alumnos y finalmente por los mismos docentes. Si bien cada grupo social puede tener su representación en relación con el papel que juega el examen, todos estos grupos coinciden en términos globales en esperar que a través del examen se obtenga un conocimiento 'objetivo' sobre el saber de cada estudiante. Pero el examen es sólo un instrumento que no puede por sí mismo resolver

los problemas que se han generado en otras instancias sociales. No puede ser justo cuando la estructura social es injusta; no puede mejorar la calidad de la educación cuando existe una drásticas disminución del subsidio y los docentes se encuentran mal retribuidos; no pueden mejorar los procesos de aprendizaje de los estudiantes cuando se atiende ni a la conformación intelectual de los docentes ni al estudio de los procesos de aprender de cada sujeto, ni a un análisis de sus condiciones materiales. Todos estos problemas, y muchos otros que convergen detrás del examen, no pueden ser resueltos favorablemente sólo a través de este instrumento (social)" (Díaz Barriga, 1990).

2.12. "Los docentes necesitamos capacitación específica sobre herramientas de evaluación"

Quiero cerrar estas distorsiones con esta última apreciación. Escucho con mucha frecuencia reclamos institucionales acerca de la necesidad de instrumentar procesos de capacitación docente referidos a temáticas de evaluación. No es que no crea que necesitemos capacitación –por cierto una práctica bastante relegada en la educación superior– pero el problema radica en que la demanda es una demanda 'técnica'. Es decir, es un reclamo centrado únicamente en una actualización de los docentes en torno al 'aprender a tomar mejores exámenes'. Quiero volver a citar a Díaz Barriga porque creo que mejor que nadie plantea con precisión el problema de convertir una cuestión de fondo –la evaluación como problema social y político– en una cuestión de forma –la evaluación como problema de instrumentos–.

"(…) el examen es un espacio donde se realiza una multitud de inversiones de las relaciones sociales y de las pedagógicas. (…) Es un espacio que invierte las relaciones de saber y de poder. De tal manera que presenta como si fueran relaciones de saber, las que fundamentalmente son de poder (…).
Los problemas de orden social: posibilidad de acceso a la educación, justicia social, estratos de empleo, estructura de la inversión para el desarrollo industrial, etc. son

trasladados a problemas de orden técnico: objetividad, validez, confiabilidad. La discusión que se realiza en este nivel de la problemática desconoce la conformación de la misma" (Díaz Barriga, 1990).

También Susana Celman interroga, desde otra lógica, el problema 'secundario' de la mejora de los exámenes:

"La mejora de los exámenes comienza mucho antes, cuando me pregunto: ¿Qué enseño? ¿Por qué enseño eso y no otras cosas? ¿De qué modo lo enseño? ¿Pueden aprenderlo mis alumnos? ¿Qué hago para contribuir a un aprendizaje significativo? ¿Qué otras cosas dejan de aprender? ¿Por qué?" (Celman, 1998).

He aquí, en ambos autores, una clara alocución respecto de aquello a lo que quiero referirme. El problema de la evaluación en la educación superior (cuando se lo reconoce como problema) no se soluciona capacitando a los docentes para que elaboremos mejores 'choise', o tomemos parciales con problemáticas que eviten la repetición memorística de los contenidos. El problema de las prácticas de evaluación en la educación superior no es, en principio, un problema técnico, un problema de herramientas para evaluar. Si bien, soy de los que adhieren a la necesidad de inscribir una Didáctica que trabaje en torno a sugerencias prácticas y de ciertas pautas de acción (Steiman, 2004), creo a la vez, que no se puede, en el interior de las instituciones de la educación superior, obviar el debate en torno a la significación social implicada en las prácticas de evaluación de las que participamos.

3. Y entonces, ¿qué es evaluar?

Defino la evaluación como un proceso que, a partir del conocimiento y comprensión de cierta información, permite emitir un juicio de valor acerca de un aspecto de la realidad en el cual se interviene en un determinado contexto sociohistórico[3] particular

---

3   No quisiera abusar del uso del término 'sociohistórico' el cual aparece a veces indiscriminadamente ligado a cualquier tipo de discurso 'social' y supuestamente 'crítico'. Pero lo veo aquí pertinente para referirme a los

y que, a la vez que posibilita tomar decisiones, exige desde el diálogo con quien esté involucrado, argumentar justificaciones del juicio de valor realizado. En el ámbito del aula, ese aspecto de la realidad se refiere, fundamentalmente, a las prácticas de enseñar y aprender, y es por ello que quisiera llamar a este proceso: evaluación didáctica. En síntesis, defino a la evaluación didáctica como un proceso que, a partir del conocimiento y comprensión de cierta información, permite, desde una actitud dialógica, emitir un juicio de valor acerca de las prácticas de enseñanza y/o las prácticas de aprendizaje en un contexto sociohistórico determinado en el cual intervienen con particularidad significante lo social amplio, la institución, el objeto de conocimiento, el grupo de alumnos/as y el/la docente y que posibilita tanto el tomar decisiones referidas a las prácticas de referencia como exige comunicar a docentes y/o alumnos/as –por medio de enunciados argumentativos– el juicio de valor emitido y las orientaciones que, derivadas de éste, resulten necesarios para la mejora de la práctica .

Así, la evaluación no es una práctica espontánea o de intuición pragmática (De Ketele, 1993) sino una práctica instituida (Barbier, 1993), es una práctica deliberada y socialmente organizada, de innegables consecuencias personales y sociales.

Así definida, convendría entonces diferenciar la evaluación didáctica de por lo menos dos prácticas con las que, en ocasiones, suele asimilársela:

- La evaluación como control: existe control cada vez que la evaluación sólo trata de una serie de operaciones cuyo aparente resultado es la emisión de una información referida al funcionamiento concreto de una actividad de formación (Barbier, 1993). La evaluación como control intenta garantizar que algo previsto está sucediendo, tal como había sido previsto y, en caso de que así no sea, 'corregir' su desvío.
- La evaluación como medición: la evaluación reconoce una larga historia en la que se concibió al proceso evaluador como un proceso de medición. El paradigma docimológico (De Ketele, 1993) redujo la evaluación a la examinación, de

---

contextos particulares de sociedad, escuela, objeto de conocimiento, grupo de alumnos/as, docente, configurados en un tiempo y un espacio.

allí el término 'docimología' que se refiere a la 'ciencia de los exámenes'. De la mano de la pedagogía experimental esta concepción, aunque con rasgos distintivos en diferentes décadas, entiende que la evaluación es una cuestión de puntajes asignados a pruebas o una actividad de comparación entre una producción escolar que debe evaluarse y un modelo de referencia. La existencia de un modelo de referencia obliga a instalar un 'patrón de medida' desde el cual comparar. Y así dadas las cosas, la evaluación entonces se estandariza y se convierte en un proceso que se define con exclusividad desde su aspecto técnico: la decisión acerca del instrumento que se utilizará para 'medir' y al cual todos los sujetos evaluados deberán 'acomodarse'. Esta concepción 'matemática' de la evaluación considera que el evaluar es una cuestión que se resuelve determinando qué es lo que hay que medir y cómo va hacérselo (Ebel, 1977).

Hecha esta diferenciación, quiero desagregar entonces la definición dada para presentar algunos problemas inherentes a las prácticas de evaluación que iré desarrollando más adelante:

- "(…) proceso que": aparece desde aquí la referencia a la evaluación como proceso y no como punto de llegada, como resultado o como una instancia desarticulada entre las prácticas que involucra (concretamente las de enseñar y aprender). La idea procesual de la evaluación la presenta como un conjunto de acciones que se realizan y suceden en el tiempo con una determinada intencionalidad. La idea de proceso, así, no sólo se vincula con la idea de la continuidad, intencionalidad y tiempo sino también con la idea de integración de las acciones entre sí para que el proceso se constituya como un acontecer articulado y coherente. Cuando evaluamos o nos evaluamos necesitamos asumir esta concepción procesual para no convertirla en una 'instancia' fragmentada y arbitraria.
- "(…) a partir del conocimiento y comprensión de cierta información": la referencia al conocimiento y comprensión de la información plantea en primer lugar la pregunta referida a qué es lo que se desea conocer y comprender y luego, y en razón de ello, la pregunta referida a cómo se hará para conocer y comprender esa información.

- "(…) desde una actitud dialógica": la evaluación didáctica no puede concebirse en ningún caso como un proceso unilateral, sencillamente porque, por lo menos hay dos partes involucradas. Si cualquiera de ellas asumiera una actitud de imposición, de autoritarismo, de soberbia o de indiferencia, atentaría contra el carácter esencialmente humano que es propio de cualquier actividad pedagógica. Sin diálogo no es posible conocer, ni comprender, ni valorar, ni tomar decisiones. O más aún, sin diálogo probablemente aquello que se crea conocer y comprender no será tal y aquello que se valore y se decida no será adecuado. Siempre vigente, nadie mejor que él para aclararlo: "No hay palabra verdadera que no sea una unión inquebrantable entre acción y reflexión y, por ende, que no sea praxis. De ahí que decir la palabra verdadera sea transformar el mundo (…). Existir, humanamente es pronunciar el mundo, es transformarlo (…). Si diciendo la palabra con que pronunciando el mundo los hombres lo transforman, el diálogo se impone como el camino mediante el cual los hombres ganan significación como tales (…). Dado que el diálogo es el encuentro de los hombres que pronuncian el mundo, no puede existir una pronunciación de unos a otros. Es un acto creador. De ahí que no pueda ser mañoso instrumento del cual eche mano un sujeto para conquistar a otro" (Freire, 1974).

- "(…) emitir un juicio de valor": ahora la referencia del análisis nos obliga a detenernos en la idea del "juicio de valor", que en correspondencia con la idea referida a que "exige comunicar a docentes y/o alumnos/as –por medio de enunciados argumentativos– el juicio de valor emitido y las orientaciones que, derivadas de éste, resulten necesarios para la mejora de la práctica" nos obliga a pensar tanto en el problema de quién emite el juicio valorativo como en el problema de la devolución de la evaluación y en aquello que se suscita a partir de la evaluación realizada. Y estamos aquí frente a, lo que por lo menos para mí, constituye uno de los nudos centrales de la evaluación: ¿qué hay después de una evaluación formalizada?, ¿qué es necesario hacer después de una evaluación formalizada?

- "(…) acerca de las prácticas de enseñanza y/o las prácticas de aprendizaje": se desprende de este enunciado el tema del 'qué' evaluar y desde allí al problema de los criterios de evaluación.
- "(…) en un contexto sociohistórico determinado en el cual intervienen con particularidad significante lo social amplio, la institución, el objeto de conocimiento, el grupo de alumnos/as y el/la docente": estamos aquí frente a ciertos condicionantes o, si se quiere, frente a variables contextuales que direccionan, que favorecen u obstaculizan, que hacen que los factores intervinientes (véase punto 1: "La evaluación: una práctica compleja") sean de mayor o menor peso, que exigen ser considerados a lo largo de todo el proceso evaluador.
- "(…) posibilita tomar decisiones referidas a las prácticas de referencia", nos hace detener particularmente en el sentido de la evaluación y especialmente en las decisiones a tomar a partir de la comprensión de la vinculación entre la información que se obtiene y las prácticas de enseñanza y de aprendizaje involucradas.

Realizadas las primeras aclaraciones conceptuales y definido mi propio posicionamiento respecto a las prácticas de evaluación, considero ahora necesario desarrollar algunos planteos conceptuales y algunas sugerencias prácticas que anticipo a partir del esquema enunciativo que muestro más adelante y aunque no seguiré el orden organizativo que muestra el mismo (sólo intento mostrar las dimensiones a las que me referiré), consideraré cada una de dichas temáticas en las páginas siguientes.

Me permito realizar antes dos aclaraciones:

- la primera tiene que ver con las hipótesis hasta aquí vertidas: considero crucial abordar la evaluación como una práctica compleja y partir de una posición que asuma la necesidad de desnaturalizar las prácticas instaladas para trabajar en torno a nuestras propias desvirtuaciones y a nuestras buenas resoluciones;
- la segunda, es que habiéndome referido en primerísimo lugar a las razones que motivan la puesta en marcha de un proceso

complejo como es la evaluación, que se direcciona de modo diferente según sean unas u otras las intenciones de quien evalúa y los usos que se hagan de sus resultados, entonces ahora me permito incluir algunas ideas y propuestas relacionadas con el carácter práctico de la evaluación, ya que a la vez que veo la necesidad de instalar un debate sobre el sentido y la direccionalidad de las prácticas, también me parece necesario abordar cuestiones referidas a la instrumentación, a la dimensión 'técnica' a la cual me he referido antes. Para trabajar esta dimensión correré el riesgo de ejemplificar sólo a los efectos de mostrar mis propias elaboraciones prácticas que de ninguna manera podrán universalizarse ni tomarse como modelos.

LA EVALUACIÓN COMO UNA PRÁCTICA COMPLEJA	El problema acerca del objeto de la evaluación	las prácticas de la enseñanza como objeto
		las prácticas de aprendizaje como objeto
	El problema acerca del sujeto de la evaluación	el docente como sujeto evaluador
		el alumno/a como sujeto evaluador
	El problema acerca de los instrumentos de la evaluación	instrumentos de evaluación de la enseñanza
		instrumentos de evaluación de los aprendizajes
	El problema acerca de los momentos de la evaluación	la evaluación inicial
		la evaluación de seguimiento
		la evaluación parcial
		la evaluación final

4. La evaluación de las prácticas de enseñanza

He definido a la evaluación didáctica como un proceso que permite emitir un juicio de valor acerca de las prácticas de enseñanza y/o las prácticas de aprendizaje. Al adentrarnos así en el objeto de la evaluación, en la pregunta referida a 'qué' evaluamos, distinguimos claramente estos dos objetos. Quiero, en primer lugar, referirme a la evaluación de las prácticas de enseñanza.

Es inevitable que al hablar de 'evaluación de la enseñanza' se genere algún tipo de controversia. Las tradiciones, los mitos, las profecías autocumplidas imponen falaces argumentos para desestimar la necesidad de evaluar sistemáticamente la enseñanza. En los debates que solemos tener en el interior de las instituciones de educación superior, seguramente hemos escuchado, más de una vez, algunas voces refiriéndose a ello con discursos que lo plantean más o menos así:

- "la evaluación a los docentes se inscribe dentro de las políticas neoliberales de evaluación de calidad";
- "sería un avasallamiento a la libertad de cátedra";
- "los alumnos no están en condiciones de opinar respecto a lo que hacemos los docentes";
- "a través de los aprendizajes que evidencian haber alcanzado los alumnos, se puede tener una precisa idea del acierto o no de las decisiones tomadas en la propuesta de enseñanza";
- "los docentes continuamente nos evaluamos a nosotros mismos".

Creo que en todas estas afirmaciones se comete algún tipo de error y quisiera analizarlas una por una.

"La evaluación a los docentes se inscribe dentro de las políticas neoliberales de evaluación de calidad".

No veo conveniente que invalidemos la evaluación de la enseñanza por asimilarla a posibles usos que las políticas neoliberales puedan hacer de los resultados. Es más, adhiero a la necesidad de evaluar la práctica profesional en cualquier profesión de la que se trate. En todo caso, resistamos todo intento de instalar dispositivos que se generen desde unidades centrales o todo sistema impuesto 'desde arriba' al respecto, pero no dejemos de participar en la propia evaluación de la enseñanza porque nos enajenaríamos en nuestro propio trabajo.

"Sería un avasallamiento a la libertad de cátedra".

En nombre de la libertad de cátedra se comete más de un abuso. Y nada más y nada menos, porque se la toma desde su contrasentido, esto es, desde una concepción que considera que por la libertad se puede imponer una idea contrademocrática: "nadie se meta conmigo". Este discurso no sólo desconoce la esencia misma de la libertad de cátedra sino que se convierte en un artilugio hegemónico al tomar el discurso crítico para volverlo autoritario.

"Los alumnos no están en condiciones de opinar respecto a lo que hacemos los docentes".

Me recuerda al famoso censor de la dictadura, que, por hacer un bien a la sociedad, no sólo decidía qué películas se podían ver y cuáles no en el cine, sino, aún dentro de las que sí se podían ver, qué escenas sí y qué escenas no, sencillamente porque no estábamos 'maduros' como sociedad para decidir por nosotros mismos. Es el mismo argumento: porque los alumnos/as son 'inmaduros' o porque son 'niños' o porque 'no saben' no pueden emitir opinión alguna respecto a una práctica que los involucra directamente. ¿Y entonces quién?

"A través de los aprendizajes que evidencian haber alcanzado los alumnos, se puede tener una precisa idea del acierto o no de las decisiones tomadas en la propuesta de enseñanza".

Esta afirmación reduce los efectos de la enseñanza a los efectos del aprendizaje y estos últimos son acaso sólo indicios que pueden orientar algún análisis sobre nuestras prácticas de enseñanza, pero no son ni pueden ser suficientes porque la enseñanza es una práctica de tal grado de complejidad que no puede subsumirse a evidencias que se manifiestan a través de procesos indirectos (aunque interdependientes) a ella.

"Los docentes continuamente nos evaluamos a nosotros mismos".

Creo que no es cierto, ni es posible. Para evaluar hay que disponer de información, hay que sistematizar un procedimiento, hay que objetivar la problemática, hay que tener espíritu democrático. No podemos evaluar nuestra práctica mientras dormitamos en el colectivo o en la sala de profesores cuando compartimos penurias con los colegas. Si queremos hacerlo con responsabilidad profesional habrá que construir el hábito de la evaluación y habrá que hacerlo asumiendo una posición de humildad que nos aleje de todo atisbo de soberbia autosuficiente y habrá que asumirla más que como un deber, como un derecho que nos corresponde. Como decía el gran maestro, "enseñar exige humildad, tolerancia y lucha en defensa de los derechos de los educadores (…). Mi respuesta a la ofensa a la educación es la lucha política conciente, crítica y organizada contra los ofensores. Acepto incluso abandonarla, cansado, a la espera de mejores días. Lo que no es posible es permanecer en ella y envilecerla con el desdén por mí mismo y por los educandos" (Freire, 1999).

4.1. ¿Qué evaluar en las prácticas de enseñanza?: el problema del objeto

Pues bien, aquí estamos tras habernos adentrado en el 'qué' de la evaluación y habernos centrado en las prácticas de enseñanza como objeto de la evaluación. Pero ahora es necesario decidir el 'qué' evaluar de las prácticas de enseñanza. Seguramente, y concebida como intervención intencionada en una práctica social, la enseñanza adquiere en cada docente una particularidad casi idiosincrásica. Pero también, ciertas recurrencias y ciertas variables implicadas en toda práctica de enseñar hacen posible enumerar algunos de sus componentes como una práctica compartida de la cual participamos en general todos los docentes con ciertos rasgos en común y que pueden constituir aquí algunos de los aspectos a evaluar:

- RESPECTO A LA PREVISIÓN DE LOS CONTENIDOS A ENSEÑAR:
  - la selección que hemos hecho;
  - la secuencia por la que hemos optado;
  - la organización epistemológica;
  - la organización didáctica.

- RESPECTO A LA PRESENTACIÓN DE LOS CONTENIDOS A ENSEÑAR:
  - la claridad en la presentación oral;
  - la posibilidad de ser significados;
  - la vinculación con las prácticas sociales;
  - la vinculación con las prácticas profesionales;
  - la articulación que se evidencia clase a clase.

- RESPECTO A LAS FORMAS DE INTERVENCIÓN:
  - la calidad de las exposiciones orales: en cuanto son favorecedoras de la presentación comprensiva, global e integrada de los contenidos;
  - las preguntas que se formulan en clase: en cuanto son orientadoras para favorecer la comprensión;
  - los momentos de intercambio dialogados: en cuanto son intercambio conceptual de ideas fundamentadas;
  - las orientaciones que se dan a las preguntas de los alumnos/as: en cuanto son orientadoras para favorecer la comprensión;
  - la calidad de los trabajos prácticos (u otros recursos didácticos utilizados): como favorecedores de la vinculación con las realidades prácticas a las que se refieren;
  - la calidad de las actividades grupales de discusión propuestas: como favorecedoras del intercambio conceptual con los pares;
  - la calidad de las actividades grupales de producción propuestas: en cuanto ser favorecedoras de trabajos escritos originales que eviten la reproducción textual.

- RESPECTO A LA ORGANIZACIÓN GENERAL DE LA CURSADA:
  - la distribución del tiempo;
  - el uso de los espacios del aula;
  - la secuencia entre clases teóricas y clases de trabajos prácticos;
  - el funcionamiento de los miembros de la cátedra como equipo de trabajo (cuando la cátedra no es unipersonal);
  - el vínculo entre los miembros de la cátedra y los alumnos/as;
  - la atención a las consultas personales.

- RESPECTO A LA EVALUACIÓN:
  - la relación entre contenidos enseñados y contenidos evaluados;
  - la relación entre tareas de prueba solicitadas y tareas de enseñanza en clase realizadas;
  - los criterios de acreditación utilizados;
  - la propuesta de parciales;
  - la asignación de calificaciones;
  - la propuesta de examen final.

4.2. ¿Cuándo evaluar las prácticas de enseñanza?: el problema del tiempo

La pregunta referida a 'cuándo' evaluar la enseñanza es de respuesta rápida. Si consideramos los tipos de evaluación en cuanto a su intención y el momento en el cual se realizan, rápidamente se identifican la 'evaluación inicial o diagnóstica', la 'evaluación de seguimiento o formativa' y la 'evaluación de cierre o final'. Si llevamos estas tres categorías (habitualmente utilizadas con referencia a la evaluación de los aprendizajes) al ámbito de la evaluación de las prácticas de enseñanza, creo que habría que tomar fundamentalmente las dos últimas. Es decir, me parece relevante que se realicen prácticas de evaluación de la enseñanza durante la cursada y no sólo al final. Porque la información que podemos obtener –a tiempo– a los efectos de emitir un juicio de valor referido a la enseñanza, podría permitir realizar los ajustes necesarios en nuestra propuesta. Cuando me refiero 'a tiempo', quiero decir, cuando todavía es posible de ser modificada, cuando un cambio puede favorecer de mejor manera nuestras intervenciones de enseñanza, cuando es posible aún recuperar tiempos del aprender.

Pasa que, en general, realizamos a los alumnos/as, algún tipo de encuesta de opinión referida a la cursada cuando ésta termina. La información que obtenemos, sobre todo cuando da cuenta de algunos puntos débiles en nuestras intervenciones, ya no sirve para cambiar con ese grupo y, siguiendo la lógica conceptual de la categoría 'construcción metodológica', ¿quién puede asegurarnos que un cambio en nuestra práctica realizado a partir de cierta evidencia que obtenemos con un determinado grupo de alumnos/as sea pertinente para un futuro nuevo grupo?

4.3. ¿Quién evalúa las prácticas de enseñanza?: el problema de los sujetos

Quiero presentar la pregunta referida a 'quién' evalúa sin nuevos argumentos. Lo he dicho y lo sigo sosteniendo: los docentes necesitamos evaluar nuestras propias prácticas. Pero para que ello sea posible, necesitamos asumir una actitud humilde, tal como ya lo expresé anteriormente y recurrir a un pensamiento elucidante (Palou, 1998) que permita dilucidar los conflictos para transformar los dilemas en problemas y así encontrar formas de resolverlos.

Ahora bien, también resulta ineludible que algún tipo de información para hacerlo, provenga de forma directa de los alumnos/as. Si alguien creyera que pedir opinión a los alumnos/as es ya una evaluación realizada por ellos hacia nosotros, puede ser, realmente no me preocupa discutir eso, porque también acepto que los alumnos/as evalúen nuestras prácticas.

4.4. ¿Cómo evaluar las prácticas de enseñanza?: el problema de los instrumentos

Finalmente, quiero realizar algunas sugerencias prácticas para plantear el 'cómo' evaluar las prácticas de enseñanza. Decidido qué es lo que queremos saber, podemos prever de qué modo instrumentaremos dicha búsqueda. Insisto con la aclaración de no considerar un ejemplo como un modelo y creo necesario explicitarlos por su valor didáctico como concreción operativa de una idea teórica. Bajo esos supuestos, he aquí algunas propuestas.

4.4.1. Cuando los docentes nos autoevaluamos

*y la información proviene de nosotros
mismos*

He aquí algunos ejemplos entre los múltiples instrumentos posibles de ser usados para autoevaluar las prácticas de la enseñanza:

- Frases incompletas: participando la totalidad del equipo de cátedra, se puede exponer la opinión de cada docente ante ciertas cuestiones que, a fin de ponerlas en discusión, se pueden presentar como frases incompletas. Algunos ejemplos podrían ser:

> - nuestro mayor logro con los alumnos/as fue...
> - lo peor que hicimos fue...
> - un texto que podría reemplazarse es...
> - a nuestros trabajos prácticos les falta...
> - no nos decidimos a asumir que...
> - lo que más me preocupa es...
> - podríamos hacer un cambio en...

- Registros textuales: en cada clase, un miembro de la cátedra (cuando se trata de cátedras que no son unipersonales) puede asumir el rol de observador pasivo y registrar la oralidad de la clase, confeccionando un registro textual de los discursos en la clase. Los registros dan cuenta de todo lo que 'se dice' y adoptan formatos parecidos a éste:

"Docente– Hoy vamos a hablar de una temática de absoluta importancia para la gestión de recursos humanos en los distintos tipos de organizaciones.

Alumno– (Interrumpiendo) ¿Profesor, cuáles son los distintos tipos de organizaciones?

Docente– Está haciendo una pregunta muy elemental para estar en segundo año de la carrera, en cualquier texto básico puede encontrar la respuesta. Bien, como les decía, a la hora de analizar la gestión de recursos humanos (...)".

La oralidad da cuenta del pensamiento práctico (Pérez y Gimeno Sacristán, 1988) y en él anidan nuestros prejuicios, nuestras creencias, nuestras representaciones, nuestras ideologías. Muchas veces, sin ser concientes de ello, afloran en nuestro discurso y se convierten en verdaderos obstáculos para el aprendizaje de los alumnos. ¿Realizará alguna vez una nueva pregunta quien ha recibido por respuesta: "está haciendo una pregunta muy elemental para estar en segundo año de la carrera…"?

Haciendo uso de los registros que se posean, cuando el equipo de cátedra se reúne formalmente, se puede hacer la lectura de alguno de ellos a fin de poder analizar algún nudo problemático de las categorías didácticas implicadas en la clase. La cátedra podrá analizar y evaluar algunos aspectos de las intervenciones de enseñanza y, ciertamente, podrán autoproponerse mejoras en las mismas. Según sea la riqueza de la discusión que se genere y la disponibilidad de tiempo, podrán analizarse o no otros registros.

- Problemas focalizados: la cátedra puede realizar un listado de los distintos aspectos que hacen a su actividad académica, seleccionar uno de ellos y lo analizarlo profundamente a fin de encontrar dentro de él, la cuestión que resulte sustancialmente problemática. Luego decidir una estrategia de solución a implementar y finalmente ponerla en práctica. A fin de evaluar si ésta ha resultado beneficiosa, convendría llevar un registro de las acciones que se van realizando al respecto.

4.4.2. Cuando los docentes nos autoevaluamos y la información proviene de los/las alumnos/as

Entre algunos de los instrumentos de posible utilización para recabar información respecto de la enseñanza por parte de los alumnos/as, muestro aquí algunos ejemplos:

- Opiniones breves: convendría generar también desde la distribución física en el aula, cierto clima de 'escucha' y reflexión (por ejemplo que el grupo mueva sus sillas y se siente en forma circular) para que, alumno/a por alumno/a exprese de manera sintética su parecer acerca de ciertas cuestiones que el docente pueda presenta oralmente, como por ejemplo:

- mi opinión frente a las clases teóricas…
- mi opinión frente a las clases de trabajos prácticos…
- un aspecto que debiera ser mejorado…
- mi análisis de una dificultad que no pudo ser solucionada hasta ahora…
- mi parecer respecto a que lo distintivo de esta cátedra es…

- Cuestionarios abiertos: es un instrumento de resol escrita e individual que puede contestarse en forma anónima. Habitualmente un cuestionario abierto se confecciona con una serie de preguntas cuyas respuestas no pueden realizarse con una sola palabra (del tipo 'sí', 'no', 'bien' u otras similares). Por el contrario, un cuestionario no delimita de antemano las alternativas de respuesta posibles y deja libertad para que quien contesta se exprese a través de su propia redacción y lo haga según lo que considere oportuno manifestar. Por ejemplo:

- ¿Qué opinión en general te has formado de esta cátedra a lo largo de la cursada?
- ¿Qué aspectos que resulten ser responsabilidad de la cátedra, valorás como muy positivos para tu aprendizaje?
- ¿Qué obstáculos encontraste para poder seguir el ritmo de la cursada clase a clase?
- ¿Qué modificarías de lo realizado hasta ahora dentro de los límites de lo posible de implementar inmediatamente?

- Trabajos grupales: dinámicas diferentes de organizaci : grupos a través de las cuales, según sea la tarea asignada, se podrá brindar una instancia para que, en primer lugar, los alumnos/as distribuidos en subgrupos discutan su parecer y en segundo lugar lo comuniquen a la cátedra. Por ejemplo, a través de un 'pequeño grupo de discusión':

> - Enumeren tres aspectos sustancialmente positivos de la cursada
> - Enumeren tres aspectos negativos de la cursada
> - Propongan un cambio necesario en la cursada
> - Si esta cátedra fuera...
>   - una película, ¿cuál sería y por qué?
>   - un estado del tiempo, ¿cuál sería y por qué?
>   - un color, ¿cuál sería y por qué?
>   - un personaje histórico, ¿cuál sería y por qué?
>   - un juguete, ¿cuál sería y por qué?

- Escalas de valoración: también se trata de un instrumento escrito e individual que puede ser contestado en forma anónima. Se puede realizar una lista de aspectos, colocando una valoración (como podría ser: muy bueno, bueno, regular, malo) a cada uno de ellos. En este casos, cada alumno/a selecciona la valoración que considera apropiada para cada uno de los aspectos señalados. Puede completarse con dos o tres preguntas abiertas que amplíen la información requerida ya que al contestarse sólo colocando cruces no hay explicaciones acerca de por qué se valora como se lo hace. He aquí un ejemplo que puede utilizarse al finalizar una cursada[4]:

---

4 Obsérvese que los tres últimos ítems de esta escala se referencian sobre el aprendizaje y no sobre la enseñanza, a los efectos que la información cotejada pueda ser contextualizada.

	Superadas	Cumplidas	Poco cumplidas	No cumplidas
Respecto a las expectativas con que iniciaste la cursada, ahora las evaluás como:				

	Muy bueno	Bueno	Regular	Malo
El nivel académico de la cátedra				
La selección de los contenidos realizada por la cátedra				
La selección de textos bibliográficos realizada por la cátedra				
La claridad con que se presentaron las temáticas				
La articulación de los contenidos clase a clase				
La calidad de los bloques expositivos				
La calidad de las actividades grupales propuestas				
La metodología de trabajo empleada en las clases				
La articulación teoría-práctica				
La propuesta de organización de la cursada				
El funcionamiento de los miembros de la cátedra como equipo de trabajo				
El vínculo académico establecido entre los docentes y los alumnos/as				
La propuesta de trabajos prácticos				
El asesoramiento realizado por la cátedra ante consultas personales				
La propuesta de evaluación en los exámenes parciales				
La propuesta de evaluación para el examen final				
Tu propio aprendizaje construido en esta cursada				
El seguimiento personal que pudiste hacer de la cursada				
Tu propia responsabilidad puesta en juego en la cursada				

Aspectos sustancialmente positivos:
....
....
Aspectos sustancialmente negativos:
....
....
¿Alguna sugerencia?

5. La evaluación de las prácticas de aprendizaje

Creo necesario volver una vez más sobre el concepto de evaluación didáctica que he enunciado, para retomar la relación entre evaluación y aprendizajes. Al comienzo de este capítulo la he planteado como un proceso que, a partir del conocimiento y comprensión de cierta información, permite, desde una actitud dialógica, emitir un juicio de valor acerca de las prácticas de enseñanza y/o las prácticas de aprendizaje en un contexto sociohistórico determinado en el cual intervienen con particularidad significativa lo social amplio, la institución, el objeto de conocimiento, el grupo de alumnos/as y el/la docente y que tanto posibilita tomar decisiones referidas a las prácticas de referencia como exige comunicar a docentes y/o alumnos/as –por medio de enunciados argumentativos– el juicio de valor emitido y las orientaciones que, derivadas de éste, resulten necesarios para la mejora de la práctica .

Mis primeras aclaraciones entonces se refieren a que la evaluación de los aprendizajes en la educación superior también supone:

- conocer y comprender qué es lo que sabe un alumno/a cuando es evaluado, o por lo menos, qué tipo de manifestación del saber se expresa cuando es evaluado utilizando un determinado instrumento (por ejemplo poder preguntarnos si cuando un alumno/a contesta con estilo 'telegramático' –tipo telegrama– a una de nuestras preguntas en un examen parcial escrito hay problemas con el saber específico o con el manejo de la lengua escrita);
- poseer una actitud dialógica lo cual supone primariamente saber comunicar y saber escuchar en toda y cualquier circunstancia (por ejemplo cuando un alumno/a nos pregunta, no siempre de buen modo, por qué ha sido desaprobado);
- tomar decisiones una vez que la información que obtenemos ha sido comprendida (por ejemplo elaborar rutas conceptuales para orientar el estudio si una gran parte de una comisión ha desaprobado en un parcial);
- realizar una devolución orientativa de las producciones de los alumnos/as (por ejemplo devolver un parcial con enunciados cualitativos y no sólo la asignación de una calificación).

Si bien, lo primero que todos pensamos cuando nos referimos a la evaluación de los aprendizajes es en parciales y finales, de la definición se desprende que el proceso de evaluación de los aprendizajes no se reduce a la asignación de calificaciones. Por ello conviene entonces diferenciar primero evaluación de acreditación. Se trata de un proceso de acreditación cuando la evaluación realiza un reconocimiento institucional de los aprendizajes adquiridos por los alumnos/as, constatados a través del uso de ciertos instrumentos (parciales escritos, finales orales, trabajos prácticos, etc.) y comunicados a través de una escala convencional conceptual (Aprobado/Desaprobado; MB/B/R/M, etc.), numérica (1/10) o alfabética (A-B-C-D-E) que resulta de la consideración de ciertos criterios que se han priorizado para tomar la decisión al respecto. En este proceso la 'calificación' resulta ser esa instancia de la acreditación en la que el docente o equipo docente comunica al alumno/a a través de una escala convencional sus apreciaciones y su juicio valorativo en relación con los aprendizajes realizados.

¿Por qué me refiero a la acreditación como proceso? Porque la 'certificación' no se reduce a tomar una prueba, corregirla y calificarla. El proceso se inicia con la decisión acerca de qué (qué contenidos, qué trabajos cognitivos) se solicitará a los alumnos/as, cómo se lo solicitará (con qué instrumento), cómo se asignará la calificación (con qué escala, desde qué criterios, cómo se asignará la calificación, con relación a cuántos puntos por cada tarea solicitada o cuántos puntos por cada criterio establecido), cómo se devolverá (qué tipo de orientaciones para que el alumno/a pueda rever su propio proceso de aprendizaje). ¿Cuándo termina este proceso así iniciado? Seguramente no pueda establecerse un punto de cierre.

Entonces, no siempre que se evalúa se acredita, pero sí toda vez que se trata de un proceso de acreditación, estamos en proceso de evaluación. Aquí me detendré ahora.

5.1. Cuando la evaluación de las prácticas de aprendizaje no es acreditación de los aprendizajes

Tradicionalmente se ha hablado de tres instancias relacionadas con la evaluación de los aprendizajes (tres momentos diferentes) que en la bibliografía especializada aparecen con nominaciones distintas según el autor de referencia:

- la evaluación diagnóstica o inicial o de pronóstico;
- la evaluación de seguimiento o formativa o de proceso;
- la evaluación final o sumativa o de resultados o de acreditación.

En los dos primeros casos (evaluación inicial y evaluación de seguimiento) nos encontramos con procesos de evaluación no 'acreditables'.

5.1.1. La evaluación inicial

La evaluación inicial, habitualmente realizada en la primera o segunda clase de una cursada (cuando en alguna cátedra se la realiza), puede perseguir por finalidad tomar conocimiento del estado de situación de partida en relación con los saberes apropiados por los alumnos/as y obtener cierta información sobre ellos/as que puede resultar necesaria para tomar algunas decisiones relativas a la enseñanza y que opera como insumo de contexto en la construcción del escenario de la clase: ¿a quiénes enseñamos?; ¿en qué tipo de prácticas sociales, laborales, culturales participan?; ¿qué saberes disponen de este objeto de conocimiento?

Una cátedra de Nivel II (por ejemplo Matemática II) correspondiente a una determinada área disciplinaria en una carrera no podrá dar por supuesto que en el Nivel I (por ejemplo Matemática I) se hayan aprendido todos los contenidos previstos. Suele ocurrir que por diversas circunstancias ciertas temáticas quedan sin abordar o son vistas sin el requisito de profundidad necesario. Tomar conocimiento de ello, puede facilitar a la cátedra posterior, organizar la cursada de manera más realista.

Si la pregunta fuera ahora si, siendo éste el caso, la cátedra debería enseñar lo que anteriores cátedras no han podido enseñar, con la consecuente menor disposición de tiempo para los propios contenidos, esta será, en todo caso, una decisión a adoptar. Pero lo que no podrá obviarse es que si los alumnos/as necesitan disponer de ciertos prerrequisitos para el trabajo con determinados contenidos y éstos no han sido aprendidos, pues entonces, los nuevos aprendizajes se verán obstaculizados y esto no será responsabilidad de ellos/as. Entre las posibles decisiones a adoptar, entonces, se podría por ejemplo:

- incorporar los contenidos anteriores no aprendidos;
- incorporar trabajos prácticos complementarios;
- asesorar sobre la manera de abordar esos contenidos mediante el estudio independiente de los alumnos/as;
- sugerir bibliografía y organizar sesiones de consulta.

Con relación a las prácticas sociales y la vida cotidiana de los alumnos/as puede verse que hay cierto tipo de prácticas que pueden operar como favorecedoras u obstaculizadoras de la propuesta de la cátedra. Así por ejemplo, que buena parte del grupo de alumnos/as ya trabaje en un área relacionada con la salida laboral de una carrera, permitirá que la teoría pueda ser contextualizada de una manera muy diferente por la experiencia de la que el grupo ya dispone. La relación con la enseñanza es casi obvia: estar al tanto de esta situación podría, por ejemplo, hacer pensar en un modo de organización de la clase en la cual, en algún momento, los alumnos/as trabajen en grupos cotejando la teoría puesta en discusión con su propia experiencia laboral. Otros datos como la disposición de tiempo para la investigación autónoma de bibliografía o la disponibilidad de tecnología para realizar ciertos trabajos que podrían encomendarse para resolver de manera domiciliaria también podrían resultar útiles.

Los mismos instrumentos ejemplificados para el título "La evaluación de las prácticas de enseñanza" pueden ser utilizados a los efectos de la evaluación inicial. A ellos habrá que sumarles cualquiera de los modos de resolución escrita de pruebas: trabajos prácticos, situaciones problemáticas, ejercicios, etc. cuando la información que se busca está relacionada con la disposición de saberes.

A continuación podrán observarse dos ejemplos. En el primero de ellos la información que se recaba tiene que ver con los saberes disponibles de los alumnos/as en el área disciplinar de la Didáctica. En el segundo, los datos a obtener están relacionados con la vida cotidiana.

Queremos saber qué conceptos manejás y si sabés hacer algunas cosas que nos interesan. Por eso te pedimos que contestes con sinceridad. Por lo que hasta aquí aprendiste, estarías en condiciones de:	SI	NO
1. Caracterizar el paradigma normativo y el paradigma interpretativo en la constitución del campo de la Didáctica.		
2. Describir la evolución histórica del objeto de estudio de la Didáctica y relacionarlo con alguno de dichos paradigmas.		
3. Caracterizar los temas de discusión de la Didáctica según sea el paradigma del cual se trate.		
4. Justificar tu propia posición –desde alguna línea teórica– respecto a cuál es en el debate actual el objeto de estudio de la Didáctica.		
5. Describir y diferenciar entre sí, diferentes modelos y prácticas didácticas (tradicional, escolanovismo, tecnológico, otros).		
6. Diferenciar el concepto de "contenido escolar" en los diferentes modelos didácticos.		
7. Justificar por qué el constructivismo no es un modelo didáctico.		
8. Fundamentar tu acuerdo o no con los lineamientos didácticos que se desprenden de la transformación educativa en la Argentina de los '90.		
9. Diferenciar: currículo, práctica pedagógica, práctica docente.		
10. Diferenciar análisis de las prácticas, reflexión sobre las prácticas, investigación de las prácticas.		
11. Caracterizar las prácticas docentes en la educación superior.		
12. Justificar la relación contenido-método y argumentar conceptualmente acerca del método.		
13. Describir distintas formas de intervención desde la enseñanza a adultos con el uso de recursos didácticos (por lo menos 10).		
14. Diferenciar evaluación de acreditación.		
15. Definir "criterios de evaluación".		
16. Elaborar un diseño didáctico para una clase.		
17. Elaborar distintos instrumentos de acreditación (por lo menos 5).		
18. Realizar el registro textual de una clase.		
19. Analizar "didácticamente" una clase.		
20. Dar clase frente a alumnos/as adultos.		

A los efectos de organizar mejor la propuesta de esta cátedra te pedimos que contestes a las siguientes cuestiones:

1. Describí tus estudios anteriores:
- ¿qué modalidad seguiste en la escuela secundaria?
  ....
- ¿realizaste otros estudios superiores anteriores a esta carrera, cuáles?
  ....

2. Explicá cuál es la principal razón por la que decidiste estudiar esta carrera
   ....

3. ¿Trabajás?

   SI ☐   NO ☐

4. En caso afirmativo
- ¿dónde?
  ....
- ¿cuántas horas diarias te insume?
  ....
- describí brevemente en qué consiste tu trabajo
  ....
  ....
  ....

5. En caso negativo
- ¿por qué razón/es no estás trabajando?
  ....
  ....

6. ¿Tuviste anteriormente algún otro trabajo que, a tu parecer, tenga relación con algunos de los contenidos que se desarrollan en esta cátedra?
   ....
   ....

7. Relatá brevemente qué lugar ocupa el estudio dentro de tu vida personal
   ....
   ....

8. Contanos:
- ¿cuál es tu expectativa inicial con esta cátedra?
  ....
  ....
- ¿creés tener alguna dificultad puntual para abordar los contenidos de esta cátedra?
  ....
  ....

5.1.2. La evaluación de seguimiento

El concepto de 'evaluación formativa', que aquí titulo como 'de seguimiento', fue formulado por Michael Scriven (1967), quien consideró que los 'errores' cometidos por los alumnos durante el proceso de aprender resultaban parte normal del mismo y, en consecuencia, era necesario descubrirlos a tiempo para poder mejorar el proceso que se ha evaluado. La evaluación de seguimiento impacta así fundamentalmente sobre la enseñanza, ya que es la intervención del docente lo que facilitará la mejora del proceso de aprender. Nacía con Michael Scriven la distinción entre evaluación sumativa (evaluación realizada cuando se ha finalizado una etapa de aprendizaje, es decir, evaluación para la acreditación que supone algún tipo de calificación) y evaluación formativa (evaluación realizada durante un proceso de aprendizaje inconcluso, con el fin de mejorarlo).

La evaluación de seguimiento, en la educación superior, tiene que poder dar cuanta de un proceso que nos permita comprender cómo el alumno/a se está enfrentando cognitivamente (Allal, 1980) con la tarea que se le viene proponiendo. Y creo que, fundamentalmente, tiene que promover la autoevaluación, es decir, tiene que permitir a los propios alumnos/as la toma de conciencia del proceso de aprender (Litwin, 1998), los propios juicios de valor respecto a qué, cómo y cuándo se está aprendiendo. Pero ello será posible en la medida en que se constituya en una práctica sistemática: una práctica que se realice formalmente en el aula, una práctica orientada por los docentes, una práctica que objetive avances, que devele problemáticas en cada alumno/a en particular y en el grupo en general, en la clase, como escenario en el que se da una práctica compartida de aprendizajes. Si hay una práctica con la que estamos en deuda en la educación superior es justamente la de la autoevaluación de los aprendizajes.

Creo que merece un especial análisis el tema de los 'errores' cometidos por los alumnos/as de la educación superior en el trabajo con los contenidos de una cátedra (profundizaré este tema más adelante). Necesitamos, desde la evaluación de seguimiento, detectar los errores para orientar a tiempo el proceso de aprender. Pero para que ello sea posible, es necesario poner a los alumnos/as en situaciones activas de aprender. Me refiero concretamente a la necesidad de ponerlos en situaciones de 'hacer' algo, de hacer algo más que escuchar antes de los parciales y, desde la enseñanza, utilizar algunas formas de intervención diferenciadas para saber qué es lo que está pasando en el aula.

Quizás también se trate, como lo sugiere Philip Jackson (2002), de tener un poco de sentido común y saber mirar, saber escuchar. Jackson considera que el docente puede disipar la incertidumbre que concierne al contenido que se está enseñando, si busca con la vista señales que indiquen si los alumnos entienden o no lo que se les está enseñando, si logra captar la 'atmósfera del aula', si se les interroga acerca de lo que se está enseñando o se les presentan pruebas y exámenes para verificarlo.

He practicado con algún buen resultado, formas de intervención que me han permitido orientar mejor a mis alumnos/as y quiero compartirlas porque yo también creía, erróneamente, que poco podía hacerse al respecto en el ámbito de la educación superior.

He trabajado con guías de estudio y guías de lectura, he solicitado brevísimos escritos que argumenten en favor de una idea, conceptualicen en torno a una idea, contrastar dos ideas, he requerido síntesis gráficas (cuadros, redes, mapas conceptuales, etc.) de materiales de lectura. Yo también creía que toda solicitud de producción escrita a mis alumnos/as traía, como consecuencia, una pila de trabajos para 'corregir' y yo, como la mayoría de los colegas docentes de cualquier nivel de la enseñanza, estoy sobrecargado de trabajo. Pero un día me di cuenta que podía solicitar producciones sin necesidad de llevármelas, que podía en la clase dar lugar a la lectura de una o dos de ellas y que los errores que aparecían en éstas podían analizarse con todo el grupo y que esto servía para que, individualmente, cada uno/a revisara sus propias producciones. Me di cuenta que sólo se trata de 'invitar' a producir y que si algún alumno/a no lo hace ya no es mi problema, porque no necesito 'controlar' que todos hayan 'cumplido' con la tarea, porque la tarea no persigue por finalidad 'poner una nota' sino brindar oportunidades, desde la enseñanza, de revisar el propio aprendizaje. En todo caso, quien no produce, quien no quiere producir, se estará perdiendo una oportunidad de aprender mejor.

He trabajado con la oralidad en clase, sobre todo desde el interrogatorio y el diálogo referido a los materiales de lectura, bien conceptual, bien analítico. El que no leyó, no puede participar. Y ese tampoco pasa a ser mi problema.

Puedo enseñar, pero necesito que los alumnos/as pongan su parte. Todos necesitamos que en la clase se hagan presentes dos tipos de disposiciones: la disposición para enseñar (que nos corresponde) y la disposición[5] para aprender. Nuestra buena disposición para enseñar no determinará mágicamente una buena disposición para aprender, pero ayudará y es además nuestra responsabilidad. Creo que en la educación superior tenemos que hacer profesionalmente nuestra parte, si la otra no está, ese ya es otro tema.

5.2. Cuando la evaluación de las prácticas de aprendizaje es acreditación de los aprendizajes

Hemos llegado, después de tanto recorrido, a estas prácticas de las que todos los docentes participamos como evaluadores, prácticas en las que el 'quién' evalúa somos nosotros, prácticas en las que el problema sustantivo es 'qué' evaluamos.

Hemos llegado a estas prácticas que son la instancia más vulnerable y pública de nuestro trabajo. Vulnerable porque suele ser un campo de preocupaciones y de muchas incertidumbres. Pública porque lo que hacemos toma estado público (y mediático), sale del aula, sale de la escuela, se inscribe en las prácticas sociales.

Hemos llegado a lo que habitualmente llamamos evaluación final, a las prácticas de evaluación para la acreditación: las evaluaciones parciales y finales. En la educación superior, los parciales suelen ser cortes a lo largo de la cursada que acreditan aprendizajes realizados hasta ese momento, 'finalizados' hasta ese momento. La evaluación final es la evaluación de cierre de la cursada y adquiere formatos diferentes según los casos. Necesitamos recorrer analíticamente este campo para plantearnos algunos interrogantes y compartir ahora nuevos problemas derivados de este complejo proceso que es la evaluación y que venimos intentando desanudar juntos.

---

5   Me refiero a la 'disposición para aprender' sencillamente como 'querer'
     aprender, sin incluir aquí los obstáculos posibles.

5.2.1. El problema del objeto (qué evaluar) −el problema de los criterios−

¿Qué evaluamos? Respuesta poco pensada: si los alumnos/as saben. Otra pregunta entonces: ¿qué es saber? Nueva respuesta poco pensada: si saben los contenidos. Repregunta: ¿qué es saber los contenidos? Silencio. Incertidumbre.

Así empezó este artículo en la primera desvirtuación, ¿recuerdan?: la pregunta por el 'qué', se refiere a la consideración acerca de qué tipo de aprendizajes se han logrado, descartando la búsqueda de cantidad de contenido y recuperando la pregunta referida a qué trabajo cognitivo se hace con los contenidos. Y la referencia al trabajo cognitivo con los contenidos está íntimamente ligada a los criterios de acreditación.

En el capítulo I hice referencia a los 'criterios de acreditación', como aquellas características que, expresadas a la manera de cualidades con cierto grado de especificidad, se espera pongan en juego los alumnos/as en su proceso de apropiación de los contenidos de una determinada área del conocimiento y que se expresan como procedimientos cognitivos o prácticos.

La determinación de criterios tiene una triple función. En primer lugar integra la decisión metodológica que realizamos desde la cátedra con la evaluación, dando por supuesto que, si se espera obtener cierta cualidad, ésta deberá ser trabajada durante una cursada. He desarrollado este vínculo especialmente cuando abordé la desvirtuación: 'evaluación y enseñanza son procesos independientes'. Quiero, de todos modos, insistir con los ejemplos: si en el trabajo con los contenidos de una unidad curricular consideramos que los alumno/as deben lograr resolver situaciones problemáticas que integren teoría con práctica laboral, entonces, metodológicamente trabajaremos durante la cursada con dichas situaciones a fin de facilitar que los alumnos/as aprendan a resolverlas.

En segundo lugar los criterios nos orientan con respecto a qué tipo de tareas y problemáticas presentar en una situación de prueba, dando coherencia a lo que hemos expresado en nuestro proyecto de cátedra como hipótesis y su concreción en términos de propuesta áulica. Desde este punto de vista, los criterios funcionan, para la propia cátedra, como el eje desde el cual plantear la evaluación con función de acreditación y como un elemento de monitoreo entre aquello que espera se incorpore como aprendizaje y la verificación del mismo.

En tercer lugar los criterios explicitados orientan a los alumnos/as ya que contarán con una descripción cualitativa de cómo encarar su aprendizaje con relación a los contenidos.

¿Qué determina que una cualidad expresada como un procedimiento cognitivo o práctico pueda ser considerada criterio y otra no? ¿Qué es lo que hace que 'enunciación de fechas y hechos con precisión' no parezca un criterio apropiado para evaluar en el área disciplinar de la Historia y sí lo sea la 'identificación de procesos recurrentes'?

Para Matthew Lipman (1997) existen los criterios de los criterios, o tal como los denomina, los metacriterios: relevancia, confiabilidad y fuerza. Un criterio es relevante si es pertinente al contenido que se está evaluando y apropiado al contexto en el que se están realizando los juicios; es confiable si habiéndoselo utilizado a lo largo de unos años, no ha resultado inapropiado y ha favorecido la orientación del proceso de acreditación hacia aquello que consideramos 'digno de ser evaluado' por su potencialidad epistemológica y ética; tiene fuerza si, comparado con otros criterios posibles, guía mejor que éstos la realización de los juicios valorativos implicados en la acreditación.

Los criterios son una derivación de decisiones personales, pero, sobre todo una derivación de la especificidad disciplinar. Cada unidad curricular 'invita' a ciertos criterios por su naturaleza epistémica. He aquí algunos ejemplos posibles agrupados por áreas disciplinares:

CIENCIAS DE LA COMUNICACIÓN:
- coherencia y cohesión textual: secuencia ordenada de hechos y/o ideas, jerarquización de ideas, planteo de asunto principal;
- uso de vocabulario: variedad y precisión del vocabulario;
- adecuación a la situación comunicativa;
- escritura con ortografía y puntuación correcta;
- uso de relaciones textuales: ejemplificaciones, analogías, comparaciones…
- extensión adecuada a la intención comunicativa y al tipo de texto;
- recepción crítica de mensajes.

CIENCIAS EXACTAS:
- uso de vocabulario específico: números, gráficos, tablas, signos;
- relación entre conceptos;

- formulación de hipótesis;
- contrastación de resultados;
- propuesta variada de soluciones;
- uso de estrategias propias de resolución;
- exactitud en el cálculo;
- fundamentación de procedimientos;
- incorporación de algoritmos;
- uso de un procedimiento lógico de resolución de problemas.

CIENCIAS SOCIALES:
- lectura de la totalidad de la bibliografía obligatoria;
- uso de vocabulario específico;
- precisión en la conceptualización;
- identificación de relaciones conceptuales;
- formulación de hipótesis;
- identificación de variables;
- análisis de las variables implicadas en situaciones sociales;
- flexibilidad y amplitud en el análisis;
- distinción entre causas y efectos;
- selección y organización adecuada de materiales y fuentes de información;
- contrastación de fuentes;
- análisis desagregado de los conceptos y planteos teóricos contenidos en los textos de lectura obligatoria;
- relación entre los marcos teóricos analizados y las prácticas profesionales del campo;
- síntesis integradora de relaciones conceptuales;
- inclusión en el análisis de las variables específicas del campo: tiempo, espacio, cambio, conflicto, causalidad, contingencia, contradicción, totalidad, práctica social.

CIENCIAS DE LA NATURALEZA:
- uso de vocabulario específico;
- identificación de relaciones;
- formulación de hipótesis;
- identificación de variables;
- análisis de las variables implicadas en fenómenos naturales;
- selección adecuada de materiales y fuentes de información;
- organización de la información;
- manejo de formulaciones abstractas;
- conceptualización apropiada
- enunciado de conclusiones;
- inclusión en el análisis de las variables específicas del campo: sistema, cambio, unidad, diversidad, interacción, equilibrio, conservación, transformación, continuidad.

Ahora bien, si los *criterios de acreditación*, se refieren a procedimientos cognitivos o prácticos que se espera pongan en juego los alumnos/as en las instancias de acreditación de las cuales participen, creo a la vez que existen otros criterios que no definen en sí la acreditación pero que 'regulan' la calificación. Quiero decir, criterios que, habiéndose decidido la aprobación o no de la instancia de acreditación final de una unidad curricular inciden en algún tipo de ajuste en la calificación que otorgamos (suman o restan algún punto, por ejemplo). Llamo a éstos, *criterios de incidencia* y he aquí algunos ejemplos:

- participación activa y pertinente en la clase;
- búsqueda de información adicional al contenido trabajado;
- autonomía en la direccionalidad del propio aprendizaje;
- entrega en tiempo y forma de los trabajos encomendados;
- compromiso y solidaridad con los acuerdos arribados en la tarea grupal.

5.2.2. El problema de los instrumentos (cómo evaluar)

> "El instrumento debe presentar el grado de organización suficiente para que la apreciación que efectúa del aprendizaje permita desprender algunas conclusiones acerca del desempeño presente y futuro del alumno, en cuestiones específicas pero también con visión integral.
>
> Cada uno de los instrumentos de evaluación resuelve estos problemas de diversas maneras. Actúa como un reflector que en el escenario ilumina a algunos personajes y deja en penumbra a otros, que sin embargo están allí, presentes, pero con una clase diferente de presencia. Por esta razón, la elección de los instrumentos de evaluación adecuados a la hora de diseñar el programa de evaluación de un curso, por ejemplo, constituye una de las decisiones más importantes para garantizar el valor didáctico de la evaluación en relación con los procesos de enseñanza y de aprendizaje" (Camilloni, 1998).

He decidido iniciar la cuestión de los instrumentos con la cita de Camilloni porque considero que la discusión didáctica, bajo el temor del 'instrumentalismo' dejó de lado en extremo la cuestión de las herramientas, pasando de ser el único tema, a no ser tema. Y creo que tiene que seguir siendo una cuestión específica del campo de la didáctica debido a su importancia, tal como ella lo señala.

Asimismo creo que hay abundante bibliografía, sobre todo a partir de la década de 1960 (puede verse De Ketele, 1984, o el más que clásico en Argentina de Lafourcade, 1973) referida al aspecto 'técnico' de la evaluación/acreditación. No realizaré un detalle minucioso de posibilidades, pero sí un rastreo rápido sobre las alternativas de uso de estos instrumentos en el campo de la educación superior. Por ello, presento un esquema clasificatorio y una escueta síntesis descriptiva de la herramienta implicada:

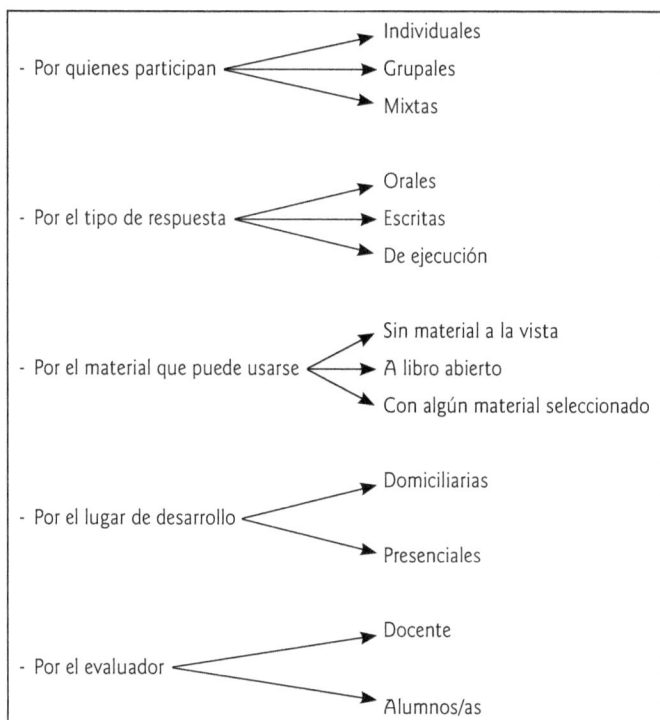

```
- Por quienes participan           → Individuales
                                   → Grupales
                                   → Mixtas


- Por el tipo de respuesta         → Orales
                                   → Escritas
                                   → De ejecución


- Por el material que puede usarse → Sin material a la vista
                                   → A libro abierto
                                   → Con algún material seleccionado


- Por el lugar de desarrollo       → Domiciliarias
                                   → Presenciales


- Por el evaluador                 → Docente
                                   → Alumnos/as
```

- Por quienes participan:
- individuales
- grupales
- mixtas

Individuales: considero 'individual' toda instancia de acreditación en la que el alumno/a resuelve las tareas solo/a.

Grupales: por el contrario la forma 'grupal' supone un proceso iniciado y finalizado por un grupo en el cual no se diferencian rendimientos individuales sino que se considera la construcción del conjunto. En este caso, a los efectos de la calificación, la nota obtenida por el grupo es la que se acredita a cada uno de sus miembros.

Mixtas: finalmente, la forma 'mixta' hace referencia a la intervención de las dos formas anteriores en un mismo proceso. Por ejemplo, cuando un trabajo de conjunto es defendido en un coloquio grupal en el cual el docente personaliza las preguntas y, en consecuencia, considerando tanto el producto del conjunto como el desempeño individual de defensa, discrimina calificaciones diferentes para cada miembro del grupo.

- Por el tipo de respuesta:
- orales: de exposición, coloquios, defensa de trabajos,
- escritas: de desarrollo, de preguntas, objetivas (también conocidas como de opción múltiple), de ejercicios, de situaciones problemáticas, monografías, etc.,
- de ejecución.

Orales: considero 'oral' toda forma de evaluación en la que interviene la voz como mediación entre el evaluador y el evaluado. Tradicionalmente se ha usado el formato oral para los exámenes finales. Su forma inapropiada es convertirlo en un interrogatorio de comprobación del acopio de información más que de su procesamiento y de 'ametrallamiento' de preguntas inconexas entre sí. Resulta un buen instrumento si la interrogación ayuda a que el alumno/a evaluado pueda ir elaborando un discurso en el que las relaciones conceptuales se vayan encadenando naturalmente a partir del desarrollo de las ideas eje de una unidad curricular y las ideas globales vayan hilvanando la inclusión de los conceptos particulares. Todas las posibilidades son imaginables según la creatividad de quien evalúa: se puede pensar en la elaboración de situaciones problemáticas que se entreguen a los alumnos/as un rato antes (hace un largo tiempo llamábamos 'capilla' a ese tiempo previo) en fichas que luego se exponen oralmente; se puede pensar en que el alumno/a comience su exposición habiendo elegido un tema original que, a medida que lo presenta, va vinculando con los contenidos de la unidad curricular; se puede pensar en que el alumno/a comience su exposición a partir de la presentación de una elaboración personal[6] previamente preparada, etc. Su expresión grupal es el coloquio, instancias de diálogo a través de las cuales un grupo de alumnos/as va desarrollando alguna temática. También es utilizable una forma combinada entre lo oral y lo escrito cuando, tras la elaboración escrita de algún tipo de trabajo, el alumno/a defiende las expresiones vertidas en el mismo, ampliando o respondiendo a preguntas aclaratorias que realiza el docente.

Escritas: la forma de evaluación 'escrita' tiene una larga tradición en las aulas y resulta, hoy por hoy, la más utilizable en razón de ser económica en relación con la cantidad de sujetos que permite evaluar en un corto tiempo. Existen diferentes tipos de evaluaciones escritas según sea la manera de presentar las tareas a resolver.

Las *'pruebas escritas de desarrollo'* son aquellas en las que se presenta una única tarea a desarrollar, en general, el nombre de alguna temática amplia como por ejemplo: "Haga un relato histórico donde combine variables sociales, políticas y económicas del período comprendido entre 1945 y 1955". Así el alumno/a organiza el desarrollo con entera libertad, de acuerdo a su propio criterio, e integra y expresa sus pareceres con la profundidad que le parece apropiada. Desde el punto de vista del evaluador, si bien facilita la identificación de lo que el alumno/a considera como más importante (en relación con una evaluación de seguimiento), son en general bastante engorrosas de corregir, sobre todo cuando el alumno/a se ha dispersado en su desarrollo o cuando premeditadamente, y con el afán de llenar hojas, desarrolla cuestiones anexas muy poco relevantes o reitera más de una vez la misma idea. También, a los efectos de comunicar el por qué de la nota obtenida, exige muchas aclaraciones en los márgenes, relacionadas con las expresiones vertidas, sobre todo si éstas son erróneas.

---

6   Cuando digo 'tema original' o 'presentación personal' me refiero a que comience exponiendo el producto de un trabajo propio de indagación o de producción, para evitar que esta primera presentación sea la 'repetición' de alguno de los textos de bibliografía obligatoria.

Las 'pruebas escritas de monografías' podrían ser consideradas una variante no presencial de las pruebas de desarrollo. Una monografía es un trabajo dedicado a un asunto muy restringido y bien delimitado que implica algún tipo de indagación rigurosa que se presenta en forma escrita siguiendo ciertas convenciones formales y estructurado en general con un sumario, una introducción, un desarrollo, una conclusión y un listado de la bibliografía utilizada.

Las 'pruebas escritas de preguntas' (también llamadas 'cuestionarios'), son aquellas en las que la tarea de resolución es una serie de tareas que implican respuestas más acotadas. A los fines de evitar que se transforme en un ping-pong sin sentido, es aconsejable que las tareas se secuencien entre sí guardando algún hilo de relación. Este tipo de pruebas garantiza menor influencia de la subjetividad del evaluador, a la vez que resultan más sencillas de evaluar y distribuir el puntaje. Desde el punto de vista del alumno/a, resultan ser más orientadoras en tanto que especifican con mayor precisión qué se espera que conteste, desarrolle o resuelva sobre un tema.

Las 'pruebas escritas de ejercicios' y las 'pruebas escritas de situaciones problemáticas' resultan ser una variante para ciertas áreas disciplinares de las pruebas de preguntas.

Las 'pruebas escritas objetivas' son aquellas en las que las tareas deben responderse a través de una sola palabra, un número, una frase corta o un símbolo. Son pruebas con muchas tareas ya que el responder a cada uno de ellos implica muy poco tiempo. Su mayor peligro radica en que, si no están bien elaboradas, pueden exigir únicamente respuestas memoristas. Las ventajas de este tipo de pruebas son tantas como sus desventajas. Entre las primeras podría enumerarse: el poco tiempo que demanda su corrección, la exclusión de toda forma de subjetividad al asignar puntajes, la rápida aplicación, la orientación precisa que brinda al alumno/a sobre qué respuesta se espera que realice. Entre las segundas, las más significativas son: el gran tiempo que demanda su elaboración, la tendencia a evaluar únicamente el manejo de información, la imposibilidad de evaluar resultados complejos de aprendizaje, el poco valor que tienen para la evaluación de seguimiento (ya que no logran dar cuenta del por qué de los errores cometidos). La forma de presentar las tareas de la prueba puede variar entre las siguientes posibilidades:

a) De respuestas breves: tareas cuya respuesta es una palabra o frase que no se desarrolla o fundamenta. Por ejemplo: *"Nombre dos físicos relevantes del siglo XIX"*.

b) De completamiento: tareas que resultan ser una frase inconclusa que debe completarse o un párrafo al cual se le han quitado algunas palabras que deben completarse (en este último caso se los conoce también como 'texto lacunar'). Por ejemplo:
"A los efectos del cálculo de amortizaciones, el método decreciente, consiste en aplicar el porcentaje de depreciación, resultante de dividir el valor de origen por ...., sobre el valor ....".

c) De alternativas: sobre una proposición dada, debe explicitarse si ésta es verdadera o falsa. Por ejemplo:
"Los trabajadores autónomos están incorporados al sistema creado por la Ley N° 24457 sobre Riesgos del Trabajo (V – F)".

d) De opción múltiple (choise): tareas en las que, para una proposición dada o una pregunta, se ofrecen tres o cuatro respuestas posibles entre las que debe optarse por la que se considere correcta. Por ejemplo:
"¿Cuál es el río con mayor actividad económica de la República Argentina?
- *Canal de Beagle*
- *Río de la Plata*
- *Paraná*
- *Uruguay"*.

e) De respuesta por pares: dos columnas que deben aparearse con flechas de acuerdo con algún criterio establecido. Por ejemplo:
"Una con flechas considerando el período de gobierno de cada presidente:

José F. Uriburu	1874-1880
Arturo Frondizi	1958-1962
Arturo Illia	1862-1868
Hipólito Yrigoyen	1930-1932
Nicolás Avellaneda	1963-1966
Bartolomé Mitre	1916-1922
	1928-1930"

f) De ordenamiento: una serie desordenada de palabras o hechos que deben ordenarse según algún criterio que se establece. Por ejemplo:

"Ordene de mayor a menor considerando el área cultivable: Tucumán, Santa Cruz, La Pampa, Formosa, Buenos Aires, Córdoba, Santa Fe".

De ejecución: la forma de evaluación 'de ejecución' es aplicable a ciertas unidades curriculares en las cuales el aprendizaje fundamental es de tipo práctico o de desempeño. El sujeto evaluado realiza alguna actividad real a través de la cual se podrá comprobar si el modo de realización sigue un proceso correcto y si finalmente el producto obtenido es adecuado. Puede decirse que se aplican sobre todo en el área de las ciencias en relación con el uso del instrumental, en las artes (música, plástica, pintura), en la educación física, en las artes industriales (carpintería, electricidad, mecánica), en la informática, etc.

• Por el material que puede usarse:
- sin material a la vista
- a libro abierto
- con algún material seleccionado

Sin material a la vista: son las pruebas en las que el alumno/a no puede realizar, en el momento de su resolución, ningún tipo de consulta en textos o apuntes.

A libro abierto: a diferencia de las anteriores, éstas no tienen ninguna limitación respecto al uso de textos o materiales de consulta.

Con algún material seleccionado: aquí el/la docente determina qué puede y qué no puede ser consultado. Por ejemplo, ante la prueba, la cátedra determina que pueden utilizarse a la vista ciertas fórmulas o redes y cuadros sinópticos, pero no textos o apuntes de clase.

- Por el lugar de desarrollo:
- domiciliarias
- presenciales

Domiciliarias: pruebas que se resuelven fuera del ámbito del aula tal como es el ejemplo de las monografías o pruebas de preguntas cuya respuesta exige cierto nivel de indagación bibliográfica o trabajo de campo a partir de los cuales se realiza una elaboración personal.

Presenciales: pruebas que se inician y finalizan en el ámbito del aula.

- Por el sujeto que evalúa:
- realizada por el/la docente
- realizada por los alumnos/as

Realizada por el docente: instancias de evaluación en las que la decisión sobre la forma de llevarlas a cabo, su instrumentación y la asignación de calificaciones están a cargo exclusivamente del docente.

Realizada por el alumno/a: la intervención del alumno/a como sujeto evaluador y a la vez evaluado puede revertir dos formas. La primera de ellas se refiere a la *autoevaluación*, entendiendo que ésta puede abarcar la decisión de la forma, la determinación cualitativa del rendimiento y la asignación de la nota. Por cierto, la falta de experiencia del alumno/a como sujeto evaluador y la inevitable indiferenciación entre sujeto que evalúa y sujeto evaluado hace pensar en una necesaria y cuidadosa guía de intervención en este proceso, como así también en ciertas aclaraciones y discusiones previas para evitar que la evaluación quede reducida únicamente a una cuestión de notas. Experiencias realizadas en este campo dan cuenta de prácticas que suelen ubicarse en todas las posibilidades: facilismos, extrema dureza, negación, etc. La segunda forma se refiere a la *coevaluación*, entendiendo a ésta como la intervención del alumno/a como sujeto que evalúa no sólo su propio proceso de aprendizaje sino también el de sus pares. El aprendizaje escolar, si bien es un proceso individual, se realiza en una situación colectiva ya que en todo ámbito de educación formalizada (aún en la educación a distancia) se aprende 'con' otros. Las prácticas coevaluadoras dan a esos otros, partícipes importantes en los aprendizajes individuales, un lugar de relevancia para evaluarlos y una voz diferente para analizarlos.

5.2.3. El problema de la calificación

La entrada al universo de la educación superior enfrenta a los alumnos/as con ciertas prácticas de evaluación poco frecuentes en experiencias escolares anteriores. Así, parciales y finales, aparecen como novedad y el volumen de lectura como amenaza. Entre tanto, más de un principiante considera no tan complicada la aprobación porque "se aprueba con 4". Sin embargo, para unos y para otros llegar al 4 no es exactamente lo mismo y aprender qué significa un '4' para cada uno de nosotros, es para los alumnos/as parte de ese aprendizaje del oficio de ser alumno/a (Perrenoud, 2001).

Es que ellos mismos lo dicen, ¿no recuerdan haber escuchado alguna vez frases como estas?

- "Tenés que contestar bien por lo menos el 70% de los ítems para sacarte un 4, pero por cada uno de los que te equivocás te baja un punto".
- "Son cinco preguntas de dos puntos cada una, si contesto dos bien, ya está".
- "Si no resolvés todos los ejercicios no aprobás, después te cuenta los errores de procedimiento que cometiste en cada uno y así te pone la nota".
- "El primer día dijo: el 10 es de Dios, el 9 del profesor, del 8 para abajo hablamos".

En ocasiones, comprender el sistema de asignación de calificaciones requiere de una buena dosis de esquizofrenia: dividirse en tantas partes como profesores/as evalúan. Es que, respecto de las notas, el universo de procedimientos es inabarcable.

Quiero detenerme aquí para describir algunas prácticas que he usado o visto en las prácticas de algunos colegas y que creo, pueden aportar insumos para pensar mejor la asignación de calificaciones. Pero antes, necesito realizar cuatro necesarias aclaraciones para enmarcar la lectura de las mismas:

-   En primer lugar la advertencia referida a que toda escala 'encasilla' a los sujetos en algún lugar de la misma y hace percibir como 'iguales' a todos aquellos que comparten el mismo lugar en ella. Las escalas homogeneizan lo que de por sí es y seguirá siendo heterogéneo. Se produce así una homologación formal, sólo formal, perdiéndose las características diferenciales específicas. ¿Son iguales en términos de aprendizaje, por ejemplo, todos los alumnos/as que sacaron un 7? Todos compartiremos, seguramente, un 'no' como respuesta a la pregunta anterior. De allí que la escala demande y reclame el acompañamiento de convenciones menos universales (Camilloni, 1998).
-   En segundo lugar, aclarar que no estoy realizando un análisis de las posibles escalas de calificación ni de sus ventaja y desventajas ya que adopto para los ejemplos la que habitualmente se utiliza en el ámbito de la educación superior, es decir, la escala numérica de grado 1-10.
-   En tercer lugar, como ya lo he hecho antes, insistir que los ejemplos no son modelos y que el tipo de resolución a un problema de la práctica que muestra un ejemplo, podría encontrar otras tantísimas formas de resolución aún mejores.
-   Finalmente, aclarar también que los ejemplos muestran la relación entre tarea y criterios de evaluación, pero, tal como lo hice explícito antes, creo necesario a los efectos de la asignación de las calificaciones finales, utilizar también los criterios de incidencia.

• *La asignación de la calificación por asignación de puntos a cada tarea:*

Es un procedimiento clásico: si es una prueba de preguntas o de ejercicios o de problemas, se plantean 5 tareas y se le asigna 2 puntos a cada una. Los criterios de acreditación determinan la obtención de 0, 1 o 2 puntos en cada tarea. Así, todas las tareas pueden ser evaluadas desde los mismos criterios o se determinan qué criterios corresponden para qué tareas.

Por ejemplo en una prueba escrita, del tipo cuestionario, en la que:

- *Los criterios son:*
a) identificación de los conceptos centrales en la bibliografía obligatoria
b) precisión conceptual sin reproducción textual
c) pertinencia en la elección de las categorías conceptuales necesarias para resolver la tarea

- *Y las tareas[7] son:*
a) ¿Por qué Thompson sostiene que las clases no pueden ser derivadas directamente de las relaciones sociales de producción?
b) ¿En qué consiste el Estado moderno para Marx? ¿Cuál es su base? Desarrolle las dimensiones y funciones analizadas por el autor.
c) ¿Qué es el Estado para Boaventura de Sousa Santos? ¿Cuál es la lógica del Estado capitalista? ¿Qué relaciones y contradicciones plantea entre lo económico y lo político y entre explotación e igualdad?
d) ¿Qué implica sostener que la hegemonía es un 'proceso social activo'?
e) Explique por qué la hegemonía puede ser considerada como una relación de poder contradictoria. Desarrolle a partir de los textos de Thompson, Villarreal y Grimberg.

En este ejemplo que he construido, la calificación podría asignarse otorgando 2 puntos a cada tarea si la respuesta evidencia el cumplimiento de los tres criterios especificados, I punto si alguno de los criterios estuviera ausente y 0 puntos si se evidenciara la ausencia de dos de los tres criterios.

• *La asignación de la calificación por asignación de puntos a cada criterio:*

En este tipo de procedimiento se asignan puntos a cada criterio y se observa su cumplimiento a lo largo de todas las tareas.

---

7   Las tareas han sido extraídas de un parcial domiciliario de la cátedra de Antropología Sistemática I –Organización social y política– del Departamento de Ciencias Antropológicas de la Facultad de Filosofía y Letras de la UBA aunque no se ha respetado el formato original de la propuesta.

Es un procedimiento muy práctico para las pruebas de desarrollo en las que se plantea una única tarea.

Por ejemplo una prueba en la que:

- *Los criterios son:*
a) resolver la tarea respetando las características de desarrollo solicitadas,
b) evidenciar lectura de la totalidad de la bibliografía de la unidad,
c) evidenciar análisis y aplicación de los núcleos conceptuales fuertes presentes en la bibliografía utilizada como eje del desarrollo,
d) evidenciar el uso de vocabulario específico,
e) relacionar y fundamentar los conceptos utilizados en los diferentes análisis,
f) evidenciar elaboración personal en la propuesta presentada.

- *Y las tareas[8] son:*
Formás parte de un equipo de redacción de una revista educativa cuyos lectores son mayoritariamente los docentes de nivel inicial y educación básica. Para el próximo número te han pedido que escribas un artículo titulado: "¿La complejidad del currículum como articulador de la prácticas docentes o la complejidad de las prácticas docentes como articuladoras del currículum?".

Tu trabajo para este parcial es escribir ese artículo, para lo cual te pedimos que:
a) presentes en una red conceptual los conceptos centrales que vas a hacer intervenir evidenciando la relación que vas a establecer entre ellos;
b) escribas el artículo sin copiar textualmente a los autores (a menos que los estés citando y para lo cual te pedimos que utilices algún formato universalmente aprobado para realizar citas bibliográficas);
c) hagas intervenir a la totalidad de autores de la unidad incluyendo más de una idea conceptual fuerte que cada autor desarrolle en su texto;

---

8 Las tareas han sido extraídas de un parcial domiciliario de la cátedra de Didáctica I de la carrera de Licenciatura en Educación de la Escuela de Humanidades de la Universidad Nacional de San Martín.

d) fundamentes los conceptos que viertas referenciándote en los autores;

e) escribas no menos de seis carillas en hoja tamaño A4, letra arial 12, interlineado simple;

f) presentes el trabajo respetando ciertas formalidades tales como: encarpetarlo, caratularlo, colocar un índice, colocar el listado bibliográfico, etc.

En este ejemplo, la calificación podría asignarse otorgando una valoración a cada criterio y observando su cumplimiento a lo largo del trabajo. Una concreción posible sería:

a)	resolver la tarea...	1 punto
b)	evidenciar lectura de...	2 puntos
c)	evidenciar análisis y aplicación...	3 puntos
d)	evidenciar el uso de vocabulario...	1 puntos
e)	relacionar y fundamentar los conceptos...	2 puntos
f)	elaboración personal...	1 punto

- *La asignación de la calificación con el uso de rúbricas:*

Una rúbrica es una matriz en la que cada criterio especificado se gradúa en diferentes valores o niveles de cumplimiento. Es una herramienta que a la vez que ayuda a los docentes a la búsqueda de mayor objetividad, clarifica a los alumnos/as respecto al sentido otorgado a cada criterio convirtiéndose así, en un interesante instrumento para la evaluación de seguimiento, la autoevaluación y la coevaluación de los aprendizajes.

He aquí un ejemplo[9] de una rúbrica para evaluar en el área de Lengua, trabajos escritos:

---

9   Extraído de: www.eduteka.org.

	Nivel 3	Nivel 2	Nivel 1
Ideas y contenido	El escrito es claro, enfocado e interesante. Mantiene la atención del lector. El tema o historia central se enriquece con anécdotas y detalles relevantes.	El escrito es claro y enfocado; sin embargo, el resultado general puede no captar la atención. Hay un intento por sustentarlo, pero puede ser limitado, irreal, muy general o fuera de balance.	El escrito carece de una idea o propósito central. El lector se ve forzado a hacer inferencias basándose en detalles muy incompletos
Organización	La organización resalta y focaliza la idea o tema central. El orden, la estructura o la presentación compromete y mueve al lector a lo largo del texto.	El lector puede inferir lo que va a suceder en la historia, pero en general, la organización puede ser en algunos casos inefectiva o muy obvia.	La organización es casual y desarticulada. La escritura carece de dirección, con ideas, detalles o eventos que se encadenan unos con otros atropelladamente.
Voz	El escritor habla directamente al lector en forma directa, expresiva y que lo compromete con el relato. El escritor se involucra abiertamente con el texto y lo escribe para ser leído.	El escritor parece sincero, pero no está completamente involucrado en el tema. El resultado es ameno, aceptable y a veces directo, pero no compromete.	El escritor parece completamente indiferente, no involucrado o desapasionado. Como resultado, la escritura es plana, sin vida, rígida o mecánica. Y dependiendo del tema, resulta abiertamente técnica o incoherente.
Elección de palabras	Las palabras transmiten el mensaje propuesto en forma interesante, natural y precisa. La escritura es completa y rica, pero concisa.	El lenguaje es totalmente corriente, pero transmite el mensaje. Es funcional, aunque carece de efectividad. Frecuentemente, el escritor decide por comodidad o facilidad de manejo, producir una especie de 'documento genérico', colmado de frases y palabras familiares.	El escritor hace esfuerzos con un vocabulario limitado, buscando a ciegas las palabras que transmitan el significado. Frecuentemente, el lenguaje es tan vago y abstracto o tan redundante y carente de detalles, que solamente el mensaje más amplio y general llega a la audiencia.

Fluidez en las oraciones	La escritura fluye fácilmente y tiene buen ritmo cuando se lee en voz alta. Las oraciones están bien construidas, son muy coherentes y la estructura variada hace que al leerlas sean expresivas y agradables.	Las oraciones tienden a ser más mecánicas que fluidas. El texto se desliza eficientemente durante la mayor parte del escrito, aunque puede carecer de ritmo o gracia, tendiendo a ser más ameno que musical. Ocasionalmente las construcciones inadecuadas hacen lenta la lectura.	El escrito es difícil de seguir o de leer en voz alta. Las oraciones tienden a estar cortadas, incompletas, inconexas, irregulares o muy toscas.
Convenciones	El escritor demuestra una buena comprensión de los estándares y convenciones de la escritura (por ejemplo: gramática, utilización de mayúsculas, puntuación, utilización adecuada del lenguaje, ortografía, construcción de párrafos, etc.) y los usa efectivamente para mejorar la facilidad de lectura. Los errores tienden a ser muy pocos y de menor importancia, al punto que el lector fácilmente puede pasarlos por alto, a menos que los busque específicamente.	Hay errores en las convenciones para escribir que si bien no son demasiados, perjudican la facilidad de lectura. Aun cuando los errores no bloquean el significado, tienden a distraer.	Hay numerosos y repetidos errores en la utilización adecuada del lenguaje, en la estructura de las oraciones, en la ortografía o la puntuación que distraen al lector y hacen el texto difícil de leer. De hecho, la gravedad y frecuencia de los errores tiende a ser tan notoria que el lector encontrará mucha dificultad para concentrarse en el mensaje y debe releerlo para entender.

Calificar no es realizar una fórmula matemática ni, tal como expliqué al principio, realizar una medición. La calificación en la educación superior es una asignación que se realiza en algún corte parcial o final del proceso de aprendizaje y es, en la lógica de los sistemas escolares, una necesidad de la organización. A veces, presos de dicha necesidad, también profanamos desde la calificación a la evaluación misma. Pero el sentido y el valor de la nota no pueden perder la perspectiva de constituirse en un referente para los propios alumnos/as y en un referente del aprender.

"El trabajo del maestro que evalúa tareas en su clase no corresponde al del mismo maestro que las califica después de un examen. En ambos asigna una calificación. Pero en la situación de examen jerarquiza los trabajos y sanciona el nivel alcanzado por cada candidato. En su clase verifica también el nivel de dominio pero se dedica a situar cada tarea desde una perspectiva de aprendizaje pasado y por venir" (Amigues y Zerbato-Poudou, 1999).

5.2.4. El problema de la devolución

He planteado el tema de la devolución en apartados anteriores. Quiero aquí sistematizar esas ideas con la intención de insistir en un tema que, como ya he dicho, considero crucial.

La asignación de la calificación, es decir, la devolución al alumno/a del resultado de una evaluación a través de una nota, básicamente sólo sirve a la propia estructura institucional. La nota resuelve el problema de diferenciar quienes aprueban y quienes no, pero sólo da una respuesta al problema de la certificación institucional. Secundariamente informa al alumno/a que obtiene buenas notas una referencia de estar cumpliendo con aquello que de él/ella se espera.

Pero la sola nota no orienta al desaprobado, ni a los que obtuvieron calificaciones bajas. La nota no resuelve el problema de reorientar el proceso de aprender. Y es, más que nada en esos casos, en que se hace necesario otro tipo de devolución.

Sin dudas, lo mejor es realizar buenos comentarios cualitativos en los márgenes de la hoja –cuando se trata de una prueba escrita– que pueda indicar con cierto grado de precisión a quien ha escrito, el acierto o el tipo de error que está cometiendo. Digo también, sin dudas, que este trabajo de 'comentar' para la devolución lleva horas de corrección. Por ello, me parece necesario encontrar formatos reales dentro del margen de lo posible.

He pasado por casi todas las situaciones posibles: estar cargado de cátedras de todo tipo, tener muchas cátedras pero de una sola especialidad disciplinar, tener unas pocas cátedras. Según fuera mi situación puedo decir que he empleado formas de devolución de las más variadas. Quiero compartir esas formas que he usado para devolver orientaciones en pruebas escritas para que quien anda buscando, quizás pueda encontrar una pista:

- Comentada escrita: por ejemplo, enunciados junto a los párrafos que hacen referencia a orientaciones para la revisión de conceptos erróneos o especificaciones de contradicciones conceptuales en el discurso, pero en todos los casos carentes de juicios valorativos sino posicionados en la orientación para la revisión.
- Comentada oral: codificaciones que sólo el docente entiende (simbologías que indican un tipo de error) pero que sirven para realizar una devolución individual y oral a algunos de los alumnos/as que requieren más urgentemente de una orientación.
- Puntuada con el uso de rúbricas: asignación de puntos por criterio con el uso de una rúbrica, por supuesto pública, que pueda darle al alumno/a, a partir del puntaje obtenido en cada criterio y para cada tarea, una idea de cuáles son los criterios que no evidencia haber puesto en juego en el desarrollo de los contenidos.
- Codificada: una serie de códigos escritos junto a los párrafos que señalan enunciados generales del tipo: "error conceptual", "haría falta el desarrollo de la idea ya que sólo se la enuncia", "ideas presentadas pero no relacionadas entre sí", etc. que se entregan a los alumnos en fotocopia adjunta.

Si el examen es oral, es mucho más fácil. Sólo se trata de tomar conciencia de cuál es la actitud con la que, como evaluadores, nos posicionamos ante el alumno/a. Si asumimos una actitud abierta y de orientación (en oposición a una actitud cerrada y de juzgamiento) podremos ir realizando algunos comentarios cualitativos a medida que el alumno/a expone (sin que con esto estemos cortando a cada rato su discurso) y dar una orientación mucho más precisa, en caso de desaprobación, una vez finalizado el examen.

5.2.5. El problema de la promoción

La promoción no parece ser en la educación superior un problema mayor. La tradición da cuenta de dos formatos habituales: la promoción con examen final o la promoción sin examen final. Sin embargo, además de estos dos regímenes, podrían presentarse otros que Alicia Camilloni (1998) nomina del modo siguiente:

- *Régimen de promoción por calificación ponderada:*

  La promoción es el resultado de ponderar las notas obtenidas por un alumno/a a lo largo de un período determinado, para lo cual se establece una asignación ponderada a las diversas manifestaciones y producciones de los alumnos/as.

  He aquí un ejemplo de promoción ponderada sin examen final:

  - evaluaciones parciales: 60%
  - trabajos prácticos individuales: 30%
  - trabajos prácticos grupales: 10%

  Pero también podría ponderarse con un examen final:

  - examen final: 40%
  - exámenes parciales: 30%
  - prácticas de laboratorio: 20%
  - informe final: 10%

- *Régimen de promoción por puntajes derivados:*

  La promoción es el resultado de un procesamiento estadístico de los puntajes brutos obtenidos por los alumnos/as de un grupo que se toma como referencia: el grupo clase o el grupo edad o el grupo nivel de escolaridad que corresponde. Un ejemplo similar al de promoción por puntajes derivados, aunque no estrictamente igual, sería la puntuación que se deriva de haber asignado un 10 a la mejor resolución, independientemente de los puntos que objetivamente le corresponderían, y desde dicho parámetro asignar las calificaciones decrecientes y decidir la promoción de los alumnos/as.

- *Régimen de promoción por logros mínimos exigidos:*

  La promoción es el resultado de comprobar que el alumno/a ha alcanzado, a través de las tareas propuestas, ciertos logros mínimos preestablecidos que suelen presentarse como competencias, objetivos globales o estándares de aprendizaje, tal como sería el caso de una serie de entregas en una unidad curricular del campo del arte.

• *Régimen de promoción por calificación promedio:*

La promoción es el resultado de promediar las notas obtenidas por un alumno/a a lo largo de un período determinado.

• *Régimen de promoción sin examen:*

Si bien no hay una versión unívoca del régimen de promoción sin examen (ya que adopta formatos diversos) se la usa en general a partir de la obtención de logros mínimos (expresados en términos de calificaciones) en las instancias parciales de la cursada.

En la variedad de formatos pueden encontrarse unidades curriculares que promocionan sin examen a partir de alguna o la combinación de más de una de estas modalidades:

- la obtención de 7 o más puntos en cada uno de los parciales;
- la aprobación de trabajos prácticos;
- la evaluación por portafolio[10].

• *Régimen de promoción por examen final:*

Estamos aquí frente a uno de los regímenes de promoción más usuales en la educación superior. He explicitado antes mi adhesión a un régimen de promoción de este tipo y he realizado algunas apreciaciones y sugerencias al referirme a los instrumentos de evaluación de tipo oral. Quiero ahora realizar algunas últimas aclaraciones.

Personalmente considero apropiada una instancia de cierre final (no necesariamente un examen final) si ésta permite:

- rever (estudiar) el material trabajado durante el año y releer los textos que figuran como soporte bibliográfico de cada cátedra con visión de totalidad y de integración;

---

10 Se trata de una evaluación que se realiza sobre una serie de diversas producciones de los alumnos/as seleccionada por ellos/ellas mismos para ser puestos a disposición del análisis del/la docente.

- integrar los contenidos trabajados en las distintas unidades de trabajo;
- contextualizar, en la medida de los posible, las lecturas y contenidos en la práctica profesional objeto de la titulación final de la carrera;
- demostrar el cumplimiento de los criterios acordados con visión de conjunto.

En mis cátedras, esta instancia de cierre final es individual, pero si fuera grupal, básicamente creo que habría que evitar:

- la exposición fragmentada: en la que cada integrante toma una 'parte' del problema y sólo interviene cuando es 'su' momento de exposición;
- la pseudoexposición grupal: cuando los integrantes del grupo se desentienden de lo que sus compañeros/as verbalizan e intervienen siempre desde su propio marco de integración;
- la falta de solidaridad intelectual y funcional: cuando el trabajo cognitivo que supone una exposición no circula por el grupo;
- la conformación de grupos improvisados y resueltos a último momento.

Finalmente, creo que en ocasiones resulta muy operativo trabajar con fichas pre-examen que el alumno/a pueda preparar en el tiempo de 'capilla'. Las fichas pueden presentar problemáticas globales, casos, o preguntas encadenadas que evitarán que el examen se desarrolle con un ping-pong de preguntas que se nos vengan arbitrariamente a la cabeza.

Quiero mostrar el ejemplo de un 'análisis de caso' que puede resultar ilustrativo para comprender a qué me refiero con la necesidad de que esta instancia parta de un material que se prepara con antelación y que permita integrar los contenidos:

- Lea el caso que a continuación se relata y luego de realizar el análisis correspondiente, responda las tareas de evaluación que se formulan al final del texto.

Descripción del caso:

'Sistemat' es una empresa pequeña que creció rápidamente a mediados de la década de los noventa, cuando hubo una euforia en la demanda de automóviles y otros medios de locomoción. Se dedica a la fabricación de elementos hidráulicos que se aplican a las suspensiones de automóviles. Su crecimiento productivo y comercial no fue acompañado de una evaluación paralela en sus procesos administrativos e informáticos. Trabajan en 'Sistemat' trece operarios, cinco administrativos y tres Gerentes de Departamento. De los trece operarios, diez son contratos temporarios que en algunos casos han cumplido ya cuatro años de vigencia. Los otros tres operarios están registrados bajo la figura de pasantes de una Escuela de Educación Media –aunque no existe en archivo un convenio de pasantías– y perciben, sin recibo y en carácter de viáticos, el valor de un salario mínimo por ocho horas de trabajo diarios, incluidos los sábados. Todos ellos tienen prohibidas las 'actividades sindicales', según relata uno de los socios.

La empresa provee de los elementos mencionados a plantas ensambladoras de automotores y montacargas ubicadas en las provincias de Buenos Aires, Córdoba y San Luis. El procesamiento de los datos administrativos ser realiza en el Departamento respectivo en cinco PC Pentium 4 con procesador 3.0, MHZ, 256 Memoria RAM, Disco rígido 80 GB. En estos equipos se procesan inventarios, facturación, cuentas por cobrar y liquidación de remuneraciones. Se está intentando instalar un sistema de pago a proveedores pero se demora significativamente su implementación. Según explica uno de los administrativos, actualmente se analiza la posibilidad de instalar la conexión a Internet por sistema de banda ancha a los efectos de poder obtener los extractos bancarios con mayor celeridad ya que, al no contar con cadetes, éstos llegan vía postal una vez por mes y no se cuenta con información diaria del estado de las cuentas corrientes.

Los operarios anotan su entrada y salida en relojes registradores y cubren formularios diseñados para documentar el avance y estado de los trabajos, que así quedan archivados por lote de fabricación.

La determinación de los costos de los pedidos de los clientes, a efectos de formular presupuestos y, en su caso, luego proceder a la facturación, se ejecuta en forma manual. Los presupuestos los realiza Martita, la administrativa más antigua de la empresa, para lo cual utiliza una sencilla fórmula matemática: costo de los insumos x 3. En los últimos años, la empresa comenzó a tener algunos problemas que impactaron negativamente en su imagen comercial y empezaron a deteriorar su reputación ganada en razón de la buena calidad de los productos elaborados. Según explica uno de los Gerentes, en el último mes se han perdido tres clientes denominados 'grandes' y además 'no se sabe muy bien cómo hacer para abrir nuevos mercados'.

Los tres socios dueños de 'Sistemat', preocupados por la situación creada, deciden contratar a un profesional para cubrir la jefatura de un nuevo departamento que ellos mismos denominan 'Departamento Operativo' y que ahora convive con la estructura original en la que se identifican el 'Departamento Administrativo-Contable', el 'Departamento de Producción' y el 'Departamento de Ventas'. El Licenciado en Administración de Empresas, Marcelo Tato, recomendado por el hermano de uno de los socios, toma el cargo luego de una breve entrevista en la que sustancialmente se discutieron sus pretensiones económicas para incorporarse a la empresa.

Ya en el desempeño de su cargo el Licenciado Tato observa una apreciable cantidad de cartas y registros de llamadas telefónicas de clientes preocupados, en su mayoría, por la demora en el cumplimiento de pedidos oportunamente efectuados. Presta atención especial a la queja de la Gerencia de Compras de 'Mestizo Automotores', principal cliente de 'Sistemat', quien reclamaba con vehemencia la entrega de un importante pedido formulado tiempo atrás. Tato no logra hacerse de alguna información fehaciente que dé cuenta de las razones en la demora, aunque desde el Departamento de Ventas le indican que los plazos de entrega nunca se habían cumplido en todo el presente año.

Cuando pudo recoger la información pertinente –actividad que le resultó por cierto difícil– se dedicó a ensayar una carta de explicación que en definitiva quedó redactada en los siguientes términos:

Adrogué, 25 de junio de 2006

Ing. Norberto Cappiello
Gerencia de Compras de
Mestizo Automotores S.A.

De mi mayor consideración:

Reconocemos y lamentamos los inconvenientes sufridos por vuestra empresa como consecuencia de las demoras en el cumplimiento de las entregas en que hemos incurrido. Como es de vuestro conocimiento, nuestra firma siempre ha sido muy celosa en el resguardo de la calidad de los productos que entregamos a nuestros clientes.

Como le expliqué en nuestro último contacto telefónico, tenemos muchos trabajos en proceso de elaboración y nos resulta difícil realizar el seguimiento de cada uno en particular. De todos modos quiero informarle que en el caso de vuestra empresa, la demora obedece a la falta de los insumos necesarios para atender vuestro pedido ya que nuestro proveedor de los bujes de plástico que conectan el ariete accionador a la cubierta no nos está entregando la cantidad solicitada. Como sólo éste ha venido cumpliendo, a precios razonables, nuestros estándares de calidad, estábamos a la espera de la regularización de esta situación.

Afortunadamente hemos localizado otro proveedor que nos ha entregado una primera partida a los efectos de evaluar la calidad de sus productos. Una involuntaria omisión en el informe de recepción nos impidió registrar el ingreso y, en consecuencia, identificar en el stock la presencia de los bujes plásticos. Esto trajo como consecuencia, además, que no pudieran actuar en el momento adecuado nuestros inspectores de control de calidad por lo que a la fecha no se ha hecho aún la evaluación correspondiente.

Tal como le comenté en ocasiones anteriores es nuestro deseo y obligación satisfacer los requerimientos de nuestros clientes por lo que ya he realizado la orden de producción de vuestro pedido. El trabajo ya está en proceso y efectuaré un seguimiento especial del mismo, para mantener a usted informado.

Esperando haber satisfecho vuestras inquietudes, lo saluda con la mayor consideración.

Lic. Marcelo Tato
Departamento Operativo

Tareas de la evaluación:

- Ud. deberá seleccionar como condición mínima dos contenidos de cada unidad del programa de esta unidad curricular para responder cada una de las tres tareas que se detallan más abajo. Le recuerdo aquí el programa de contenidos de esta unidad curricular:

  • *Unidad 1: Gestión de recursos humanos.* Importancia de los recursos humanos en las organizaciones. Búsqueda, selección e incorporación del personal. Marco jurídico de las relaciones laborales. Motivación, capacitación y desarrollo del personal. Valoración y evaluación de desempeño. Tratamiento de conflictos. Calidad del entorno laboral; seguridad e higiene en el trabajo. Remuneraciones. Relaciones con los sindicatos.
  • *Unidad 2: Gestión de compras e inventarios.* Proceso de compras. Modalidades de compra. Base de datos de proveedores. Tipos de inventarios.
  • *Unidad 3: Gestión de producción.* Proceso productivo. Determinación de costos de producción. Funciones complementarias del proceso de producción: control de calidad; investigación y desarrollo; mantenimiento.
  • *Unidad 4: Gestión de comercialización y clientes.* Investigación de mercado. Estrategias de marketing. La función de ventas. Base de datos de clientes. Modalidades de venta y canales de comercialización.
  • *Unidad 5: Gestión financiera.* Presupuesto. Decisiones de inversión y de financiamiento. Movimiento de fondos. Operaciones bancarias activas y pasivas.

1) Realice un análisis de las principales problemáticas que evidencia la empresa 'Sistemat'. Fundamente cada una de las problemáticas que Ud. identifique.
2) Realice un análisis de las políticas o estrategias utilizadas por la empresa en sus procesos de gestión. Fundamente la coincidencia o no de dichos procesos con modelos teóricos que haya estudiado.
3) Proponga estrategias de mejora de la gestión de la empresa. Fundamente teóricamente cada una de sus propuestas.

5.3. Las prácticas de evaluación
y la consideración de los errores

"¿Podríamos decir que hay errores inteligentes y errores no inteligentes? (...) Generalmente se dice que un error es inteligente cuando se comete porque se sabe algo y no porque no se sabe. (...) Podemos preguntarnos, pues, cuáles son las causas de estos errores. (...) Una respuesta es que quizá no se haya comprendido el problema. El estudiante ha seleccionado mal el criterio de solución o está trabajando con una consigna que le es ajena y por ello no cuenta con la base de información necesaria para lograr la respuesta. (...) El error no inteligente es el que se produce por distracción, por azar. Frente a este error, es muy poco lo que nosotros podemos hacer" (Camilloni, 1994).

Quiero finalizar con alguna consideración respecto a los 'errores inteligentes' en la educación superior.

Veamos, ¿a qué pueden deberse los errores que suelen cometer los alumnos/as en la educación superior? Voy a tomar, en principio, la tipología de Jean Astolfi (2003) para pensar, con cierta libertad y no atándome necesariamente a los desarrollos del autor, nuestra incidencia como docentes de la educación superior en los errores de nuestros alumnos/as:

- *Errores debidos a la redacción y comprensión de las instrucciones:*

En este tipo de errores estamos fuertemente implicados los docentes. ¿Por qué? Porque el error puede devenir de la tarea o de la forma de presentar la tarea. ¿Es realmente un error?

A veces presentamos las tareas de una prueba de manera tan ambigua que no queda claramente establecido qué es exactamente lo que esperamos que los alumnos/as respondan. Esto se hace presente mucho más fuertemente en las pruebas escritas de desarrollo en las cuales la ausencia de una tarea específica (en general se plantea más bien un tema a desarrollar) favorece un clima de alta subjetividad que enmarca tanto las respuestas que los alumnos/as elaboran como la lectura que de las mismas hacemos los docentes. El desencuentro de las subjetividades es 'tomado' como un error. ¿Es un error?, y en todo caso, ¿un error de quién? ¿Cuántas veces le dijimos a algún alumno/a para justificar un 'desaprobado': "esto no es lo que tenías que responder"? ¿Cuantas veces los alumnos/as explican un 'desaprobado' diciendo: "no le puse lo que quería"?

A veces damos por supuesto que si decimos 'analice' los alumnos/as comprenden fehacientemente de qué trata una producción de tipo analítica. Pero analizar supone: identificar cada categoría conceptual (identificación de partes), relacionar las categorías conceptuales entre sí (relación parte-parte) y relacionar las categorías conceptuales con las grandes categorías que las incluyen (relación parte-todo). ¿Lo saben los alumnos/as? Y más aún, cuando en una tarea de tipo 'analítica' los alumnos/as hacen un análisis incompleto, por ejemplo sólo identificando categorías conceptuales, ¿cómo lo valoramos?

A veces formulamos en una misma tarea preguntas, repreguntas, aclaraciones, nuestra propia interpretación, etc. Y, aquí también, los alumnos/as se desconciertan respecto a cuál de ellas tienen que responder.

A veces, las tareas incluyen distractores (como en el caso de los choise) tan confusos y engañosos que resultan ser más una trampa que un distractor.

Pero también, en este tipo de errores están fuertemente implicados los alumnos/as. Porque el error puede devenir de la mala interpretación de una tarea 'bien' consignada. Por ejemplo porque no leen la tarea que se solicita y desarrollan su respuesta a partir del tema implicado en la misma; porque no se detienen a pensar 'desde' la tarea solicitada y escriben lo primero que les fluye a 'borbotones'; porque responden como queriendo 'sacarse de encima' la tarea en lugar de construir una respuesta inteligente a partir de ella; porque se abruman ante la cantidad de tareas que plantea una prueba objetiva y van salteando aquellas sobre las que tienen dudas y luego de finalizar, no revisan su prueba para ver las que han omitido.

Ante este tipo de errores es necesario trabajar en forma previa sobre la 'comprensión' de las tareas solicitadas y las implicancias específicas que ellas tienen en la elaboración de una respuesta. Y también es mejorable el error si hacemos explícitos, en la evaluación misma, los criterios de acreditación que se utilizarán.

- *Errores resultado de los hábitos escolares o de una mala interpretación de las expectativas:*

Una vez más necesitamos incluir aquí los aprendizajes del currículo oculto, del aprendizaje del oficio de ser alumno/a, de las cláusulas implícitas en el contrato didáctico.

Los estudios de Brousseau, Chevallard y el grupo de especialistas de los Institutos de Investigación sobre la Enseñanza de la Matemática (IREM) en Francia realiza un interesante aporte para analizar este tipo de 'errores'. Algunas de las investigaciones realizadas por el grupo francés, dieron lugar por ejemplo, a la interpretación que Chevallard realiza de sus resultados desde la noción de contrato didáctico (de la que se desprende la noción del 'oficio de ser alumno/a' de Perrenoud al que citado anteriormente). Quiero, para no explicar lo que otro ya explicado, darle lugar a la propia voz de Chevallard:

> "En un barco hay 26 ovejas y 10 cabras. ¿Qué edad tiene el capitán?
>
> Al ser planteado este problema por un grupo de investigadores a 97 alumnos del primer y segundo curso, se obtuvieron 76 respuestas que daban efectivamente la edad del capitán, utilizando los números que figuraban en el enunciado.
>
> Quisiera yo, (…) tratar de explicar si en 'la edad del capitán' puede atribuirse el fracaso, a una mala enseñanza de la escuela (…).
>
> Un tipo determinado de interacción social está regido por un contrato de cierta especie. El contrato regula los intercambios entre las partes que reúne, (…) asigna a las diferentes partes derechos y deberes en un marco de referencia compartido que sostiene el pacto social. En otro lenguaje se diría que el contrato define las reglas de juego; el juego al que se juega, al que es sensato jugar cuando se entra en el tipo de interacción que el contrato rige. La investigación de todo contrato puede, de hecho partir de esta simple cuestión: ¿A qué juego están jugando?, o con otra clase de implicación: ¿A qué es sensato jugar acá? (…).
>
> En consecuencia, el contrato determina tanto para el enseñante como para el enseñado una totalidad particular, una visión del mundo didáctico exclusiva de otras visiones del mundo posibles y de varias maneras

extrañas a la visión del mundo donde se mueven generalmente los individuos fuera de la situación didáctica.
La significación de las conductas, esencial para el análisis
didáctico, sólo se puede alcanzar si se relacionan de
manera explícita los hechos observados con el marco
interpretativo del contrato (…).

¿Qué puede explicarnos el comportamiento de los
alumnos en 'la edad del capitán'? La elucidación no es
evidentemente otra cosa que la que nos dice el contrato
a propósito de la tarea —resolución de problemas— a la
que los alumnos se ven enfrentados. El contrato com-
porta, en efecto, una cláusula (válida para todos los
problemas que se pueden proponer en el marco didáctico
escolar): un problema para ser propuesto debe tener
una respuesta y sólo una (aceptable en el sentido del
contrato). Para llegar a esta respuesta:

a) todos los datos propuestos deben ser utilizados
b) ninguna otra indicación es necesaria
c) la utilización pertinente de los datos dados se realiza
   según un esquema que pone en juego procedimientos habituales en el estadio considerado (operaciones aritméticas, regla de tres, etc.). Reglas que hay
   que movilizar y combinar de manera adecuada, lo
   que constituye por otra parte el verdadero campo
   de acción del alumno, su margen de maniobra y de
   incertidumbre (…).

Se ve pues que en el contrato no está incluida en la
tarea del alumno que éste tenga que controlar la legiti-
midad contractual del problema que fue es propuesto.
Por supuesto que el alumno podría operar con una lógica
'profana' (y no escolar) y darse cuenta que algo no anda
bien, que es un problema 'raro' o 'tonto', pero la anomalía
que eventualmente podría constatar, no es su problema.
El hace su parte lo mejor que puede, dada las condiciones que le han sido impuestas. La ruptura del contrato
operada por el docente no es su responsabilidad. ¿Hay
algo más 'lógico' en el fondo?" (Chevallard, 1998).

¿Cuánta incidencia tiene en la elaboración de una respuesta
la duda acerca de 'qué querrá el docente que yo ponga'? ¿Cuánta
incidencia tiene el escribir desde sí mismo o escribir para el
docente? ¿Cuántas deformaciones pueden ser producto de escri-

bir en una producción aquello que supuestamente se cree que el otro quiere leer? ¿Cuánto 'error' hay en producciones tamizadas por un razonamiento de este tipo?

- *Errores como resultado de las concepciones alternativas de los alumnos/as:*

Este tipo de errores se corresponden con la noción de 'obstáculo epistemológico' (Bachelard, 1948).

> "Cuando los significados son portados de uno a otro medio, pueden o transformarse o hacerse más resistentes al cambio. El espacio cultural es determinante del contenido que se construye porque todos los aprendizajes son contextuales. Las representaciones están mediadas por el contexto en que fueron construidas y los contextos lo están por las representaciones" (Camilloni, 1997).

Los obstáculos epistemológicos tienen en buena medida su anclaje en las representaciones construidas en los contextos en los que los alumnos/as han adquirido cierto tipo de nociones. Y desde la noción de 'saberes previos' y la preocupación acerca de los 'cambios conceptuales' instalada por los especialistas de la didáctica de las ciencias de la naturaleza, las 'representaciones' de los alumnos/as acerca de ciertas realidades han adquirido un lugar de privilegio para analizar algunos tipos de 'errores'. Pero lo cierto es que, la identificación de dichas representaciones para concebirlas como obstáculos, adquiere sentido en la medida en que lo que pretendamos sea ayudar a construir una categoría conceptual cuyos componentes difieren parcial o totalmente, de la representación que los alumnos/as tienen acerca de ella.

El principal problema que se desprende de pensar este tipo de 'errores' es pensar qué es lo que hacemos a partir de su aparición, es decir, cómo intervenir desde la enseñanza después de que los alumnos/as expresan sus saberes previos y más aún cuando estos saberes previos, estas representaciones, expresan concepciones erróneas. Y quiero resaltar esto porque he observado con cierta frecuencia que el trabajo con los saberes previos ha pasado a ocupar en algunos niveles de la enseñanza el lugar que antiguamente ocupaba el momento de 'motivación' de la clase y ciertamente una cosa y la otra no están en nada emparentadas. Se supone que las representaciones erróneas puestas de manifiesto en el ámbito de la clase, dan lugar a nuestro trabajo didáctico para, desde ellas, realizar las intervenciones de enseñanza que faciliten el paulatino cambio conceptual y no una 'imposición' conceptual correcta.

Finalmente, si estos obstáculos epistemológicos se relacionan tan directamente con las representaciones construidas en los contextos en los que los alumnos/as han adquirido cierto tipo de nociones, ¿cómo no preguntarnos acerca de la incidencia de las propias instituciones escolares en la construcción de algunas de esas representaciones? Si enseño Didáctica, ¿cómo modificar la idea de enseñanza para concebirla como una intervención, una facilitación, si la representación habitual que se han hecho los alumnos/as de ella es de ser un acto de transmisión (como 'verbalización unidireccional')?, ¿si yo mismo más que enseñar, transmito?

- *Errores ligados a las operaciones intelectuales implicadas:*

Hay cierto tipo de operaciones intelectuales, trabajos cognitivos los he llamado antes, que no se aprenden tan fácilmente. Sobre todo, porque esos trabajos cognitivos cobran especificidad con relación a un determinado tipo de contenido. Quiero decir, que no es lo mismo analizar (como un trabajo cognitivo) un proceso económico que un fenómeno físico. La especificidad del análisis, del tipo de análisis, es diferente y específica según sea el objeto analizado, el contenido con el cual se realiza ese trabajo cognitivo. Cuando esos trabajos cognitivos requieren de operaciones complejas, su aprendizaje es un 'trayecto' que desde la enseñanza debe orientarse y facilitarse.

En la mayoría de las ocasiones 'nuestro pensar' con los contenidos circula desde nuestro discurso en la clase pero no hacemos una invitación operativa a que nuestros alumnos/as construyan 'su propio pensar' con los contenidos. Volvamos sobre los ejemplos: ¿Cómo enseñamos a 'relacionar', que es ciertamente un trabajo cognitivo complejo? ¿Cómo orientamos el aprendizaje de relacionar categorías conceptuales de un contenido disciplinar?

Un determinado tipo de trabajo cognitivo, a la vez, se complejiza o no, según sea el recorrido que se propone hacer con él. Jean P. Astolfi lo explica con un sencillo ejemplo en el que se involucran las operaciones matemáticas: planteado el problema de averiguar cuántas bolitas tiene un niño si tenía 7 y gano 5 en un juego, la mayoría de los alumnos/as de un curso cuya edad promedio es de 6-7 años, contestaría '12'; pero si se preguntara cuántas bolitas tenía otro niño a quien le quedan 7 después de perder 5, muchos alumnos/as de un curso cuya edad promedio es de 9-10 años, dudarían.

> "La dificultad reside en la construcción progresiva de los conceptos de suma y sustracción. A la misma operación aritmética pueden corresponder operaciones lógicas extremadamente diferentes desde el punto de vista del esfuerzo de abstracción que implican" (Astolfi, 2003).

Me preocupa cuando, el recorrido complejo con un determinado trabajo cognitivo, lo planteamos por agregar una dificultad adicional a una tarea de prueba o peor aún cuando ni nosotros mismos nos damos cuenta de que hacemos complejo lo que puede ser sencillo.

Ya he considerado antes otras dos cuestiones que se ligan íntimamente a este tipo de 'errores', pero que una vez más necesito reiterar aquí para que sean pensadas desde su vínculo con ellos:

a) la disociación que a veces realizamos entre el tipo de trabajo cognitivo que requerimos de los alumnos/as en el momento de la enseñanza (y por ende en el proceso de aprender) y el que requerimos en el momento de la evaluación;

b) la disociación que a veces realizamos entre el tipo de trabajo cognitivo que esperamos pongan en evidencia los alumnos/as y lo que verdaderamente ellos/ellas interpretan que solicitamos, según sea como planteamos las tareas de una evaluación.

Una última consideración para pensar la incidencia de esta categoría en el momento de un examen final. A veces, preguntamos sobre la base de trabajos cognitivos que personalmente ya hemos hecho con un contenido. Pero, ¿puede un alumno/a en una situación tensa, de inmediatez, en una situación en la que se tienen que evitar los silencios prolongados (que según el contrato didáctico evidenciarían cierta ignorancia) y de tanta exposición personal pensar, trabajar cognitivamente con un contenido con la misma fluidez que se lo hace en una situación distendida, con todo el tiempo disponible, privada?

- *Errores en los procesos adoptados:*

Los procesos de resolución de 'problemas' (tomo la noción de problema en sentido amplio, como 'desafío') pueden ser variados. A veces, los alumnos/as adoptan procedimientos de resolución 'inadecuados' (por ejemplo, cuando para analizar las causas de un proceso social, lo hacen unicausalmente). A veces, adoptan procedimientos complejos cuando podría adoptarse un procedimiento sencillo (por ejemplo cuando para conceptualizar una noción, lo hacen desde categorías que no se corresponden con ella para, recién después y luego de descartar lo impropio, llegar a las que sí se corresponden). A veces, adoptan procedimientos novedosos, diferentes a los que nosotros 'esperábamos' que adopten (por ejemplo cuando construyen una relación conceptual con una lógica secuencial distinta a la que 'naturalmente' parecía desprenderse de algún análisis previo).

De todos estos diferentes modos de adoptar procesos de resolución de problemas, sólo cuando el procedimiento adoptado es inadecuado se trata de un error. El problema es que, a veces, para nosotros, los otros también lo son.

Cuando el procedimiento es inadecuado, la metacognición sobre los procesos adoptados es un buen camino para 'trabajar' sobre ese tipo de errores.

- *Errores debidos a la sobrecarga cognitiva de la actividad:*

¿Podría pensarse que para un estudiante adulto existan tareas que representen una sobrecarga cognitiva? ¿Cuánto esfuerzo cognitivo puede implicar un alumno/a en una tarea?

Quizás la dificultad no radique exclusivamente en la dificultad que una tarea posea en sí, sino en la cantidad de variables que hay que manejar a la vez —y en un tiempo acotado— para lograr resolverla, es decir, en el esfuerzo cognitivo que requiera.

Ciertamente hay algunas disciplinas que requieren poner en juego algunos procedimientos encadenados para resolver los problemas que les son propios. Otras, por el contrario, son de utilizar procedimientos más independientes entre sí. Pero aún así, ¿quién de nosotros no recuerda haber leído más de un parcial que comienza con un desarrollo excelente y se va 'desinflando' de a poco? ¿Y a quién de nosotros no le ha sucedido alguna vez el haberse encontrado con un parcial inconcluso, al que le faltan tareas por resolver pero que estamos seguros que, por lo ya escrito, el estudiante sí parece saber? ¿Y cuántas veces en un examen final algún alumno/a que evidencia buen vocabulario disciplinar, buena lectura de los textos y mucha fluidez en la ideas verbalizadas empieza a quedarse prendido de silencios profundos a medida que el examen avanza?

Probablemente, en casos como los anteriores podamos estar ante ese tipo de errores que Astolfí denomina como de 'sobrecarga cognitiva' para la memoria de trabajo.

Entonces, por lo menos tres precauciones respecto de este tipo de errores nos corresponden como docentes. En primer lugar, poder diferenciar el error que se manifiesta por falta de información o de buen procesamiento de la información de aquel que se manifiesta por abatimiento momentáneo, por cansancio, por sobrecarga. En segundo lugar, y a consecuencia de lo anterior, poder diferenciar cuándo la tarea que estamos proponiendo se constituye en sí misma como obstáculo. Y finalmente, no perder nunca de vista que el trabajo en el aula no debería renunciar nunca a favorecer que los alumnos/as construyan más y mejores redes internas en sus estructuras cognitivas porque ciertamente, esta será una manera de evitar la rápida sobrecarga cognitiva de una actividad.

- *Errores que tiene su origen en otra disciplina:*

Presentamos las disciplinas decididamente atomizadas. Pero lo que es aún peor, presentamos las disciplinas sin lograr que, terminado un curso, los alumnos/as hayan aprendido a pensar con la 'lógica' de esa disciplina, con el tipo de razonamiento que le es peculiar a cada disciplina, con la particularidad del análisis y construcción de conocimiento que propone su propio objeto de estudio.

Si los alumnos/as no logran aprender esa lógica, tampoco pueden diferenciar los trabajos cognitivos implicados en un campo disciplinar de los que se implican en otro. Por ejemplo, las contradicciones son inadmisibles para el conocimiento matemático pero son inherentes al conocimiento social. Quien no ha aprendido a diferenciar esto, ¿cómo puede aprender una ciencia social?; ¿cómo analizar una realidad social sin incluir en ella la presencia de las contradicciones?; ¿cómo poder apropiarse del conocimiento social si considera que nada puede ser contradictorio, tal como lo enuncia la matemática?

Pero, ciertamente, la 'incomunicación' disciplinar –en el currículo escolar– sea quizás la principal fuente de 'errores' originados en esta tipología de causas. La excesiva atomización no favorece procesos de transferencia 'voluntarios' (llamaría yo 'transferencia involuntaria' al ejemplo anterior en el cual la transferencia se da por la universalización involuntaria de una categoría). Y en la mayoría de las disciplinas curriculares la transferencia es necesaria porque ellas sólo estudian una parcela de la realidad que otras disciplinas completan.

Quiero aquí plantear dos extremos que creo conllevan a sendos errores, sobre todo en el campo de las ciencias sociales. En uno de los extremos aparecen errores como consecuencia de los análisis unidisciplinares que se realizan de ciertas realidades, es decir, cuando no se traen los aportes de unas disciplinas –que habitualmente están en la base de la currícula en una carrera– a otras que requieren de ellas. En el otro extremo, hay errores que aparecen por contaminación de disciplinas. Me refiero al análisis de ciertas realidades en la que se pierde la especificidad de una lógica disciplinar porque otra invade su universo.

Tanto en un caso como en el otro, creo que nos corresponde anticiparnos a este tipo posible de errores, favoreciendo actividades de aula en las que se puedan hacer evidentes estas dificultades, haciendo explícitas, toda vez que podamos, las desviaciones de uno y otro caso.

- *Errores causados por la complejidad propia del contenido*

He aquí algunos de los errores cuya génesis se compromete más fuertemente con nuestra intervención didáctica, pero, ante los cuales más desarmados nos encontramos para trabajar.

La complejidad del contenido, esto es, un contenido disciplinar 'difícil', nos obliga desde la enseñanza a buscar formas de intervención que favorezcan y permitan que ese objeto sea aprendido a pesar de su dificultad. Se trata de encontrar (de poder ofrecer) diferentes caminos por el cual 'entrar' al objeto de aprendizaje porque, seguramente, la dificultad tampoco sea la misma para cada alumno/a.

Pero junto a ello, nos encontramos con todas las causales 'anexadas' a la dificultad y que en general se relacionan con ciertos déficits de los alumno/as ante los cuales se nos presenta un gran campo de incertidumbre: ¿qué hacemos si la dificultad del contenido comienza a partir de ciertos obstáculos para decodificar la información que se está leyendo?; ¿qué hacemos si los estudiantes manifiestan desconocimiento sobre el vocabulario propio de un texto o pero aún, cuando se 'traban' frente a palabras que nos son específicas de la disciplina sino más bien de uso social y aún así las desconocen?

He observado en los últimos años, mucho más fuertemente evidenciado en la educación superior no universitaria, algunos errores de los alumnos/as ante los que sólo se me ocurre sugerir: 'date más tiempo'. Veo con mucha frecuencia algún afán por 'cursar todo y ver que pasa' y tomar como una tragedia el tener que abandonar la cursada de alguna unidad curricular. Creo que es necesario también orientar a nuestros alumnos/as para que 'seleccionen' lo que van a cursar (los planes de estudios de formación docente tienen en general cerca de diez unidades curriculares en un año) porque muchos de ellos realmente no podrán en su primer año de estudios afrontar con buen aprovechamiento personal tantos objetos disciplinares diferentes a la vez.

Incluyo dentro de la tipología de la complejidad del contenido también este tipo de errores que creo se manifiestan en la educación superior:

- Errores causados por dificultades en el vocabulario disciplinar o en el vocabulario de uso.
- Errores causados por dificultades en la discriminación entre información relevante y accesoria.
- Errores causados por una excesiva simplificación de la información.
- Errores causados por una excesiva desfocalización de la idea central (llamamos a esto vulgarmente 'irse por las ramas').
- Errores causados por una errónea asimilación de una categoría conceptual a experiencias personales no pertinentes con ella.
- Errores causados por dificultades en la contextualización del material por desconocimiento de otros saberes previos relevantes.

Por último, no desconozco e incluyo entre los 'errores no inteligentes', aquellos que se relacionan directamente con el estudio:

- Errores causados por la falta de estudio o una mala distribución en el tiempo necesario para el estudio.

Extroducción

Si además del aula, hay algo más que a los docentes de la educación superior se nos representa con un estereotipo clásico, eso es la evaluación. La imagen mental inmediatamente se convierte en una pintura en la que aparecen, con ciertos particularismos idiosincrásicos, los exámenes parciales y los exámenes finales. Vienen rápidamente a la memoria las anécdotas, los 'casos' paradigmáticos, 'ese' alumno/a que se nos quedo grabado...

Pero las prácticas de evaluación reales, esas prácticas en las que nos inscribimos todos los días, lejos de cualquier estereotipo son increíblemente únicas. Y si decimos la evaluación de 'tal unidad curricular con tal curso' se nos aparecen con nombre y apellido las caras borrosas, toman cuerpo las escrituras de las pruebas y sentimos en la piel misma entrometerse las voces que encierran las hojas:

"... disculpe, no pude estudiar"
"... como dice el autor del cual no recuerdo su nombre..."
"... la respuesta a la pregunta Nro. 1..."
"... trataré de abordar en el presente desarrollo..."
"... yo opino que..."

Quise, por un instante, poder pensar 'mi' aula. Me interné en ella y pensé en mí, en mis prácticas y pensé con mis alumnos/as mi enseñanza, y pensé con mis alumnos/as los aprendizajes. Y pensé en desnaturalizar mis propios estereotipos. Y pensé en mis prácticas de evaluación que se entrelazaron en estas reflexiones que aquí concluyo.

Abro las puertas de mi aula y abro las puertas de cada aula. Y allí lo veo al tano Frezza abrazado a la morocha, susurrándole al oído que no hay ninguna Libreta Celeste.

Bibliografía

ALLAL, Linda (1980): "Estrategias de evaluación formativa. Concepciones psicopedagógicas y modalidades de aplicación", *Revista Infancia y Aprendizaje*, Barcelona.

AMIGUES, René y ZERBATO-POU-DOU, Marie-Thérèse (1999): *Las prácticas escolares de aprendizaje y evaluación*, México, Fondo de Cultura Económica.

ASTOLFI, Jean P. (2003): *El error, un medio para enseñar*, Sevilla, Díada.

BACHELARD, Gastón (1948): *La formación del espíritu científico*, Bs. As., Agros.

BARBIER, Jean (1993): *La evaluación en los procesos de formación*, Barcelona, Paidos/MEC.

CAMILLONI, Alicia W. de (1994): "El tratamiento de los errores en situaciones de baja interacción y respuesta demorada", en E. Litwin; M. Maggio y H. Roig: *Educación a distancia en los '90. Desarrollo, problemas y perspectivas*, Facultad de Filosofía y Letras, Programa de Educación a distancia UBA XXI, Universidad de Buenos Aires.

—— (1997): Prólogo: "Los obstáculos epistemológicos en la enseñanza", en A. Camilloni (comp.): *Los obstáculos epistemológicos en la enseñanza*, Barcelona, Gedisa.

—— (1998): "La calidad de los programas de evaluación", en A. Camilloni y otras: *La evaluación de los aprendizajes en el debate didáctico contemporáneo*, Bs. As., Paidós.

—— (1998): "Sistemas de calificación y regímenes de promoción", en A. Camilloni y otras: *La evaluación de los aprendizajes en el debate didáctico contemporáneo*, Bs. As., Paidós.

CELMAN, Susana (1998): "¿Es posible mejorar la evaluación?", en A. Camilloni y otras: *La evaluación de los aprendizajes en el debate didáctico contemporáneo*, Bs. As., Paidós.

CHEVALLARD, Yves (1998): *Acerca de la noción de contrato didáctico*, mimeo de la cátedra de Didáctica IV de la Facultad de Ciencias Sociales de la Universidad Nacional de Lomas de Zamora con síntesis textual de la traducción de la conferencia brindada por el autor en la Faculté des Sciences Sociales de Huminy.

DE KETELE, Jean (1984): *Observar para educar. Observación y evaluación en la práctica educativa*, Madrid, Visor.

—— (1993): "La evaluación conjugada en paradigmas", *Reveu Francaise de Pédagogie*, N° 103, pp. 59-80.

DÍAZ BARRIGA, Ángel (1990): *Currículum y evaluación escolar*, Bs. As., Cuadernos Rei Argentina- IEAS-Aique.

DOLINA, Alejandro (1988): *Crónicas del ángel gris*, Bs. As., Ediciones de la Urraca.

EBEL, Robert (1977): *Fundamentos de la medición educacional*, Bs. As., Guadalupe.

EDELSTEIN, Gloria (1996): "Un capítulo pendiente: el método en el debate didáctico contemporáneo", en A. Camilloni y otras: *Corrientes didácticas contemporáneas*, Bs. As., Paidós.

FREIRE, Paulo (1974): *Pedagogía del oprimido*, Bs. As., Siglo XXI.

—— (1999): *Pedagogía de la autonomía*, México D.F., Siglo XXI.

JACKSON, Philip (2002): *Práctica de la enseñanza*, Bs. As., Amorrortu.

LAFOURCADE, Pedro (1973): *Evaluación de los aprendizajes*, Bs. As., Kapelusz.

LIPMAN, Matthew (1997): *Pensamiento complejo y educación*, Madrid, Ed. de la Torre.

LITWIN, Edith (1998): "La evaluación: campo de controversias y paradojas o un nuevo lugar para la buena enseñanza", en A. Camilloni y otras: *La evaluación de los aprendizajes en el debate didáctico contemporáneo*, Bs. As., Paidós.

PALOU DE MATÉ, María del Carmen (1998): "La evaluación de las prácticas docentes y la autoevaluación", en A. Camilloni y otras: *La evaluación de los aprendizajes en el debate didáctico contemporáneo*, Bs. As., Paidós.

PÉREZ, Ángel y GIMENO SACRISTÁN, José (1988): "Pensamiento y acción en el profesor: de los estudios sobre la planificación al pensamiento práctico", *Revista Aprendizaje*, Madrid.

PERRENOUD, Philippe (2001): *La construcción del éxito y del fracaso escolar*, Madrid, Morata.

SANTOS GUERRA, Miguel A. (1996): *Evaluación Educativa 1. Un proceso de diálogo, comprensión y mejora*, Bs. As., Magisterio del Río de la Plata.

SCRIVEN, Michael (1967): "The Methodology of Evaluation", en R. Tyler; R. Gagne y M. Scriven: *Perspectives of Curriculum Evaluation*, Chicago, Rand McNally.

STEIMAN, Jorge (2004): *¿Qué debatimos hoy en la Didáctica?: Las prácticas de enseñanza en la educación superior*, Bs. As., UNSAM-Baudino Ediciones.

Capítulo 4

La evaluación como práctica institucional: el 'plan de evaluación institucional'

Introducción

S ir Ernest Rutherford, presidente de la Sociedad Real Británica y premio Nobel de Química en 1908, contaba la siguiente anécdota:

> *"Hace algún tiempo, recibí la llamada de un colega. Estaba a punto de poner un cero a un estudiante por la respuesta que había dado en su problema de física, pese a que éste afirmaba rotundamente que su respuesta era correcta.*
>
> *Profesores y estudiantes acordaron pedir arbitraje de alguien imparcial, y fui elegido yo. Leí la pregunta del examen y decía: 'Demuestre cómo es posible determinar la altura de un edificio con la ayuda de un barómetro'[1].*
>
> *El estudiante había respondido:*
> *– Lleva el barómetro a la azotea del edificio y átale una cuerda muy larga. Descuélgalo hasta la base del edificio, marca y mide. La longitud de la cuerda es igual a la longitud del edificio.*
>
> *Realmente, el estudiante había planteado un serio problema con la resolución del ejercicio, porque había respondido a la pregunta correcta y completamente. Por otro lado, si se le concedía la máxima puntuación, podría*

---

1 Un barómetro es un instrumento que mide la presión atmosférica. La presión de la atmósfera varía con la altura, así que es posible determinar la altura de un edificio midiendo cómo varía la presión del aire entre la planta baja y la azotea.

alterar el *promedio de sus estudios, obtener una nota más alta y así certificar su alto nivel en Física; pero la respuesta no confirmaba que el estudiante tuviera ese nivel.*

Sugerí que se le diera al alumno otra oportunidad. Le concedí seis minutos para que me respondiera la misma pregunta, pero esta vez con la advertencia de que en la respuesta debía demostrar sus conocimientos de Física.

Habían pasado cinco minutos y el estudiante no había escrito nada. Le pregunté si deseaba marcharse, pero me contestó que tenía muchas respuestas al problema. Su dificultad era elegir la mejor de todas. Me excusé por interrumpirle y le rogué que continuara.

En el minuto que le quedaba escribió la siguiente respuesta: 'Toma el barómetro y lánzalo al suelo desde la azotea del edificio, calcula el tiempo de caída con un cronómetro. Después se aplica la fórmula que dice que la altura es igual a 0.5 por A por el cuadrado del tiempo, y así obtenemos la altura del edificio'[2].

En este punto le pregunté a mi colega si el estudiante se podía retirar. Le dio la nota más alta.

Tras abandonar el despacho, me reencontré con el estudiante y le pedí que me contara sus otras respuestas a la pregunta.

– Bueno –respondió–, hay muchas maneras, por ejemplo, tomas el barómetro en un día soleado y mides la altura del barómetro y la longitud de su sombra. Si medimos a continuación la longitud de la sombra del edificio y aplicamos una simple proporción, obtendremos también la altura del edificio.

– Perfecto –le dije–, ¿y de otra manera?

– Sí –contestó– éste es un procedimiento muy básico para medir un edificio, pero también sirve. En este método, tomas el barómetro y te sitúas en las escaleras del edificio, en la planta baja. Según subes las escaleras, vas marcando en la pared la altura del barómetro y cuentas el número de marcas hasta la azotea. Multiplicas al final la altura del barómetro por el número de marcas que has hecho y ya tienes la altura del edificio. Éste es un método muy directo.

Por supuesto –continuó el alumno–, si lo que quiere es un procedimiento más sofisticado, se puede atar el baró-

---

2   El tiempo que tarda un objeto en caer hasta el suelo depende de la altura desde la que se lo lance. La fórmula mencionada, aunque complicada, es correcta. A es la aceleración de la gravedad en la Tierra.

metro a una cuerda y moverlo como si fuera un péndulo.
Si tenemos en cuenta la medida de la aceleración de la
gravedad al descender el barómetro en trayectoria circular
al pasar por la perpendicular del edificio, de la diferencia
de estos valores, y aplicando una sencilla fórmula trigono-
métrica, podríamos calcular, sin duda, la altura del edificio.

En este mismo estilo de sistema, atas el barómetro a una
cuerda y lo descuelgas desde la azotea a la calle. Usándolo como
un péndulo puedes calcular la altura midiendo su período de
oscilación. En fin, concluyó, existen otras muchas maneras.

Probablemente –siguió–, la mejor sea tomar el baró-
metro y golpear con él la puerta del portero. Cuando abra,
decirle: Señor portero, aquí tengo un bonito barómetro; si
usted me dice la altura de este edificio, se lo regalo.

En este momento de la conversación, le pregunté si no
conocía la respuesta convencional al problema[3]. Dijo que
evidentemente la conocía, pero que durante sus estudios
sus profesores habían intentado enseñarle a pensar.

El estudiante se llamaba Niels Bohr, físico danés,
Premio Nobel de Física en 1922, más conocido por ser el
primero en proponer el modelo de átomos con protones y
neutrones, y electrones que los rodeaban. Fue fundamen-
talmente un innovador de la teoría cuántica"[4].

Si en el capítulo anterior presenté a la evaluación como una
práctica compleja, dicha complejidad se maximiza si la perspectiva
de análisis ubica a la evaluación como una práctica institucional.
Es decir, ya no pensar solamente qué hacemos los docentes
cuando evaluamos sino qué hacemos institucionalmente cuando
evaluamos.

La perspectiva de análisis institucional ubica a la evaluación
como una práctica que exige acuerdos, consensos y, sobre todo,
coherencia colectiva. Porque se trata de un tipo de práctica que
involucra a cada uno de los alumnos/as en particular pero, por otra
parte, a un conjunto de docentes que se relacionan con él/ella.

¿Escuchamos otra vez las voces de los alumnos/as que resue-
nan repetidamente como letanías?:

---

3   La diferencia de presión marcada por un barómetro en dos lugares diferentes
    nos proporciona la diferencia de altura entre ambos lugares.

4   Extraído de: http://www.experimentar.gov.ar.

"¿Ud. cómo va a tomar? porque hay profesores que toman un parcial de preguntas, hay otros que piden un trabajo práctico grupal, un profesor dijo que iba a tomar a libro abierto (...)".

"¿por qué si son cinco preguntas para sacarnos un cuatro tenemos que tener cuatro preguntas bien?; la profesora que dictaba esta materia el año pasado pedía sólo dos preguntas bien para sacarse un cuatro (...)".

"¿qué quiere decir 'regular' en el trabajo? ¿aprobé o no aprobé?".

"ya está profe, no se gaste tanto en querer aclararnos cosas en el parcial, si total no lo vamos a hacer de nuevo, ponga la nota como hacen todos y... ya está".

"¿a Ud. hay que justificarle cuando opinamos algo en un trabajo que le entregamos?".

A veces, parece que los alumnos/as estudian para nosotros, no para ellos. A veces parece que estudian para cada uno de nosotros, por separado, como si cada área de estudio tratara de un objeto independiente que poco tiene que ver con otros. ¿Qué hubiera sido de un Niels Bohr si la forma de estructurar su pensamiento se hubiera tenido que atar al libreto de la evaluación que le proponía cada uno de sus docentes? ¿Qué hubiera sido de un Niels Bohr encapsulado en una maraña institucional que lo hubiera dejado indefenso ante un 'no contestó la pregunta como debía'?

1. La evaluación como proyecto institucional

Seguramente, las voces hayan resonado en las 'oficinas' de algunas de las direcciones ministeriales de la educación y, por lo menos en el ámbito de la educación superior no universitaria, se ha comenzado a hablar de la necesidad de definir *planes de evaluación institucional*. Resulta curioso, cuanto menos, que sobre todo a partir de las reformas neoliberales de la década del 90, ciertas iniciativas se tomen desde el ámbito de la macrogestión sustituyendo las iniciativas que solían devenir de las propias instituciones y, en particular, de ciertos docentes. ¿Eclipsados? Suelo ver, suelo vernos con cierto desdén a la hora de pensar institucionalmente algún tipo de proyectos propios. Creo que todos, en lo más hondo de nosotros mismos, tendemos a pensar: "¿para qué si total ya lo pensó o lo pensará el Ministerio?".

Sólo como ejemplo, quiero mostrar la relevancia que en la jurisdicción bonaerense se le ha dado al *plan de evaluación institucional*. La Pcia. de Bs. As. hace referencia a ello en todas las Resoluciones que se refieren a la evaluación en los distintos niveles e incluso en el marco general del diseño curricular:

- Marco General del Diseño Curricular:

> "El Proyecto Curricular Institucional debe contener un plan de evaluación, que se sustente en una propuesta teórica coherente y garantice unidad de criterio en su aplicación.
>
> Para la elaboración del mismo se requiere de la concurrencia y la activa participación de todo el personal docente del establecimiento.
>
> El equipo directivo, es el responsable ante la sociedad de la certificación de competencias adquiridas por el alumno. Por tal razón además de participar en la elaboración del plan de evaluación es el responsable directo de que el mismo se concrete. Por todo lo expuesto debe implementar estrategias que posibiliten verificar si los resultados de la evaluación se corresponden con la realidad.
>
> En el ámbito que excede lo Institucional, interviene en la evaluación la figura del Inspector. La índole de su función, que lo pone en contacto con lo intra e interinstitucional que le permiten una mirada holística del proceso educativo. Por su parte es el Inspector quien realiza un seguimiento de la instrumentación del plan de evaluación institucional, evaluando, a su vez, la calidad del servicio en relación con los aprendizajes.
>
> Además, para favorecer el cumplimiento de la igualdad de oportunidades, su condición de nexo inmediato entre cada Institución y el Nivel Central, requerirá que aconseje en ambos sentidos las acciones compensatorias que fueren necesarias" (Dirección General de Cultura y Educación de la Pcia. de Bs. As. Resolución 13.298/99 - Marco General del Diseño Curricular - Apartado: Evaluación y acreditación).

- Evaluación en los Institutos de nivel superior:

> "(...) Por los motivos expuestos, cada Instituto donde se implementa el Nivel Superior, en el marco de la presente Resolución, elaborará un Plan Institucional de Evaluación de los aprendizajes, que integrará el Proyecto Curricular Institucional. Si bien no existe una única manera de desarrollar este plan, el mismo deberá incluir, al menos, los siguientes aspectos:
>
>   - Información del concepto de evaluación que se sustenta.
>   - Criterios de evaluación. Socialización de los mismos entre el alumnado.
>   - Estrategias, dispositivos e instrumentos.
>   - Formas y momentos de realización de contratos didácticos; impacto de la evaluación.
>   - Propuestas de autoevaluación, coevaluación y metaevaluación.
>   - Estrategias de devolución de resultados sugerencias para la superación de dificultades.
>   - Mecanismos para la difusión de la información.
>   - Modo de inscripción para rendir examen final.
>   - Trayecto: cursada, evaluaciones parciales, examen final / promoción sin examen, momentos y modos de recuperación de las instancias evaluativas parciales, asistencia, condicionalidad, equivalencias" (Dirección General de Cultura y Educación de la Pcia. de Bs. As. Resolución 1434/04: Evaluación, Calificación y Acreditación de alumnos de institutos de Nivel Superior).

- Evaluación en el nivel medio (educación secundaria básica y educación polimodal):

> "Las expectativas de logro serán dadas a conocer a los alumnos y familias, quienes se notificarán de las mismas como así también de las pautas que indica la presente Resolución. Con esa finalidad cada establecimiento elaborará su plan institucional de evaluación (Anexo I, apartado 2).

Las evaluaciones previstas en el ítem 3⁵ serán paulatinamente integradoras de lo enseñado en ese lapso y
documentarán el proceso desarrollado enmarcado en el
plan institucional de evaluación (Anexo I, apartado 9).

Las expectativas de logro serán dadas a conocer a
los alumnos y las familias, quienes se notificarán de las
mismas como así también de las pautas que indica la
presente Resolución. Con esa finalidad cada establecimiento elaborará su plan institucional de evaluación para
las espacios curriculares/módulos de TTP-TAP o Itinerarios
Formativos según corresponda (Anexo II, apartado 2).

Las evaluaciones previstas en el ítem 3⁶ serán paulatinamente integradoras de lo enseñado en ese lapso y
documentarán el proceso desarrollado enmarcado en el
plan institucional de evaluación (Anexo II, apartado 9)"
(Dirección General de Cultura y Educación de la Pcia.
de Bs. As. Resolución 927/06: Evaluación, Acreditación,
Calificación y Promoción de los alumnos en Educación
Secundaria Básica y de los alumnos del nivel Polimodal).

- Evaluación en el nivel primario (educación primaria básica):

"En cada Establecimiento y en el contexto del Proyecto
Educativo Institucional se elaborará el Plan Institucional
de Evaluación, en el que se explicitarán los criterios y
estrategias de evaluación, acreditación, calificación y promoción en el marco de la presente Resolución. El mismo
contemplará las Expectativas de Logro formuladas para
cada uno de los dos ciclos (Anexo I, apartado 4).

En el plan de evaluación institucional se incluirán,
además, planes de selección, secuenciación e integración
de contenidos como trabajo docente intrainstitucional y
estrategias de trabajos asistidos, guiados y autónomos
para los alumnos con el fin de garantizar los aprendizajes
(Anexo I, apartado 5).

---

5   Se refiere a que en cada trimestre el alumno/a de Educación Secundaria Básica
    deberá tener al menos tres calificaciones: una de ellas corresponderá a una
    evaluación escrita, otra que se define considerando el desempeño global
    del alumno durante el periodo, y una tercera que surge de otra instancia de
    evaluación que el docente considere pertinente.

6   Ibídem. (en este caso, para los alumnos/as de Polimodal).

Si el alumno[7] obtuviere, a partir del Segundo Informe, una calificación de Aún No Satisfactorio (ANS), o no pudiere ser calificado en algún período efectivo de clases por falta de asistencia, el docente y/o docentes del curso y Equipo Escolar Básico del establecimiento deberán: a) elaborar e implementar planes compensatorios, que contemplen estrategias metodológicas y alternativas de trabajo pautadas en el proyecto Institucional que tiendan al logro de las expectativas previstas (Anexo I, apartado 14e).

Para calificar el desempeño global de los alumnos[8] se tendrá en cuenta, la integración de los logros de las Expectativas propuestas para el año en todas las áreas establecidas en el Plan Institucional de Evaluación lo cual condicionará la promoción (Anexo I, apartado 15c).

Considerando que el sexto año de la EPB constituye la etapa final del Ciclo, los informes trimestrales se obtendrán a partir de todas las evaluaciones realizadas. Estas consistirán en producciones orales, escritas u otras que se establezcan en el marco del Plan Institucional de Evaluación. Estas evaluaciones serán paulatinamente integradoras de lo enseñado en este lapso y documentarán el seguimiento llevado a cabo en relación a los aprendizajes de los alumnos. También se tendrá en cuenta el desempeño global del alumno durante el período (Anexo I, apartado 15e).

Si a partir del Primer Informe el alumno obtuviere una calificación inferior a 7 (siete), o no pudiere ser calificado en algún período por falta de asistencia, los docentes del curso y el Equipo Escolar Básico del establecimiento deberán: a) elaborar e implementar planes compensatorios, que contemplen estrategias metodológicas y alternativas de trabajo pautadas en el Proyecto Institucional que tiendan al logro de las expectativas previstas (Anexo I, apartado 15i).

A partir del momento en que el alumno superare el porcentaje de inasistencias admitido o tuviere un período sin calificar, la institución procederá a profundizar las acciones previstas en el Plan Institucional de Evaluación, según lo pautado en el punto 5 de la presente Reso-

---

7   Se refiere al alumno/a de primer ciclo.

8   Se refiere al alumno/a de segundo ciclo.

lución, cuya implementación será responsabilidad de los equipos directivos y docentes. La ejecución de este plan se prolongará indefectiblemente al Primer Período de Compensación y Acreditación y de ser necesario al Segundo (Anexo I, apartado 15q)" (Dirección General de Cultura y Educación de la Pcia. de Bs. As. Resolución 1053/05: Evaluación, Acreditación, Calificación y Promoción de los alumnos de Educación Primaria Básica).

- Evaluación en el nivel inicial:

"El equipo directivo y docente de todas las ramas involucradas en cada Jardín de Infantes realizará las adecuaciones necesarias al plan que explicita los criterios de evaluación y acreditación, que forma parte del Proyecto Educativo Institucional, con participación del nivel de supervisión (Anexo I, apartado I).

En el plan se determinarán los criterios y estrategias que posibiliten la valoración de los aprendizajes en función de las Expectativas de Logro formuladas (Anexo I, apartado 2).

Dicho plan deberá contener mecanismos que recepten la opinión de alumnos y padres sobre los desempeños (Anexo I, apartado 3)" (Dirección General de Cultura y Educación de la Pcia. de Bs. As. Resolución 7574/98: Evaluación, Acreditación, Calificación y Promoción de los alumnos del Nivel Inicial, de Educación General Básica y del Nivel Polimodal[9]).

Si bien al momento de escribir esta página tengo conocimiento de que la Dirección General de Cultura y Educación de la Pcia. de Bs. As. está revisando su normativa referida a la evaluación por lo que, probablemente al momento de la lectura de estas apreciaciones la norma haya cambiado, esto no quita por un lado, y desde un punto de vista histórico, analizar la preponderancia que al plan de evaluación institucional se le ha dado en el sistema y por otro, y desde un punto de vista pedagógico, ver la anarquía respecto a qué se pretende que dicho plan incluya: desagregado en diferentes artículos aparecen desordenadamente aspectos que el plan de evaluación institucional debería incluir, más un cuestionable 'seguimiento' asignado a los inspectores/

---

9   Sólo continúa vigente el Anexo correspondiente al Nivel Inicial.

as respecto a dicha formulación del cual se desprende una evaluación de calidad del servicio educativo: "Por su parte es el Inspector quien realiza un seguimiento de la instrumentación del plan de evaluación institucional, evaluando, a su vez, la calidad del servicio en relación con los aprendizajes".

Con este panorama, y casi a modo de anticipación del peligro de convertir los planes de evaluación institucional en elementos de control y burocracia escolar, quiero presentar algunas de mis ideas al respecto, en el marco del concepto de 'proyecto educativo' en el cual estimo necesita inscribirse esta iniciativa.

1.1. ¿Qué es un proyecto?

A partir de las reformas educativas que se llevaron a cabo en los sistemas educativos de la mayoría de los países de Latinoamérica, las instituciones educativas son posicionadas no sólo como responsables del éxito o el fracaso de las 'innovaciones' sino, en términos aún más generales, del éxito y el fracaso de las prácticas de aprendizaje de los alumnos/as. En este contexto de políticas neoliberales, sustentado en buena medida por la lógica evaluativa (sólo como muestra de ejemplos: la evaluación de calidad en el sistema a partir de los operativas nacionales de evaluación de los aprendizajes en la educación básica y la educación secundaria; la evaluación/acreditación institucional a partir de los parámetros de acreditación de institutos superiores de formación docente en la educación superior) los proyectos cobran vital importancia. Acaso pueda encontrarse una buena razón explicativa si se considera que a través de los organismos internacionales de crédito ingresa dinero por préstamos para sostener las reformas, a la vez que se requiere presupuestar por proyectos para dar cuenta de las inversiones: los proyectos han encontrado allí un lugar de privilegio.

Así, el 'proyecto' se institucionaliza, invade la educación formal y no formal, la administración escolar, la formación y capacitación de los docentes, la investigación, el currículo, y ha atrapado a los gobiernos, a las ONG, a las universidades y a toda organización comunitaria. El diseño por proyectos se ha convertido en 'proyectitis' y la sumatoria de pequeños proyectos ha sustituido la discusión por 'el' proyecto para la educación en la región en el que puedan anidarse las utopías colectivas (Torres, 2000).

Así, pensar en proyectos recortados puede ser, en algún sentido, peligroso: proyectando, podemos estar jugando un juego que no quisiéramos jugar. Más aún, cuando los diseños de proyectos convierten a la realidad sobre la cual se proyecta en una realidad estática, entonces directamente los proyectos son herramientas amenazadoras.

Entonces, ¿de qué hablamos cuando hablamos de proyectos? Y en especial, ¿de qué hablamos cuando hablamos de proyectos educativos? Sin afán enciclopédico, pero con alguna intención de realizar un planteo conceptual, he aquí algunas definiciones del término en cuestión:

- "(…) propuesta de acción de carácter experimental que consolida acciones encuadradas en una meta a alcanzar susceptible de ser modificada" (Litwin, 1994).
- "(…) es una conducta de anticipación que supone, para los actores, el poder de representarse lo inactual y, al mismo tiempo que nos representamos los inactual, transformamos en prácticas cotidianas, actos y acontecimientos que construyen el futuro que queremos armar para todos" (Frigerio y Poggi, 1996).
- "(…) dotar de sentido a la acción transformadora del aquí y ahora mediante una representación o boceto anticipatorio de la obra a realizar" (Beltrán Llavador y San Martín Alonso, 2000).
- "(…) puede llegar a ser una propuesta o una resultante de un estilo de gestión escolar en la cual, 'lo educativo', no reside solamente en los logros que resulten de su implementación sino, sobre todo, en el modo de acción concreta que implica la forma que adopta el proceso mismo de su realización. En síntesis, un modo de concebir la escuela y sus actores, un espacio para la crítica, la participación y la cooperación" (Celman, 1996).
- "(…) es una plataforma de análisis sobre el cual se construye el conocimiento y la acción educativa de toda la escuela. Análisis que tiene como finalidad la comprensión y la mejora de la práctica educativa; (…) es un procedimiento articulado de reflexión de toda la comunidad educativa que impide la

improvisación, la rutina, el individualismo, la inercia, la ingenuidad y el peso excesivo del azar; (…) es una estrategia de
reflexión y acción que aglutina a todas las instancias de la
comunidad" (Santos Guerra, 1994).

¿Y cuáles son sus principales características?

- "(…) supone trascender la inmediatez, previo análisis, proyectando metas y estrategias bajo el propósito de intervenir
en la situación de partida; (…) implica explicitar una determinada concepción sobre la realidad o problema abordado
y un particular ejercicio de reflexión teórico-práctico sobre
los mismos; (…) representa, igualmente, la manifestación
expresa de intenciones y del sentido transformador de la realidad mediante la acción proyectada; (…) es consustancial a
todo proyecto la valoración y selección de las estrategias y
recursos/herramientas a utilizar en el desarrollo de la acción;
(…) el proyecto inspira y sirve de referente a las actuaciones
pero de ningún modo debe llegar a determinar el curso de la
acción o coartar la libertad de los agentes" (Beltrán Llavador
y San Martín, 2000).

- "(…) responde o esconde, según los casos, una concepción
de hombre y de mundo, está determinado por una propuesta
política en términos de proyección social y en los proyectos
educativos contiene, además, una concepción de enseñar y
aprender" (Litwin, 1994).

- "(…) exige la simbiosis de la teoría y de la práctica; (…) parte
de una actitud crítica; (…) se basa en la acción comunicativa;
(…) se sustenta en la acción compasiva; (…) se nutre del
método dialéctico; (…) permite denunciar las patologías sociales; (…) pone en cuestión la utilidad del conocimiento; (…)
tiene en el diálogo su principal motor; (…) genera la ruptura
con la razón instrumental; (…) se basa en la negociación como
estrategia comunicativa; (…) considera el conflicto como una
fuente de conocimiento; (…) entraña un compromiso en la
lucha emancipadora" (Santos Guerra, 1994).

- "(…) la instauración de un proyecto no puede ser un acto obli-
gatorio. No puede ser un objeto de intercambio mercantilista,
no puede ser un modo para lograr recursos económicos que
debieran ser negociados en otros planos. No puede ser un acto
formal para tranquilizar y responder a demandas burocráticas.

(…) No puede implicar el despliegue de sofisticadas técnicas de diagnóstico (…). Tampoco puede reducirse y consistir en la especificación de etapas y pasos de secuencia lineal, establecidos de antemano, guiados por un formulario tipo. (…) todo proyecto educativo es siempre un proceso y no un documento acabado y escrito; un esfuerzo de recreación y no de aplicación; una hipótesis de trabajo y no una afirmación de certeza; un producto de una historia y no un hecho atemporal" (Celman, 1996).

- "La actividad de proyectar se inscribe siempre en una intencionalidad política. Es posible afirmar que los proyectos jamás son neutros, (…) los proyectos dan cuenta y se sostienen en una posición ética. (…) Las éticas se vinculan o conllevan a distintas concepciones de eficacia, por ello, consideramos que los proyectos no pueden reducirse a una cuestión técnica" (Frigerio y Poggi, 1996).

1.2. ¿Qué es un proyecto institucional de evaluación didáctica (el plan de evaluación institucional)?

El plan de evaluación institucional –prefiero por lo presentado más arriba respecto a la idea de proyecto y en el capítulo anterior respecto a la evaluación didáctica, llamarlo 'proyecto institucional de evaluación didáctica'– resulta ser un proyecto que, definido como una propuesta de acción reflexiva, viabiliza los acuerdos de los distintos actores institucionales –en correspondencia con los diferentes grados e instancias de participación posibles para cada uno de sus integrantes– respecto a los marcos teóricos de referencia, los dispositivos y los criterios para la evaluación de la enseñanza y para la evaluación y acreditación de los aprendizajes y calificación y promoción de los alumnos/as en una institución escolar.

Como tal, lo concibo como un proyecto que forma parte del Proyecto Curricular Institucional. A su vez, como proyecto educativo, exige ser evaluado bajo los supuestos de apuntar a la "comprensión y mejora del currículo que pretende la construcción de un ciclo continuo de investigación/evaluación-innovación curricular-nueva evaluación y no de una evaluación como control o como rendición de cuentas a agentes externos" (Celman, 2002).

Reúne en sí, la esencia misma de todo 'proyecto':

- "es una propuesta de acción de carácter experimental" (Litwin, 1994) en tanto que se convierte en un 'plan en acción' que va reformulándose y redefiniéndose a medida que se reflexiona sobre la acción que se lleva a cabo;
- transforma "en prácticas cotidianas, actos y acontecimientos que construyen el futuro que queremos armar para todos" (Frigerio y Poggi, 1996), en tanto facilita la sistematización, el hacer lo más objetivas posibles, pero fundamentalmente, anticipar y proyectar las prácticas de evaluación en pos de construir en ellas y desde ellas una práctica educativa consustanciada de una práctica ética;
- dota "de sentido a la acción transformadora del aquí y ahora" (Beltrán Llavador y San Martín Alonso, 2000) en tanto puede facilitar hacer de las prácticas de evaluación un tipo de prácticas que, enmarcadas en la cotidianeidad de la vida institucional, movilicen la reflexión sobre el enseñar y el aprender, sobre el propio enseñar y el propio aprender y contribuyan a construir sentido en torno al enseñar y el aprender, en torno al valor y el uso del conocimiento en una sociedad asimétrica, esencialmente injusta y con cuestionable criterio de eticidad;
- moviliza lo "educativo (que) no reside solamente en los logros que resulten de su implementación sino, sobre todo, en el modo de acción concreta que implica la forma que adopta el proceso mismo de su realización" (Celman, 1996) ya que involucra a todos los actores implicados –docentes, alumnos/as, directivos–, facilitando el compromiso democrático de participar en la elaboración de pautas consensuadas, de hacer explícitas las condiciones acordadas y de obligar a los actores a asumir los acuerdos colectivos desdeñando posiciones individualistas, ocultas o enajenadas;
- "tiene como finalidad la comprensión y la mejora de la práctica educativa" (Santos Guerra, 1994) en tanto que, como proyecto educativo, construye conocimiento sobre las prácticas para mejorarlas en pos de reconstruir el sentido de la evaluación evitando que se conviertan en un tipo de prácticas 'dirigidas' sólo por una de las partes que involucra, ancladas en una finalidad exclusivamente juzgadora-valorativa y

manejadas desde cierto oscurantismo que las oculta tras un velo difícil de develar.

Exige, como proyecto educativo, asumir las características de un proyecto que se presente como tal:

- "supone trascender la inmediatez" (Beltrán Llavador y San Martín, 2000), en tanto que el proyecto experimental, si bien se construye en la cotidianeidad, reclama no constituirse como una 'respuesta apurada' a los conflictos que la cotidianidad plantea; por el contrario, debido a su carácter de práctica compleja, la evaluación requiere la instalación del hábito de la reflexión y el análisis cotidiano;
- "exige un previo análisis, proyectando metas y estrategias bajo el propósito de intervenir en la situación de partida" (Beltrán Llavador y San Martín, 2000) para lo cual necesita develar, reconstruir y hacer transparentes los supuestos subyacentes, los procedimientos instalados y las representaciones acerca de esta práctica;
- "implica explicitar una determinada concepción sobre la realidad o problema abordado y un particular ejercicio de reflexión teórico-práctico sobre los mismos" (Beltrán Llavador y San Martín, 2000) lo que supone el ejercicio de teorizar sobre la práctica de la evaluación a la vez que se hacen prácticas las concepciones teóricas que sobre la evaluación se comparten;
- "el proyecto inspira y sirve de referente a las actuaciones pero de ningún modo debe llegar a determinar el curso de la acción o coartar la libertad de los agentes" (Beltrán Llavador y San Martín, 2000) ya que favoreciendo el acuerdo y consenso del conjunto de actores involucrado, su práctica no debe constituirse en una coraza impenetrable, ni en una reglamentación prescriptiva, ni en un discurso en tercera persona;
- "responde una concepción de hombre y de mundo, está determinado por una propuesta política en términos de proyección social y contiene además, una concepción de enseñar y aprender" (Litwin, 1994) fundamentalmente en tanto vislumbra el por qué se evalúa, el para qué se evalúa, el qué se evalúa y el cómo se evalúa, delimitando en consecuencia una idea acerca del docente y la práctica de enseñanza que se piensa, del alumno/a y la práctica de aprendizaje que se piensa, de la institución escolar y la práctica de la ciudadanía que se piensa;

- "se basa en la acción comunicativa, genera la ruptura con la razón instrumental, se basa en la negociación como estrategia comunicativa, considera el conflicto como una fuente de conocimiento, entraña un compromiso en la lucha emancipadora" (Santos Guerra, 1994) porque es en sí mismo un ejercicio democrático de ruptura con la asimetría de poder instalada en las prácticas de evaluación que tiene que asumir las contradicciones entre el decir y el hacer para trabajarlas, que tiene que recuperar los conflictos latentes en una práctica que, inevitablemente, se construye sobre la subjetividad pero que se recupera en lo cotidiano desde una actitud humilde y dialógica;
- "es siempre un proceso y no un documento acabado y escrito; un esfuerzo de recreación y no de aplicación; una hipótesis de trabajo y no una afirmación de certeza; un producto de una historia y no un hecho atemporal" (Celman, 1996), es un plan que deberá también construir su propia historia, en el marco de los 'posibles', que deberá evitar su anquilosamiento en los papeles y en las prácticas mismas y que no deberá perder nunca su carácter de 'proceso que se analiza', 'proceso que se reflexiona', 'proceso que se transforma' en tanto pueda concebírselo como una práctica que documentándola se recrea y no como un documento que regula las prácticas;
- "se inscribe siempre en una intencionalidad política y da cuenta y se sostienen en una posición ética" (Frigerio y Poggi, 1996) en tanto que, como proyecto que involucra prácticas sociales de las cuales participan sujetos sociales, se presenta como una práctica ideológica, carente de neutralidad.

En síntesis, creo que un proyecto institucional de evaluación didáctica persigue por metas:

- hacer públicos, democráticos y coherentes los dispositivos y criterios de evaluación de la enseñanza y del aprendizaje;
- construir coherencia respecto al por qué se evalúa y qué se evalúa para decidir entonces el cómo se evalúa la enseñanza y el aprendizaje;
- inscribir institucionalmente prácticas de evaluación de la enseñanza con el afán de mejorar las propuestas didácticas a la vez que se aporta a la construcción continua de la profesionalidad

en la docencia y se evita la enajenación de los docentes con su propio trabajo;
- implicar a los docentes en las prácticas de evaluación de la enseñanza favoreciendo el hábito del análisis de las propias prácticas;
- inscribir institucionalmente prácticas de evaluación de los aprendizajes con el afán de mejorar el compromiso personal y colectivo de todas las partes implicadas y evitar que coexistan en una misma institución y con un mismo alumno/a a lo largo del tiempo de su escolaridad, prácticas ocultas o contradictorias en la evaluación de sus aprendizajes;
- implicar a los alumnos/as en las prácticas de evaluación de los aprendizajes favoreciendo la construcción del hábito del 'aprender para sí' por sobre el de 'aprender para el docente' y el de constituirlas como un proceso derivado de las exigencias del conocimiento por sobre un producto derivado de las exigencias del docente.

En el contexto de las definiciones conceptuales antedichas, creo conveniente que, a los efectos de la elaboración del 'Proyecto institucional de evaluación didáctica', se consideren como acciones de partida para comenzar el trabajo, algunas de estas instancias:
- la implementación de instancias previas de consulta;
- la discusión pública acerca de las concepciones teóricas implicadas;
- la 'desnaturalización' de las prácticas de evaluación instaladas;
- la discusión pública de las prácticas de evaluación instaladas;
- la sistematización periódica del proceso iniciado;
- la escritura de documentos que resulten de la sistematización del proceso;
- el registro de una 'memoria' de la marcha del proceso iniciado;
- la evaluación de corte del proceso realizado y de los acuerdos formalizados a los que se vaya arribando.

Finalmente, dentro del conjunto de estas apreciaciones, creo necesario trabajar a partir de algún esquema teórico, que oriente respecto a los componentes que es necesario incluir y definir en un 'Proyecto institucional de evaluación didáctica en la educación superior'. A tal efecto, esta es mi propuesta de mínima:

Proyecto institucional de evaluación didáctica

Componentes:

1. Marco teórico	2. Evaluación de la enseñanza	3. Evaluación de los aprendizajes
1.1. Concepción de evaluación	2.1. Sujetos que evalúan la enseñanza	3.1. Sujetos que evalúan el aprendizaje
1.2. Concepción de acreditación	2.2. Criterios de evaluación de la enseñanza	3.2. Criterios de evaluación y de acreditación de los aprendizajes
1.3. Concepción de calificación y promoción	2.3. Dispositivos de evaluación de la enseñanza	3.3. Dispositivos de evaluación de los aprendizajes
		3.4. Dispositivos de acreditación de los aprendizajes
		3.5. Dispositivos de devolución y de orientación para la superación de dificultades
		3.6. Sistema de calificación

2. Los componentes del proyecto institucional de evaluación didáctica

2.1. El marco teórico en el proyecto institucional de evaluación didáctica

El marco teórico no constituye ni un punto de partida ni un punto de llegada. Es también, en sí mismo, un proceso de construcción de supuestos teóricos que se requiere hacer explícitos. Pero como tal, y más aún por constituir una elaboración de la que participan los sujetos institucionalizados, no podrá ser cerrada, impuesta o 'copiada' —de un texto, por ejemplo— para cumplir con una formalización exigida en el proyecto institucional de evaluación didáctica.

Se trata de un conjunto de ideas a las que se asumen como propias, acordadas y siempre provisorias pero, inscriptas en las prácticas. Esta característica de 'estar inscriptas en las prácticas' no desdeña su carácter de 'marco teórico' ya que constituyen el marco de referencias desde el cual se intenta intervenir en las prácticas y a la luz de las cuales se intentará analizar la coherencia de dichas intervenciones. El marco teórico requiere también de la construcción del objeto de evaluación imbuido de las "connotaciones de orden teórico y las opciones éticas y políticas que intervienen en su elaboración" (Celman, 2003).

Mínimamente podría incluir:

- la concepción de evaluación,
- la concepción de acreditación,
- la concepción de calificación y promoción.

2.2. La evaluación de la enseñanza en el proyecto institucional de evaluación didáctica

La historia escolar muestra prácticas sistemáticas de evaluación de la enseñanza casi con exclusividad en los dos primeros niveles del sistema. Así, en el nivel inicial y en la educación primaria, con diferentes sentidos de acuerdo con el contexto histórico, los equipos de gestión 'controlan', 'supervisan', 'monitorean' o 'asesoran' a los docentes observando sus clases y luego los evalúan. En general, salvo algunas pocas excepciones, esa observación concluye con una devolución que el observador hace de la clase observada y que se comunica al docente a través de algún formato escrito. En la educación superior la observación nunca fue una práctica que se instalara fuertemente. Pasada la época del 'control', la única observación que ha sobrevivido es la que hacen los investigadores. En el contexto institucional y conviviendo con algunas 'ráfagas' en las cuales la 'evaluación de la docencia' ha empezado a ser parte del discurso oficial, parece muy necesario hacerse la pregunta: ¿qué rol ocupan los equipos de gestión en la evaluación de las prácticas de enseñanza?

Los docentes, si bien solemos reconocernos como los únicos legítimamente autorizados a evaluar nuestras propias prácticas de enseñanza, carecemos de experiencias sistematizadas al respecto y de oportunidades institucionales que las favorezcan. El salario docente 'asignado' por horas-clase en los institutos superiores y la dedicación simple con la cual se designa a la mayoría de los docentes en la niversidad, resulta un fuerte impedimento para la construcción de alternativas y la dedicación de tiempo a otro tipo de prácticas que no sean las de enseñanza propiamente dichas y asienta, las pocas acciones que se hacen al respecto, sobre la base del 'voluntarismo'. Aún en estas condiciones, seguimos defendiendo la necesidad de instituir espacios compartidos que nos permitan 'analizar las propias prácticas' o 'reflexionar sobre las prácticas' para ayudar a profesionalizar nuestro trabajo. Sin duda los docentes estamos involucrados en la evaluación de la enseñanza.

Finalmente, en cualquiera de los niveles del sistema al que nos refiramos, en general los alumnos/as suelen estar ausentes en la evaluación de la enseñanza: en un caso porque son pequeños, en otro, porque no saben. ¿Pero cómo no involucrar a quienes tan directamente 'reciben' los efectos de un tipo de intervención social como es la enseñanza?

La implicancia de los equipos de gestión, los docentes y los alumnos/as en las prácticas de evaluación, requiere que se defina cuál será el involucramiento de cada uno en las prácticas de evaluación de la enseñanza. En consecuencia, es necesario acordar quiénes son los *sujetos que evalúan la enseñanza*.

La evaluación de las prácticas de enseñanza, siendo un proceso que puede implicar a más de un actor institucional, requiere en consecuencia, develar con claridad las variables involucradas en el mismo. Definir las variables es también definir los criterios que cualifican a dichas variables y que se considere involucrados es este tipo especial de práctica social que es la enseñanza. En definitiva y al respecto, el proyecto institucional de evaluación didáctica requiere especificar:

con qué *criterios* se evaluará la enseñanza.

Si se ha acordado quiénes se involucrarán en la evaluación de la enseñanza y con qué criterios se realizará esa práctica, finalmente resta acordar los dispositivos concretos que se utilizarán, esto es, a través de qué procedimientos, con qué tipo de prácticas, usando qué tipo de instrumentos, con qué periodicidad y en qué tiempos institucionales, sólo por nombrar algunos aspectos relevantes, se llevarán a cabo prácticas de evaluación de la enseñanza. Entonces, el proyecto institucional de evaluación didáctica podrá incluir también:

los *dispositivos de evaluación de la enseñanza*.

Así como se han desarrollado al interior de las instituciones escolares procesos de evaluación institucional, creo fundamental que tomemos en nuestras propias manos (antes que lo tomen manos ajenas) los procesos de evaluación de la enseñanza, también como parte fundamental de nuestra autonomía y nuestro desarrollo profesional (Álvarez Méndez, 1997).

2.3. La evaluación de los aprendizajes en el proyecto institucional de evaluación didáctica

Ser evaluado parece haber sido siempre una condición inherente a la de ser alumno/a. Aprender el oficio de alumno/a supone también aprender a dejarse evaluar por otros (Perrenoud, 2001). Tomado como algo 'natural', es decir 'naturalizado' de tal modo, no queda más que esperar que el evaluador se haga presente. Sin embargo, desde hace ya muchos años en el discurso didáctico se habla de la evaluación incluyendo la autoevaluación (el sujeto que se evalúa a sí mismo) y la coevaluación (la evaluación realizada con pares) como instancias del proceso. ¿Por qué entonces en las prácticas institucionales sólo se reconocen en general prácticas de heteroevaluación (la evaluación realizada por otro)? ¿Por qué es 'natural' que en el proceso de la evaluación sean sólo los docentes quienes evalúan a los alumnos/as? Ciertamente, la falta de inscripción de prácticas de este tipo en el ámbito de las instituciones impide, en ciertas ocasiones, la posibilidad de pensar alternativas diferentes.

El planteo realizado desde tales interrogantes no hace sino colocar como objeto de análisis la decisión referida a los sujetos que participan –o pueden participar– de la evaluación con el rol de evaluadores. Hablar de 'sujetos que evalúan' –que emiten juicios de valor referidos a un aspecto de la realidad en la cual se interviene– no es hablar de 'sujetos que califican' –que en todo caso se refiere a los sujetos que asignan según alguna escala convencional, uno de los parámetros de la escala a alguien para comunicarle el juicio de valor realizado–.

Ciertamente, un proyecto institucional de evaluación didáctica requiere definir al respecto:

- quiénes son los *sujetos que evalúan el aprendizaje.*

Tal como ya lo he explicado para el caso de la evaluación de la enseñanza, la evaluación de los aprendizajes requerirá definir los criterios de evaluación y de acreditación.

Cuando hablo de evaluación de los aprendizajes, no me refiero a la acreditación propiamente dicha, sino a los juicios de valor que los 'sujetos que evalúan el aprendizaje' pueden dar respecto a qué, cómo y cuándo se está aprendiendo. No se trata de una asignación de calificaciones sino sólo de una valoración de tipo cualitativa. Para ello, entonces, resulta necesario especificar cuáles serán los criterios[10] que guiarán la evaluación de los aprendizajes. Ciertamente serán diferentes los criterios de evaluación y los criterios de acreditación, en tanto estos últimos se relacionan con las decisiones referidas a la calificación y los primeros no.

A los efectos de orientar y posicionar el juicio valorativo sobre aquellas cualidades que expresadas como procedimientos cognitivos y/o prácticos se espera estén desarrollándose junto a la apropiación de los contenidos específicos, el proyecto institucional de evaluación didáctica requiere incluir:

- los *criterios de evaluación y de acreditación de los aprendizajes.*

Definidos los criterios pueden tomarse las decisiones más instrumentales, se pueden definir dispositivos. Si se ha acordado quiénes se involucrarán en la evaluación de los aprendizajes y con qué criterios se realizará esa práctica, entonces, resta acordar los dispositivos concretos que se utilizarán, tal como ya he explicado para el caso de la enseñanza, a través de qué procedimientos, con qué tipo de prácticas, usando qué tipo de instrumentos, con qué periodicidad y en qué tiempos institucionales, se llevarán a cabo prácticas de evaluación de los aprendizajes. Entonces, el proyecto institucional de evaluación didáctica podrá incluir en este ítem:

- los *dispositivos de evaluación de los aprendizajes.*

Si bien es cierto que en el ámbito de la educación superior, los dispositivos de acreditación suelen estar en parte reglados y

---

10   En el capítulo 3 se encuentra desarrollada la temática referida a los criterios.

en parte ser un atributo de decisión de cada docente en correspondencia con el tipo de contenido que es objeto de enseñanza, también es cierto que resulta conveniente plasmar una serie de acuerdos mínimos al respecto, a fin de evitar que algunas cátedras se conviertan en las 'duras' y a otras en las 'blandas' y, sobre todo, a fin de fomentar desde los dispositivos de acreditación que se utilicen, un estilo formativo coherente que suponga algunos rasgos definitorios en el trayecto académico de los alumnos/as. Sólo por mencionar algunos ejemplos, con acuerdos mínimos, se podría evitar que estén ausentes en una carrera la elaboración de informes (si la mayoría de los docentes plantea pruebas del tipo de 'ejercicios' u 'objetivas', ¿cuándo aprenderán los alumnos a escribir informes técnicos?), que se superpongan en una misma semana varias pruebas parciales, etc. Es así que, sin que esto se convierta en una atadura, el acuerdo respecto a los dispositivos, y en particular a los instrumentos, no parece estar de más. De allí que en el proyecto institucional de evaluación didáctica se pueda incluir también el consenso al que se va arribando respecto a:

- los *dispositivos de acreditación de los aprendizajes*.

No acreditar en las instancias parciales de un proceso de aprendizaje supone, por lo menos en las instituciones formales, alguna nueva oportunidad de poner en evidencia lo aprendido. Suele ser norma general que, en caso de desaprobación, cada parcial tomado tenga la posibilidad de un recuperatorio.

En este sentido, la función de la devolución resulta más que importante para que los alumnos/as desaprobados reciban alguna orientación de los errores que están cometiendo y puedan así reencausar su proceso de aprendizaje.

Optimizar este proceso sería poder anticiparlo. Si pudiéramos reconocer antes de las instancias de acreditación, las dificultades que empiezan a manifestar los alumnos/as, también podríamos, desde la enseñanza, anticiparnos a dichas dificultades. Así, con formas de intervención que atendieran a lo específico del obstáculo, podríamos orientarlos con mayor precisión.

La pregunta más incómoda es si cada uno de nosotros realmente puede identificar el tipo de obstáculo que está impidiendo a algunos de nuestros alumnos/as aprender aquello que hemos intentado enseñar. Ciertamente no me refiero al fracaso por falta de estudio, sino al fracaso 'con' estudio, al fracaso que se relaciona con dificultades de apropiación de la base conceptual y/o al fracaso que se relaciona con dificultades en el tipo especial de trabajo cognitivo que un objeto de conocimiento propone. La pregunta se torna aún más molesta si nos preguntáramos si, institucionalmente, podemos identificar los obstáculos que algunos alumnos/as manifiestan no ya en cada unidad curricular en particular, sino en sus trayectorias académicas, en sus prácticas curriculares. Ante tales preguntas, la respuesta más sensata es tratar de dilucidarlo.

Por algunas de estas razones, los acuerdos en torno a estas cuestiones parecen proponernos la necesidad de plasmar en el proyecto institucional de evaluación didáctica:

- los *dispositivos de devolución y de orientación para la superación de dificultades*.

Creo necesario realizar una última consideración al respecto de esta cuestión. Si bien el sistema de calificación está definido por alguna norma devenida de la gestión del sistema escolar, suelen aparecer algunas zonas oscuras a las que debe atenderse. Por lo menos resulta imprescindible acordar las formas de comunicar el sistema de calificación vigente y, a partir de ello, la instrumentación concreta del alcance de la nota de aprobación (¿cómo se obtiene un 4 y qué tipo de resolución requiere?) y los procedimientos que implican la promoción sin examen final en los casos en que esto es posible.

Entonces, la última consideración al respecto es acordar:

- el *sistema de calificación*.

Extroducción

Las instituciones educativas suelen constituirse como un gran enigma. Las teorizaciones acerca de la cultura institucional, la circulación del poder, el contrato fundacional, las tradiciones imperantes, los tipos de organización que adoptan –sólo por mencionar algunos de los aspectos investigados– dan cuenta de algunas de las variables que definen la dinámica de las instituciones, pero aún así, existen en ellas zonas oscuras de difícil develamiento.

Resulta cuanto menos curioso tratar de hacer un reconto de la cantidad de 'proyectos' que se piensan y construyen en el interior de las instituciones educativas y más curioso aún la cantidad de ellos que comienzan y se abandonan, que finalizan sin que afecten en nada a la propia institución o a algunos de sus actores, que quedan sólo en los papeles o en los despachos del sistema escolar a los que se los presenta, que son simulacros pensados con premeditación o peor aún que son simulacros frutos de la ingenuidad. ¿Por qué? Cuanto menos esta pregunta lleva a interrogarse acerca de la lógica con que las instituciones operan a la hora de proyectar, de proyectarse, de autoproyectarse: ¿falsa democratización de las decisiones?, ¿luchas de poder que obstaculizan?, ¿proyectitis?, ¿carencia de verdadera autonomía?, ¿prescripciones normativas externas fluctuantes, constantemente fluctuantes, pero aún así prescriptivas?, ¿poca experiencia en un democrática gestión de proyectos?

> "La gestión de una escuela, como todo proceso de gestión social, habitualmente se realiza en un escenario de carácter conflictivo pues, éste se caracteriza por ser complejo, incierto y turbulento a partir de la presencia de situaciones sobre las cuales no tenemos control y de actores que tienen intereses propios y distintos posicionamientos. Por esta razón (...) es necesario encontrar, descubrir o construir movimientos capaces de acercar y hacer posibles los compromisos de acción, los proyectos específicos y la visión institucional" (Cháves Zaldumbide, 1995).

La cita de Chaves, agrega un componente interesante para el análisis de los obstáculos que se presentan en las instituciones a la hora de trabajar por proyectos.

Aún en este contexto de complejidad e incertidumbre, colocar esfuerzos en torno a la generación de genuinos proyectos colectivos parece valer la pena. Claro, siempre y cuando no seamos sólo espectadores de las constantes reformas del sostén político, legal, administrativo y curricular del sistema y con ello, nos hagan perder la credulidad y el sentido común.

Me acordé de un relato que habla justamente de eso:

La Fábula de los cerdos asados[11]

"Cierta vez se produjo un incendio en el bosque en el que se encontraban cerdos. Estos se asaron. Los hombres, acostumbrados a comer carne cruda, los probaron y los hallaron exquisitos. Luego, cada vez que querían comer cerdos asados prendían fuego a un bosque... Hasta que descubrieron un nuevo método.

Pero lo que yo quiero narrar es lo que sucedió cuando se intentó modificar el Sistema para implantar uno nuevo. Hacía tiempo que algunas cosas no marchaban bien: los animales se carbonizaban, a veces quedaban parcialmente crudos, otras de tal manera quemados que era imposible utilizarlos. Como era un procedimiento montado en gran escala preocupaba mucho a todos, porque si el Sistema fallaba, en gran medida, las pérdidas ocasionadas eran igualmente grandes. Miles eran los que se alimentaban de esa carne asada, y también muchos de miles eran los que tenían ocupación en esta tarea. Por tanto, el Sistema, simplemente no debía fallar. Pero, curiosamente, a medida que se hacía en mayor escala, más parecía fallar y mayores pérdidas causar.

En razón de las deficiencias, aumentaban las quejas. Ya era un clamor general la necesidad de reformar a fondo el Sistema. Tanto que todos los años, se reunían Congresos, Seminarios, Conferencias, Jornadas para hallar la solución. Pero parece que no acertaban a mejorar el mecanismo, porque al año siguiente se volvían a repetir los Congresos, Seminarios, Conferencias y Jornadas. Y así siempre.

Las causas del fracaso del sistema, según los especialistas, debían atribuirse o bien a la indisciplina de los cerdos que no permanecían donde debieran, o bien a la inconstante naturaleza del fuego tan difícil de controlar,

---

11 La "Fábula de los cerdos asados" está transcripta del libro *Juicio a la escuela* de Gustavo Cirigliano, editado en 1974. Fue publicada originariamente en la Revista *Cátedra y Vida*, Buenos Aires, 1959 y luego en la revista *Phi Delta Kappan*, de los EE.UU., en inglés, noviembre de 1960.

a los árboles excesivamente verdes, o a la humedad de la tierra, o al Servicio de Informaciones Meteorológicas que no acertaba con el lugar, momento y cantidad de lluvias, o…

Las causas eran —como se ve— difíciles de determinar porque, en verdad, el Sistema para asar cerdos era muy complejo: se había montado una estructura; una gran maquinaria con innumerables variables, se había institucionalizado. Había individuos dedicados a encender: los 'ignifer', que a su vez, eran especialistas de sectores: incendiador o ignifer de zona norte, de zona este, incendiador nocturno, diurno con especialización matinal o vesperal, incendiador de verano, de invierno (con disputas jurisdiccionales sobre el otoño y la primavera). Había especialistas en viento: los anemotécnicos. Había un Director General de Asamiento y Alimentación Asada, un Director de Técnicas Igneas (con su Consejo General de Asesores), un Administrador General de Forestación Incendiable, una Comisión Nacional de Entrenamiento Profesional en Porcología, un Instituto Superior de Cultura y Técnicas Alimentarias (el ISCyTA) y el BODRIO (Bureau Orientador de Reformas Igneo-Operativas).

El BODRIO era tan grande que tenía un Inspector de Reformas cada 7000 cerdos aproximadamente. Y era precisamente el BODRIO el que propiciaba anualmente los Congresos, Seminarios, Conferencias, Jornadas. Pero éstos sólo parecían servir para aumentar el BODRIO en burocracia.

Se había proyectado y se hallaba en pleno crecimiento la formación de nuevos bosques y selvas, siguiendo las últimas indicaciones técnicas (en regiones elegidas según una determinada orientación y donde los vientos no soplaban más de tres horas seguidas, donde era reducido el porcentaje de humedad, etc.).

Había miles de personas trabajando en la preparación de esos bosques que luego se habrían de incendiar. Había especialistas en Europa y en los EE.UU., estudiando la importación de las mejores maderas, árboles, cepas, semillas, de mejores y más potentes fuegos, estudiando ideas operativas (por ejemplo: cómo hacer pozos para que en ellos cayeran los cerdos). Había además grandes instalaciones para conservar a los cerdos antes del incendio, mecanismos para dejarlos salir en el momento oportuno, técnicos en su alimentación.

Había expertos en la construcción de establos para cerdos; profesores formadores de los expertos en la construcción de establos para cerdos; universidades que preparaban a los profesores formadores de los expertos en la construcción de establos para cerdos; investigadores que brindaban el fruto de su trabajo a las universidades que preparaban a los profesores formadores de los expertos en la construcción de establos para cerdos; fundaciones que apoyaban a los investigadores que brindaban el fruto de su trabajo a las universidades que preparaban a los profesores formadores de los expertos en la construcción de establos para cerdos, etc.

Las soluciones que los Congresos sugerían eran por ejemplo: aplicar triangularmente el fuego luego de raíz cuadrada de 'a' menos 1 por velocidad de viento sur; soltar los cerdos quince minutos antes de que el fuego-promedio del bosque alcanzara 47°; otros decían que era necesario poner grandes ventiladores que servirían para orientar la dirección del fuego, Y así por el estilo. Y no se necesita decirlo, muy pocos de los expertos estaban de acuerdo entre sí, y cada uno tenía investigaciones y datos para probar sus afirmaciones.

Un día, un ignifer categoría S-O/D-M/V-LL (o sea, un encendedor de bosques especialidad sudoeste, diurno, matinal, licenciatura en verano lluvioso), llamado Juan Sentido-Común, dijo que el problema era muy fácil de resolver. Todo consistía, según él, en que primero se matara al cerdo elegido, se lo limpiara y cortara adecuadamente y se lo pusiera en un enrejado metálico o armazón sobre unas brasas hasta que por efecto del calor y no de la llama se encontrara a punto.

— ¿Matar? —exclamó indignado el Administrador de Forestación—.

— ¡Cómo vamos a hacer que la gente mate! Ahora el que mata es el fuego. ¿Nosotros matar? ¡Nunca!

Enterado el Director General de Asamiento, lo mandó llamar. Le preguntó qué cosas raras andaba diciendo por ahí, y luego de escucharlo, le dijo:

– Lo que Ud. dice está bien, pero, sólo en teoría. No va a andar en la práctica. Más aún, es impracticable. Veamos, ¿qué hace Ud. con los anemotécnicos, en el caso de que se adopte lo que sugiere?

– No sé –respondió Juan–.

– ¿Dónde coloca los encendedores de las diversas especialidades?

– No sé.

– ¿Y los especialistas en semillas, en maderas? ¿Y los diseñadores de establos de siete pisos, con sus nuevas máquinas limpiadoras y las perfumadoras automáticas?

– No sé.

– Y a los individuos que han ido al extranjero a perfeccionarse durante años, y cuya formación ha costado tanto al país, ¿los voy a poner a limpiar cerditos?

– No sé.

– Y los que se han especializado todos estos años en integrar Congresos y Seminarios y Jornadas para la Reforma y Mejoramiento del Sistema, si lo suyo resuelve todo, ¿qué hago con ellos?

– No sé.

– ¿Se da Ud. cuenta ahora de que la suya no es la solución que necesitamos todos? ¿Ud. cree que si todo fuera tan simple no la hubieran hallado antes nuestros especialistas? ¡A ver! ¿Qué autores dicen eso? ¿Qué autoridad puede avalar su sugestión? ¡Ud. se imagina que yo no puedo decirles a los Ingenieros en Anemotécnica que es cuestión de poner brasitas sin llama! ¿Y qué hago con los bosques ya preparados, a punto de ser quemados, que sólo poseen madera apta para el fuego-en-conjunto, cuyos árboles no producen frutos, cuya escasez de hojas hace que no sirvan para sombra? ¿Qué hago? ¡Dígame!

– No sé.

– ¿Qué hago con la Comisión Redactora de Programas de Asado, con sus Departamentos de Clasificación y Selección de Cerdos, Arquitectura Funcional de Establos, Estadística y Población, etc.?

– No sé.

– Dígame: el ingeniero en porcopirotecnia Don José C. de Figuración, ¿no es una extraordinaria personalidad científica?

– Sí. Parece que sí.

– Bueno. El simple hecho de poseer valiosos y extraor-
dinarios ingenieros en pirotecnia indica que El Sistema
es bueno. Y, ¿qué hago yo con individuos tan valiosos?

– No sé.

– ¿Ha visto? Ud., lo que tiene que traer como solución
es cómo hacer mejores anemotécnicos, cómo conseguir
más rápidamente encendedores del oeste (que es nuestra
dificultad mayor), cómo hacer establos de ocho pisos o
más, en lugar de sólo siete como ahora. Hay que mejorar lo
que tenemos, y no cambiarlo. Tráigame Ud. una propuesta
para que nuestros becarios en Europa cuesten menos, o
cómo hacer una buena revista para el análisis profundo
del problema de la Reforma del asamiento. Eso es lo que
necesitamos. Eso es lo que el país necesita. ¡A Ud. lo que
le falta es sensatez, Sentido-Común! Dígame, por ejemplo,
¿qué hago con mi buen amigo (y pariente) el Presidente de
la Comisión de Estudio para el Aprovechamiento Integral
de los Residuos de los ex-Bosques?

– Realmente estoy perplejo –dijo Juan–.

– Bueno. Ahora que conoce bien el problema, no vaya
por ahí diciendo que Ud., lo arregla todo. Ahora ve que el
problema es más serio y no tan simple como se imaginaba.
Uno desde abajo y desde afuera dice: «lo arreglo todo».
Pero hay que estar adentro para conocer el problema y
saber las dificultades. Ahora, entre nosotros, le recomiendo
que no insista con lo suyo porque podría traerle dificultades con su puesto. ¡No por mí! Yo se lo digo por su
bien, porque yo lo comprendo; yo le entiendo su planteo,
pero, Ud. sabe, puede encontrarse con otro superior menos
comprensivo, Ud. sabe cómo son, a veces ¿eh?

El pobre Juan Sentido-Común no dijo ni mú. Sin
saludar, entre asustado y atontado, con la sensación de
estar caminando cabeza abajo, salió y no se le vio nunca
más. No se sabe dónde fue. Por eso es que dicen que
en estas tareas de reforma y mejora del Sistema, falta
Sentido-Común".

Bibliografía

ÁLVAREZ MÉNDEZ, Juan Manuel (1997): "La autoevaluación institucional en los centros educativos: una propuesta para la acción", en Heuresis: http/www.uca.es.

BELTRÁN LLAVADOR, Francisco y SAN MARTÍN ALONSO, Ángel (2000): *Diseñar la coherencia escolar*, Madrid, Morata.

CELMAN, Susana (1996): *Evaluación de proyectos institucionales (dime por qué preguntas y te diré quién eres)*, Universidad Nacional del Litoral, Facultad de Formación Docente en Ciencias, Primer Congreso Internacional de Formación de Profesores, septiembre de 1996.

—— (2002): *La evaluación democrática: remando contra la corriente*, Universidad Nacional de Río Cuarto, ponencia en las Jornadas Internacionales de Investigación sobre la Universidad, 13 y 14 de junio de 2002.

—— (2003): "Sujetos y objetos en la evaluación universitaria", *Revista Cuadernos de Humanidades* N° 12, Universidad Nacional de San Luis.

CIRIGLIANO, Gustavo; FORCADE, Helba e ILLICH, Iván (1974): *Juicio a la escuela*, Bs. As., Humanitas.

CHÁVEZ ZALDUMBIDE, Patricio (1995): *Gestión para instituciones educativas. Un enfoque estratégico para el desarrollo de proyectos educativos institucionales*, Centro Interamericano de Investigaciones y Estudios para el Planeamiento Educativo, CINTERPLAN-OEA, Caracas.

FRIGERIO, Graciela y POGGI, Margarita (1996): *El análisis de la institución educativa. Hilos para tejer proyectos*, Bs. As., Santillana.

LITWIN, Edith (1994): "La evaluación de programas y proyectos: un viejo tema en un debate nuevo", en A. Puiggros y P. Krosch: *Universidad y evaluación. Estado del debate*, Bs. As., Aique.

NIRENBERG, Olga; Brawerman, Josette y RUIZ, Violeta (2000): *Evaluar la transformación. Innovaciones en la evaluación de programas y proyectos sociales*, Bs. As., Paidós.

PERRENOUD, Philippe (2001): *La construcción del éxito y del fracaso escolar*, Madrid, Morata.

SANTOS GUERRA, Miguel Ángel (1994): *Entre bastidores. El lado oculto de la organización escolar*, Málaga, Ediciones Aljibe.

SIMONS, Helen (1999): "La autoevaluación escolar como proceso de desarrollo del profesorado: en apoyo a las escuelas democráticas", en AA.VV.: *Volver a pensar la educación, Congreso Internacional de Didáctica*, Madrid, Morata, Volumen II.

TORRES, María Rosa (2000): *Itinerarios para la educación latinoamericana, Cuadernos de viajes*, Bs. As-Barcelona-México, Paidós.

La presente edición se terminó de imprimir en mayo de 2008
en los talleres de Gráfica LAF s.r.l., ubicados en
Monteagudo 741, San Martín, Provincia de Buenos Aires, Argentina.